MYSTÈRES DES

Signes & Symboles

Vishnu, personnification de l'amour, de la vérité et de la miséricorde

Caducée en diamant

Rose rouge, symbole de beauté et d'amour

Méduse à la chevelure de serpents

Corbeau, totem amérindien

MYSTÈRES DES

Signes & Symboles

Reconnaître et décoder leur langage secret

Miranda Bruce-Mitford

La Dame à la Licorne, tapisserie, v. 1500

Sélection du Reader's Digest
PARIS • BRUXELLES • MONTRÉAL • ZURICH

UN LIVRE DORLING KINDERSLEY

MYSTÈRES DES SIGNES & SYMBOLES
est l'adaptation française de
THE ILLUSTRATED BOOK OF SIGNS AND SYMBOLS
réalisé par Dorling Kindersley Limited, Londres
Nous remercions tous ceux qui ont contribué à la réalisation de cet ouvrage

ÉDITION ORIGINALE
Secrétariat d'édition : Emma Foa, Shirin Patel
Maquette : Sarah Ponder, Joanna Pocock, Martin Wilson
Direction éditoriale : Anna Kruger
Direction artistique : Peter Bailey
Conception graphique : Ali Cobb
Montage PAO : Nicola Studdart
Iconographie : Sharon Southern
Fabrication : Katy Holmes
Index et glossaire : Joanna Lane

ADAPTATION FRANÇAISE
BOOKMAKER
Traduction : Jean-Jacques Schakmundès
Consultants : Michel Delahoutre, René Louis
Lecture-correction : Claude Pfeffer
Mise en pages : Atelier Régine Ferrandis

Sous la direction de l'équipe éditoriale de Sélection du Reader's Digest
Direction éditoriale : Gérard Chenuet
Responsables de l'ouvrage : Philippe Leclerc et Caroline Lozano
Lecture-correction : Béatrice Omer, Catherine Decayeux,
Emmanuelle Dunoyer
Fabrication : Frédéric Pecqueux

Nous remercions également Catherine Cailleux (couverture)

PREMIÈRE ÉDITION
Édition originale

Édition française
Deuxième tirage

ISBN 2-70098-0850-1

Le lierre, plante sacrée de Dionysos

Stèle funéraire égyptienne (détail)

Œil de la sagesse, illustration islamique

Trèfle

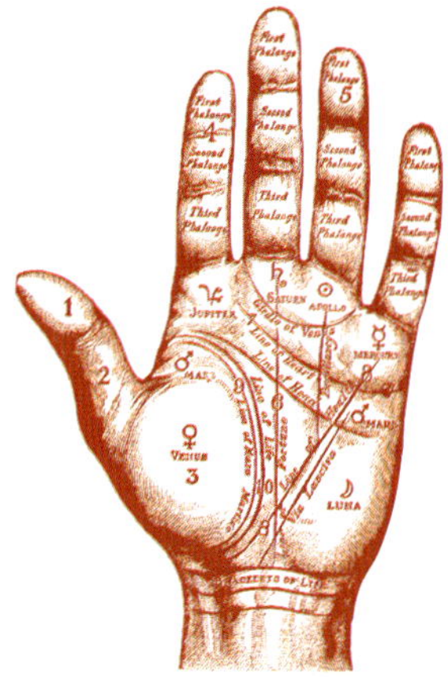
Les lignes de la main

Shiva, le seigneur de la danse

Danse macabre

SOMMAIRE

Ouroboros

INTRODUCTION

Symbole alchimique représentant le serpent d'Arabie, le triple soleil et la lune

Il est dans la nature humaine non seulement de vivre et de se reproduire, mais aussi de chercher des réponses aux mystères de l'Univers. Nombre de ces mystères sont au-delà de toute explication, aussi l'être humain utilise-t-il le langage des symboles pour les représenter. Qu'il vive dans une société industrialisée ou dans une communauté traditionnelle ayant peu évolué depuis des millénaires, l'homme s'entoure de signes, d'images et d'idées souvent éminemment symboliques. La plupart d'entre nous ignorent généralement la signification – et souvent la présence même – de ces signes, et ainsi tout un arrière-plan culturel nous échappe-t-il. Le présent ouvrage se propose d'étudier la nature du symbolisme et d'en présenter les principaux aspects, tant familiers que savants, en termes clairs et simples.

Quelques signes familiers

SIGNES OU SYMBOLES ?

Un signe est un objet ou une idée qui, de la manière la plus directe possible, représente ou désigne un autre objet. Une publicité, par exemple, nous vante le produit qu'elle doit promouvoir, un panneau routier indique les conditions de circulation et un geste exprime une humeur. La société moderne est un défi permanent à l'identité de l'individu et nous adoptons souvent des signes pour nous définir, comme le port d'un badge ou d'un nom de marque sur un vêtement.

Un symbole est nettement lié à un signe et les deux mots sont souvent utilisés l'un pour l'autre, mais le symbole renferme généralement un sens plus large. Un symbole est quelque chose qui, à travers sa nature ou son apparence, reflète ou représente quelque chose de plus profond que lui. Un feu, par exemple, peut symboliser les flammes du soleil, qui lui-même évoque certaines qualités telles la chaleur, la lumière et la puissance créatrice, et il est, de ce fait, associé à la force de vie et à la puissance créatrice masculine. Les dieux créateurs des mythologies, qui possèdent précisément ces qualités, sont généralement liés au soleil. À une échelle plus modeste, des objets comme une bougie ou une lampe

Cette peinture surréaliste de Paul Delvaux semble un hymne à la déesse dans son temple. La lune, la nuit étoilée, la mer, les fleurs et la tête de statue sont autant d'attributs du règne féminin ; la lampe illustre l'étincelle divine

peuvent eux aussi être rattachés à cette même image du soleil, et donc au règne masculin et à la force vive.

Les symboles anciens

Au fil des siècles, les symboles ont gagné en signification et en complexité, influencés par les différents contextes culturels. Cependant, les sujets de préoccupation de l'humanité sont restés relativement constants : fécondité de la race humaine, fertilité du sol, naissance, vie, mort. Dans le monde entier, les symboles ont été reconnus pour leur aptitude à traduire et à représenter les vérités profondes. La lune est un puissant symbole, au même titre que le soleil. Elle provoque les marées et se transforme sans cesse, passant de la pleine à la nouvelle lune. De la sorte, elle symbolise l'eau, la maternité et la naissance.

Le sacrifice du Christ procure aux fidèles les fruits de la rédemption

La femme, l'obscurité, les créatures marines et les créatures nocturnes appartiennent toutes à la sphère symbolique de la lune. *Le Temple*, de Delvaux, combine une grande part de cette imagerie lunaire avec la pleine lune éclairant une mystérieuse figure de déesse.

Le combat d'un oiseau et d'un serpent, bas-relief égyptien

Les animaux, les oiseaux et les arbres ont tous leurs propres symbolismes. Un arbre peut représenter la vie et la croissance, et l'arbre de vie est un symbole quasi universel. Dans la gravure du XVIe siècle ci-dessus, le Christ est représenté crucifié sur l'arbre de vie et sa crucifixion peut être considérée comme le symbole du sacrifice de sa vie. La mort, ou le sacrifice, d'un dieu ou d'un roi est un thème très répandu : il s'agit de faire couler le sang divin pour assurer le bien-être de l'humanité.

Enlacés dans le combat

L'image de deux créatures représentant des forces antagonistes est très courante, comme celle de l'oiseau de proie luttant avec le serpent. Ici, l'oiseau représente le soleil

Dans Hommage à la nature, de Pierre Picou, une joyeuse compagnie se distrait aux pieds de la déesse

Le destin, ou la Fortune, préside au hasard qui fait tourner la roue

et le ciel tandis que le serpent qui rampe symbolise la terre et les eaux créatrices. Les deux animaux réunis matérialisent la création et la fertilité ainsi que l'équilibre des forces naturelles.

LA DÉESSE MÈRE ET LA ROUE DE LA FORTUNE

Le thème de la déesse mère apparaît dans toutes les mythologies et remonte à des milliers d'années. Des figurines d'argile datant de 20000 avant notre ère représentent des femmes à la poitrine généreuse, évoquant la procréation et l'allaitement. L'image de la mère est le symbole universel de la vie humaine. La terre elle-même est considérée comme féminine et nourricière car elle est fécondée par la pluie et du sol naît la vie. Troublées par les imprévisibles coups du sort, certaines cultures choisissent de personnifier le destin sous la forme d'une femme. On la représente parfois les yeux bandés pour symboliser le caractère arbitraire de ses décisions.

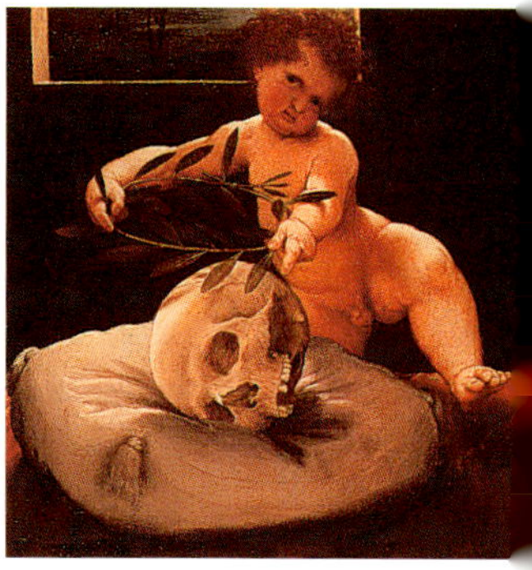

Nourrisson au crâne humain, XVe s.

De même que la nature aléatoire de la vie, l'inéluctabilité de la mort est un thème très répandu qui prend des formes variées, toutes évocatrices du destin qui nous attend – depuis le nourrisson côtoyant un crâne humain jusqu'à l'image plus familière du sablier laissant s'écouler le sable du temps.

L'ancienne déesse-chat égyptienne Bastet

Si certains symboles se retrouvent dans de nombreuses cultures, la signification d'une image particulière peut varier selon le lieu et l'époque. La forêt, par exemple, est symbole de méditation et de recueillement pour de nombreux Indiens, un lieu dans lequel l'âme peut se rapprocher du brahmane, la cause imminente de tout ce qui existe. Cependant, en Occident, la forêt est plutôt un endroit sinistre, abritant d'innombrables dangers, bêtes féroces et brigands, son obscurité représentant les recoins les plus sombres de notre inconscient.

Dans Le chat qui s'en va tout seul, *le chat n'est « ni un ami ni un serviteur » de l'humanité*

Les chats dans la mythologie et l'imaginaire des hommes

Depuis l'ancienne Égypte jusqu'à nos jours, le chat a fasciné les hommes bien que, comme la forêt, son symbolisme ait considérablement varié. Dans les sociétés agricoles, le chat a toujours été un allié contre les rongeurs, et la mystique n'entre alors guère en compte. Quelque chose d'indéfinissable dans la nature et l'apparence du chat conduit à évoquer

Dans ce tableau de Leonora Carrington intitulé Mardi*, d'étranges créatures félines peuplent un univers onirique*

Alice, de Lewis Carroll, rencontre l'énigmatique chat du Cheshire

les puissances de la nuit, le mystère et la langueur. Les chats noirs étaient autrefois associés à la sorcellerie et ils apparaissent à de nombreuses reprises dans les contes pour enfants. Le chat du Cheshire d'*Alice au pays des merveilles*, de Lewis Carroll, et *Le chat qui s'en va tout seul,* de Rudyard Kipling, respirent à la fois mystère et drôlerie.
Dans l'ancienne Égypte, les chats étaient vénérés et on vouait un culte à Bastet, la déesse-chat. Des représentations de chats étaient adorées et on momifiait les chats domestiques à leur mort afin que, comme les êtres humains, ils puissent vivre dans l'au-delà.

Le symbolisme des rêves

Dans de nombreuses régions du monde, le symbolisme des rêves est traité avec beaucoup d'attention. Les sages considèrent que les rêves sont envoyés aux hommes par les dieux ; il conviendra donc de régler sa vie sur leur interprétation. En Occident, cependant, les rêves ne recueillent pas une telle attention et les signaux de l'inconscient sont généralement ignorés. Sigmund Freud étudia le symbolisme des rêves et découvrit que le lien étroit entre le rêve et

Le sommeil de la raison produit des monstres, *où Goya montre comment les peurs diurnes produisent des terreurs nocturnes*

l'accomplissement de nos désirs, souvent enracinés au plus profond de notre petite enfance ; selon lui, de nombreux rêves ont des connotations sexuelles importantes. Son disciple Carl Gustav Jung pensait, lui, que le symbolisme des rêves avait, au-delà d'un aspect purement sexuel, une dimension spirituelle.
Jung fut fasciné par la manière dont les objets ou les personnes apparaissent dans les rêves sous un jour étrange, souvent extrêmement troublant, et chercha donc à comprendre pourquoi.
De nombreuses images semblent le produit de l'inconscient individuel, qui est un amalgame purement personnel de souvenirs et d'émotions enfouis au plus profond. Nous ignorons le plus souvent ces pulsions, qui ne peuvent s'exprimer que lors des séquences de rêve. Une brosse à cheveux pourra, par exemple, déclencher le souvenir d'une maman prenant soin de son enfant, et ainsi symboliser l'amour maternel ; mais une autre personne peut avoir été frappée avec une brosse dans son enfance, et les associations suscitées seront différentes.

Dans cette miniature indienne, des hommes combattent un géant tombé dans un puits. C'est l'image archétypale du désir que nous tentons d'enfouir dans notre inconscient

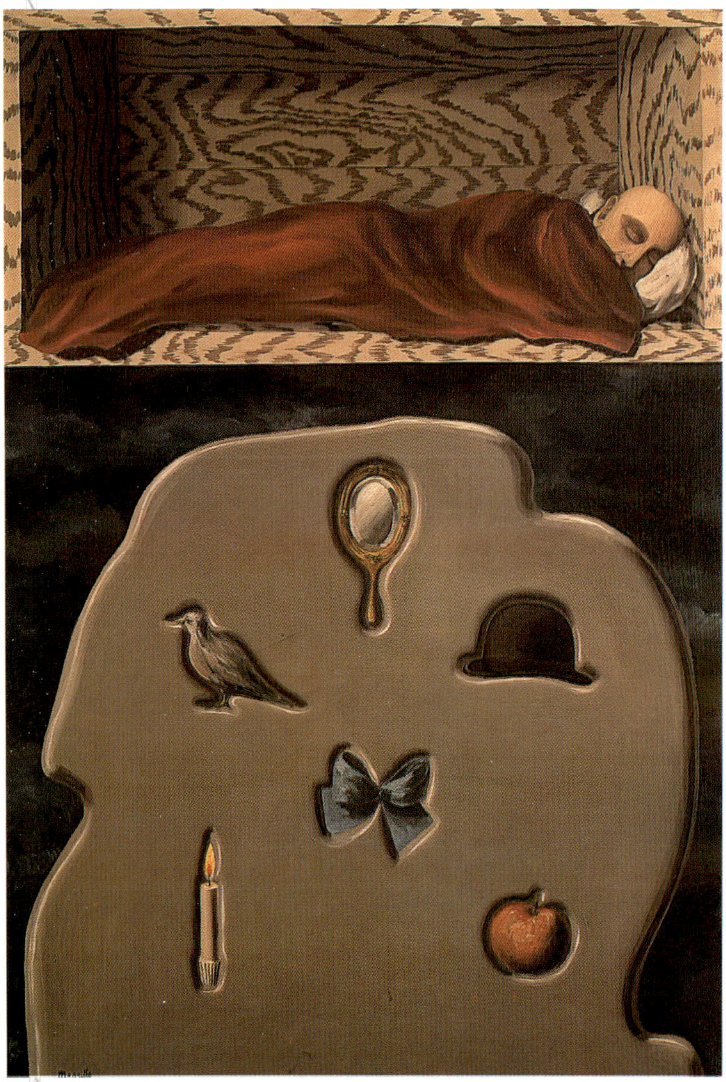

Les objets dont rêve le Dormeur téméraire, de Magritte, *semblent très banals*

Dans le tableau de Magritte *le Dormeur téméraire,* un personnage rêve d'une série d'objets apparemment sans lien entre eux mais qui semblent connectés de manière raisonnée dans son inconscient.

Les symboles universels du rêve

Après avoir analysé les rêves de nombreux patients, Jung conclut que certaines images reviennent comme des symboles universels et font ainsi partie de ce que l'on peut appeler l'inconscient collectif, bâti sur les expériences culturelles et les souvenirs de nos ancêtres. Être poursuivi par un monstre énorme, avoir peur d'une forme tapie dans l'ombre ou courir se mettre à l'abri sont des expériences très courantes dans les rêves, quelle que soit la région du monde. Jung baptisa ces images universelles du nom d'archétypes. Parmi eux, on trouve l'*anima,* principe féminin, qui peut prendre plusieurs aspects : déesse, reine, princesse, sorcière ; l'*animus*, principe masculin : dieu, roi, prince, magicien, diable… Ces personnages symbolisent en nous l'image que nous nous faisons de ces principes mâle ou femelle et représentent soit un aspect de notre propre personnalité, soit un parent, ou encore un compagnon.
De nombreux autres archétypes existent, par exemple l'ombre, représentant la culpabilité ou la peur, surtout en ce qui concerne nos désirs cachés ou non admis.

Le symbolisme moderne

Dans notre vie quotidienne, les symboles continuent de nous influencer bien que nous n'y accordions pas la même

Neil Armstrong fait son «bond de géant pour l'humanité»

attention que dans le passé. Certains symboles se sont maintenus au cours des siècles, d'autres ont évolué et d'autres encore sont apparus. L'inquiétant champignon atomique représente le dernier avatar de l'archétype de l'ombre, celui de la destruction jaillissant des mains mêmes de l'homme, comme s'il ouvrait à nouveau la boîte de Pandore.

L'homme posant le pied sur la Lune, en 1969, est une nouvelle image symbolique, positive celle-là. Vue par 600 millions d'êtres humains, elle est devenue le meilleur symbole de l'indomptable esprit de conquête de l'humanité.

Au sens strict, la star de cinéma est au-delà du commun des mortels

DIEUX, DÉESSES ET HÉROS D'AUJOURD'HUI

Certains personnages de fiction contemporains assument le rôle des demi-dieux de la Grèce antique. Des personnages comme Superman ne sont bien sûr pas considérés comme réels, mais ils incarnent pourtant l'archétype universel de la puissance mâle et des forces du bien. En redressant les torts de par le monde, de telles figures maintiennent en nous l'éveil d'un besoin inné du bien.

Les spectateurs des concerts rock manifestent leur admiration et leur vénération pour la star du rock en brandissant une bougie allumée

De même, les stars de cinéma ou de la musique pop et les champions sportifs ont presque totalement supplanté les dieux d'antan. Ainsi, depuis la mort du King, Elvis Presley, sa maison, Graceland, est devenue un lieu de pèlerinage où des millions de fidèles viennent se recueillir. Les héros sportifs attirent également des foules immenses. Le sens de l'identité du groupe et la passion pure qu'ils inspirent sur le moindre terrain de football, transformant les spectateurs en partisans fanatiques, sont une illustration parfaite de notre propos. Les mêmes pulsions instinctives se rencontrent dans les concerts de musique rock quand chacun des individus qui composent le public brandit un briquet ou une bougie allumés pour exprimer sa dévotion envers son idole. L'océan de petites flammes fragiles nous ramène, sans le moindre doute possible, au symbolisme du feu dans les religions et les cultures de notre histoire universelle.

Superman est un héros de notre temps car il incarne le bien et la puissance

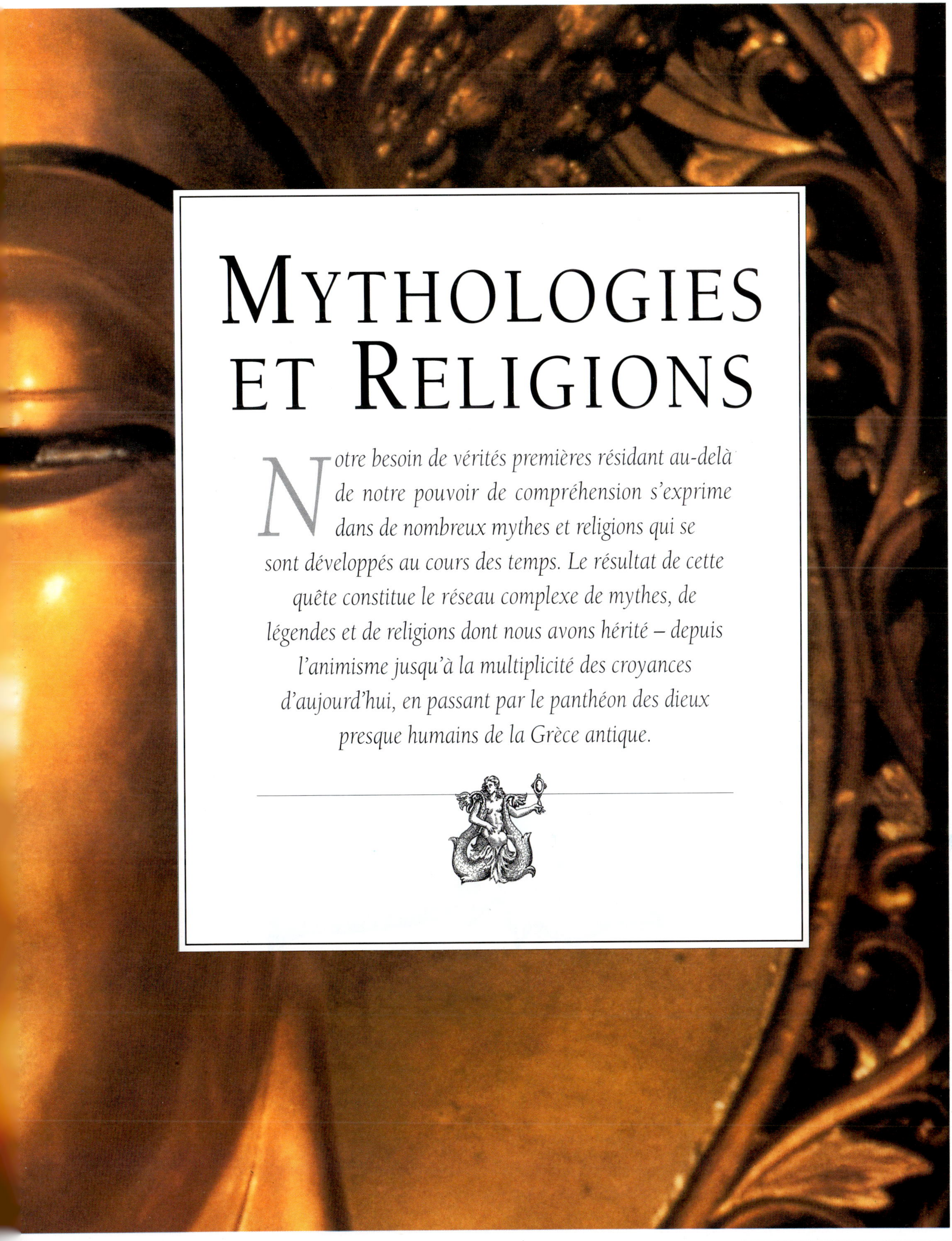

Mythologies et Religions

Notre besoin de vérités premières résidant au-delà de notre pouvoir de compréhension s'exprime dans de nombreux mythes et religions qui se sont développés au cours des temps. Le résultat de cette quête constitue le réseau complexe de mythes, de légendes et de religions dont nous avons hérité – depuis l'animisme jusqu'à la multiplicité des croyances d'aujourd'hui, en passant par le panthéon des dieux presque humains de la Grèce antique.

LES ANCIENNES DIVINITÉS

Les religions classiques d'Europe et d'Égypte n'existent plus en tant que systèmes de croyances bien que leurs mythologies leur aient survécu. Comme l'hindouisme actuel, ces religions étaient centrées sur une famille de dieux qui dirigeaient plus ou moins la vie des hommes ; une grande partie de l'activité humaine consistait à adorer les dieux et à se les concilier. Nombre de ces anciennes divinités vivent encore dans notre imagination, et leur symbolisme s'est trouvé absorbé dans notre langage, notre musique, notre poésie et notre expression plastique.

LES DIEUX ÉGYPTIENS

Ils se sont développés à partir du syncrétisme de deux cultures antérieures, l'une aux dieux à forme humaine et l'autre aux dieux à forme animale. Graduellement, une religion axée sur le culte des morts se mit en place.

ISIS ET HORUS
Isis était la déesse mère, épouse et sœur d'Osiris. On la voit ici allaitant son fils, Horus. Sa couronne est en forme de trône, suggérant ainsi qu'elle était, à l'origine, la personnification du trône des pharaons.

THOT
Diversement représenté, parfois en homme à tête d'ibis ou en babouin (ses deux animaux totems), Thot est le seigneur de la lune, maître du temps et compteur des années. Il aide les morts et protège Osiris, seigneur du monde de l'au-delà.

OSIRIS
À l'origine puissant dieu de la fertilité, Osiris fut tué par son frère, Seth. Son corps, démantelé et éparpillé dans toute la vallée du Nil, assura la croissance des céréales qui jaillirent de sa chair même. Plus tard, Isis rassembla les morceaux du corps d'Osiris, qui devint le symbole de la résurrection, ainsi que le dieu de l'au-delà. Il est souvent représenté sous l'aspect d'une momie.

AMON-RÊ
Le dieu créateur Amon se confondit avec le dieu Rê, dieu solaire, pour former l'entité Amon-Rê. Surnommé le Caché, Amon-Rê personnifiait la puissance du vent invisible et l'âme de toute chose. Les autres dieux eux-mêmes étaient incapables de pénétrer le mystère de son être.

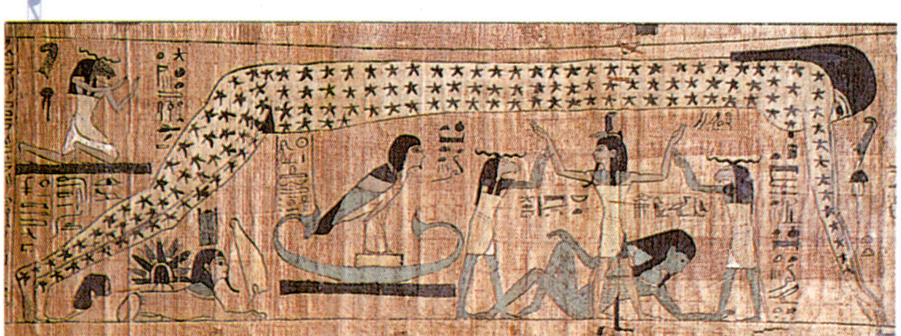

NUT, DÉESSE DU CIEL
Nut était, dans la mythologie égyptienne, la déesse du ciel. Elle est souvent représentée touchant la Terre de ses orteils et de ses doigts, son corps formant un arc pour figurer la voûte céleste. Les étoiles constellant son corps sont la Voie lactée et elle est parfois entourée de signes astrologiques.

ANUBIS
Dieu à la tête de chacal, Anubis était autrefois le protecteur des morts et on trouve souvent son effigie sur les tombeaux. Son culte fut supplanté par celui d'Osiris.

LES DIEUX GRECS

Durant le IIe millénaire avant J.-C., la civilisation égéenne était fondée sur le culte de la déesse mère. Plus tard, les Grecs vénérèrent de nombreuses divinités, qui ressemblaient en tout point aux hommes, et dont ils célébrèrent les disputes, les amours et les exploits.

La foudre, symbole de la puissance de Zeus

ZEUS
Zeus était le roi des dieux et le dieu des cieux. Ses nombreuses et célèbres conquêtes amoureuses sont interprétées comme une allégorie de la conquête par les Grecs des régions environnantes. Il symbolise le règne de l'esprit et de l'intelligence.

APOLLON
Apollon, fils de Zeus, était le dieu solaire qui faisait mûrir les fruits de la terre. Ses flèches étaient les rayons du soleil. Il était également un dieu berger et le dieu de la musique.

ATHÉNA
Fille de Zeus, Athéna était la déesse de la sagesse et de l'étude mais aussi de la guerre (d'où son casque). Patronne d'Athènes, elle est souvent représentée accompagnée d'une chouette, qui est devenue l'emblème de cette ville.

ÉROS
Connu des Romains sous le nom de Cupidon, Éros était le symbole de l'amour physique. Il était le fils d'Aphrodite (Vénus pour les Romains) et portait un arc et des flèches dont il transperçait le cœur de ses victimes, qui tombaient alors amoureuses.

POSÉIDON
Frère de Zeus et dieu de la mer, Poséidon (Neptune, pour les Romains) représentait la puissance des eaux. Il portait un trident, symbole de création, et pouvait protéger les marins.

Les dieux romains

Les Romains assimilaient des éléments de toutes les cultures qu'ils rencontraient. Ils adoptèrent les dieux des Grecs et ceux d'autres peuples, qu'ils ajoutèrent à leurs propres dieux. Ils avaient ainsi des centaines de dieux, de demi-dieux, de héros et d'esprits présidant à presque tous les aspects de la vie quotidienne. Ils les vénéraient pour se préserver du mal – dans cette vie et dans l'au-delà.

Mercure, Jupiter, Junon, Phœbus
Mercure, dieu du commerce, est arrivé tardivement dans le panthéon romain, à une époque où le commerce devenait florissant. Il correspond au dieu grec Hermès, messager des dieux. Ici, on le voit en train de peser les Troyens et les Grecs pour décider qui sera vainqueur lors de la guerre de Troie.
À ses côtés : Jupiter (Zeus pour les Grecs), Junon (Héra), épouse de Jupiter et déesse du mariage et de la maternité, et Phœbus (Apollon), fils de Jupiter.

Minerve
Déesse guerrière, Minerve porte l'armure. Comme son alter ego grec, Athéna, elle représente aussi les arts, la sagesse et l'érudition.

Flore
Flore était la déesse du printemps, des fruits, des fleurs et du grain. Elle symbolisait la fertilité. Les fêtes données en son honneur tournaient souvent à l'orgie.

Mars
Fils de Jupiter et de Junon, Mars était le dieu de la guerre. Il est généralement représenté une lance dans une main et un bouclier dans l'autre. Le mois de mars lui était dédié.

Bacchus
Généralement représenté en éphèbe, Bacchus (Dionysos pour les Grecs) était le dieu du vin et son culte comportait de mémorables beuveries.

La naissance de Vénus

Aphrodite, sculpture grecque

Dans la mythologie grecque, Aphrodite, dont le nom signifie « née de l'écume », était née de la mer, émergeant d'une immense coquille. L'image a inspiré de nombreux poètes et peintres à travers les âges. De tout temps, Aphrodite a symbolisé la beauté et l'amour. Vénus, son alter ego romain, était également vénérée.
Ci-dessous, dans ce fameux tableau de Botticelli, le Vent d'ouest pousse doucement la belle Vénus vers le rivage, où une nymphe l'attend pour la vêtir.

Vénus, bronze romain

La nymphe porte une guirlande de myrte, l'arbre de Vénus

La Naissance de Vénus, Sandro Botticelli, v. 1482

Les dieux celtes

Les Celtes d'Europe et des îles Britanniques adoptèrent quelques divinités des conquérants romains, mais leurs propres dieux et déesses eurent encore longtemps leur place parmi eux. Dans leur panthéon, les triades de déesses mères étaient fréquentes.

Dieu porteur d'andouillers

Cernunnos
Cernunnos, le dieu cornu, est présent dans tout le monde celtique. On le voit ici surmonté d'andouillers et entouré d'animaux sauvages. Dans sa main gauche, il tient un serpent à tête de bélier, symbole de fertilité.

Les dieux nordiques

Les peuples nordiques, qui vivaient sous des climats rudes, vénéraient des dieux de la nature et les imploraient pour qu'ils adoucissent la rigueur des éléments et du climat.

Odin, Thor, Freya
Cette tapisserie du XIIe siècle représente trois divinités nordiques. Odin, dieu de la guerre et de l'intelligence, pouvait se métamorphoser à volonté. Thor, dieu du tonnerre, était redouté car avec son marteau il faisait jaillir des éclairs. Freya était la déesse de la fécondité et de la maternité.

Voir aussi
Athéna ☞ La chouette *67*
Les dieux égyptiens ☞ Le chacal *62* ; Le pharaon *88* ; Les pyramides *94*
Les dieux grecs ou romains ☞ Apollon *35* ; Les deux facettes de l'amour *82*
Les dieux nordiques ☞ Le marteau *90* ; Neuf *103*
Poséidon ☞ L'hippocampe, Triton *29*

LE JUDAÏSME

Les patriarches du judaïsme sont Abraham, son fils Isaac et son petit-fils Jacob, dont les hauts faits sont racontés dans la Genèse, le premier livre de la Bible. Le judaïsme proprement dit est apparu vers le XIVe siècle avant J.-C. avec Moïse et la libération du peuple juif. C'est une religion monothéiste très structurée, fondée sur un dialogue entre Dieu et son peuple élu, les juifs. Aujourd'hui, les juifs sont éparpillés dans le monde entier mais tous sont liés par une culture commune centrée sur l'histoire sainte, la Loi et la vie familiale.

Les deux triangles inversés symbolisent l'équilibre universel

L'ÉTOILE DE DAVID
Le symbole central du judaïsme et de l'État d'Israël est l'étoile de David. Elle est également liée à la mystique juive. Ses deux triangles inversés sont interprétés comme le soleil, le feu et l'énergie masculine, d'une part, et la lune, l'eau et l'énergie féminine, d'autre part.

La bougie du centre de la menora sert à allumer les autres

HANOUKKA
La menora à neuf branches est utilisée pour Hanoukka, la fête des Lumières. Les bougies sont allumées au cours de huit nuits successives pour célébrer le miracle de 164 avant J.-C., lorsque, au moment de la remise en activité du Temple de Jérusalem, les lampes rituelles brûlèrent pendant huit jours, alimentées par une seule cruche d'huile pure.

JÉRUSALEM
La ville de Jérusalem est sacrée pour les juifs, les musulmans et les chrétiens. Elle était la capitale de l'antique royaume de Juda et abritait le Temple, construit par Salomon en 960 avant J.-C. et reconstruit après l'exil.

VUE DE JÉRUSALEM AU MOYEN ÂGE

LA MEZOUZA
Traditionnellement, la mezouza est placée sur le montant droit de la porte d'entrée des maisons juives. Elle contient la prière centrale de la foi juive, le shema, qui proclame l'unicité de Dieu et l'amour que lui porte son peuple.

LE CHOFAR
Le son du chofar signale le nouvel an juif (Rosh Hashana) et appelle les juifs à se repentir avant le jour du Grand Pardon. Le chofar est une corne de bélier en souvenir de l'animal que Dieu substitua à Isaac lors de son sacrifice par Abraham.

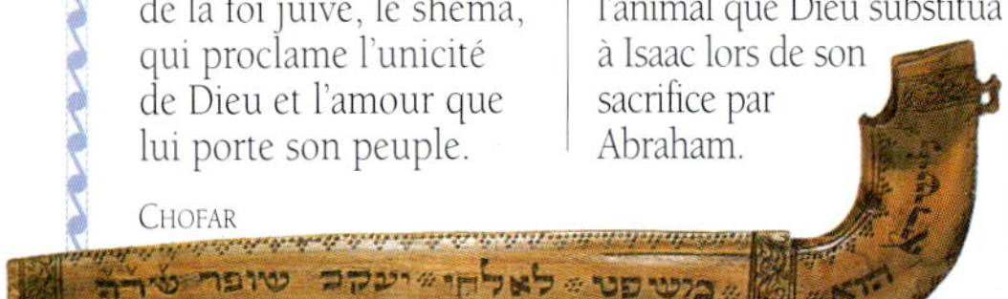

CHOFAR

LA PRIÈRE

La prière, à la synagogue ou à la maison, joue un rôle primordial dans le judaïsme. Les juifs pieux prient trois fois par jour, et le samedi (sabbat) est le jour de repos rituel. Il commémore le septième jour, durant lequel, selon le récit de la Genèse, Dieu se reposa de sa création de l'Univers.

LIVRE DE PRIÈRES EN ARGENT

LE LIVRE DE PRIÈRES
Ce livre de prières en argent est traditionnellement offert à l'occasion de la bar-mitsva, fête célébrant l'accession, à treize ans, d'un garçon à l'âge adulte.

LE MUR DES LAMENTATIONS
C'est le seul vestige apparent du second Temple de Jérusalem, détruit par les Romains en l'an 70 de notre ère. Lieu sacré entre tous, il est le symbole du Temple et de la nation juive. Il fait l'objet d'un pèlerinage fervent et incessant.

KIPPA

TEFILIN

KIPPA ET TEFILIN
Les hommes se couvrent la tête d'une kippa, en signe de respect envers Dieu. Les phylactères, ou tefilin, petits étuis de cuir, contiennent des passages de la Torah.

EN PRIÈRE
C'est en signe d'humilité que ce jeune homme porte les « mots de Dieu », les tefilin rituels, au bras gauche et au front. Le châle de prière, ou talith, est orné de franges à chaque angle, symbolisant les quatre coins de la Terre.

Moïse redescendant du mont Sinaï, d'après G. Doré, 1865

La naissance de la loi juive

Après le départ d'Égypte, où les Hébreux avaient été esclaves, et pendant leur longue errance dans le désert, Dieu parla à Moïse, leur chef, et fit un pacte avec le peuple juif. Ses dix commandements furent écrits en lettres de feu sur des tables de pierre qui constituèrent la base du code moral et religieux du peuple élu.

La Torah

La Torah est la Loi juive. Ce sont les recommandations de Dieu au peuple d'Israël. La tradition rabbinique y dénombre 613 commandements. Les rouleaux de la Torah représentent donc la parole de Dieu. Leur caractère sacré est tel qu'ils ne peuvent être touchés directement. On se sert donc de poignées spéciales pour les dérouler.

Yad, ou main rituelle

Rouleau de la Torah

La couronne est le symbole de la Torah, elle-même le couronnement de la vie juive

Le manteau de la Torah

Traditionnellement, les rouleaux de la Torah sont recouverts d'un mantelet brodé qui souligne leur caractère sacré et précieux.

Les feuilles de palmier, de myrte et de saule symbolisent respectivement la colonne vertébrale, les yeux et la bouche

À Souccoth, le lulav est promené sept fois dans le Temple

Le citron, symbole du cœur

Souccoth

Souccoth, ou fête des Cabanes, est probablement la plus ancienne des fêtes bibliques. C'est la fête des récoltes. Des cabanes avec des branchages pour toit sont érigées sur les balcons. On y prend les repas et on tresse des sceptres de verdure, les lulav, pour symboliser la vie frugale et les abris sommaires du temps de l'Exode.

La Pâque juive

La Pâque juive commémore la nuit de l'exode des Juifs hors d'Égypte et la délivrance de leur esclavage auprès de Pharaon. Le peuple d'Israël vécut alors dans le désert sous la conduite de Moïse pendant quarante ans et reçut de Dieu la Torah.

L'eau salée

Un bol d'eau salée représente les larmes versées par les Juifs durant leurs longues années de captivité.

L'œuf symbolise le printemps et la renaissance

La laitue, symbole de frugalité

Os d'agneau, symbole de l'animal sacrifié dans chaque famille lors de la première Pâque

Les herbes amères représentent l'amertume de l'esclavage

Pâte de noix et de fruits secs, symbole du mortier des bâtiments égyptiens que les Juifs avaient dû construire

Pessah, le terme hébreu pour Pâque

Matzot

Matzot

Le matzot, pain rituel non levé, rappelle la hâte avec laquelle les Hébreux sont partis d'Égypte, la nuit de Pâque.

Le plat de Pâque

Ce plat rituel constitue le centre du repas de la Pâque juive. Il contient tous les éléments de nourriture rituelle qui jouèrent un rôle lors de la sortie d'Égypte.

L'arche d'alliance

L'arche d'alliance était un coffre en bois recouvert d'or qui contenait l'original de la Torah. Les Juifs la transportèrent du désert à Jérusalem. Elle fut par la suite perdue. Aujourd'hui, chaque synagogue conserve les rouleaux de la Torah dans une arche protégée par un rideau et orientée vers Jérusalem.

Voir aussi

Le chofar ☞ Le bélier *61*

L'étoile de David ☞ Le sceau de Salomon *108*

La naissance de la loi juive ☞ Le chien *60* ; Le cochon *61* ; Dix *103*

La Pâque juive ☞ Les produits de la nature *48-49*

LE CHRISTIANISME

Le christianisme prend ses origines dans la foi juive : l'Ancien Testament de la Bible contient des prophéties sur la venue d'un sauveur, le Messie. Les chrétiens croient que ces prophéties s'accomplirent au temps de Jésus, dont ils pensent qu'il est le fils de Dieu. Consigné dans le Nouveau Testament, son enseignement, qui met l'accent sur l'amour du prochain et la miséricorde, est riche de significations symboliques. Le christianisme s'est scindé en de nombreux courants, mais tous les chrétiens se retrouvent dans la croyance que le Christ est mort pour racheter les fautes des hommes et qu'il est ressuscité en signe de salut.

L'AGNEAU
L'agneau du sacrifice représente le Christ, que Jean-Baptiste désigna comme « l'agneau de Dieu qui enlève les péchés du monde ». Sur cette crosse épiscopale, l'agneau représente le Christ offrant sa vie pour le salut du monde.

LE CHAPELET
Le chapelet est un instrument de prière composé de grains ou de perles montés sur une chaîne ou un cordon. À chaque grain, le fidèle récite une prière.

JÉSUS-CHRIST
Cette icône russe moderne montre un Christ bénissant à la manière de l'Église d'Orient. Le pouce et l'annulaire forment un cercle tandis que le majeur et l'index se croisent, ce qui symbolise les initiales grecques de son nom, *khi* et *rhô*. Dans la tradition orthodoxe, les icônes sont les représentations visibles des réalités invisibles.

LA VIERGE MARIE
Chez les catholiques, Marie, mère de Jésus, est vénérée en tant que telle. Elle intercède entre Dieu et les hommes. On l'appelle traditionnellement la mère de Dieu. Le culte de Marie répond au besoin profond d'une figure maternelle, un besoin qui a existé dès la préhistoire.

LE POISSON
Dans les premiers siècles de l'ère chrétienne, le poisson était symbole du Christ car, en grec, les initiales des mots « Jésus, fils de Dieu, Sauveur » forment le mot *ichtus*, qui signifie poisson.

LA COLOMBE
Jean-Baptiste vit le Saint-Esprit descendre sur Jésus, très doucement, à la manière d'une colombe.

LA COURONNE D'ÉPINES
La couronne d'épines évoque le supplice que Jésus subit avant d'être crucifié.

LA CROIX

La croix est le signe des chrétiens. Catholiques et orthodoxes font sur eux-mêmes le signe de la croix. Elle prend des formes très diverses : ainsi, la croix de saint Pierre rappelle que Pierre fut crucifié la tête en bas ; la croix de Constantin combine les lettres grecques *khi* et *rhô*, les deux premières lettres de Christ.

CRUCIFIX DANOIS, CUIVRE DORÉ SUR CHÊNE GRAVÉ

LE CRUCIFIX
L'image du Christ en croix, ou crucifix, est la représentation la plus fréquente de Jésus chez les chrétiens. Dans leur profession de foi, les chrétiens proclament que « Jésus a été crucifié, qu'il est mort et qu'il est ressuscité ».

CROIX DE SAINT PIERRE

CROIX DE CONSTANTIN

CROIX ASSORTIE D'UNE ANCRE

CROIX ORTHODOXE

Le cercle, symbole d'éternité

LA CROIX CELTIQUE
La croix celtique associe la croix au cercle, symbole d'éternité.

La flèche de l'église complète le symbolisme de la tour

L'ÉGLISE
L'Église est la communauté des chrétiens croyants et les églises sont leurs lieux de rassemblement pour le culte. En raison de sa forme, la partie centrale des églises, la nef, tire son nom du latin *nave*, qui signifie navire.

LES SAINTS

Les saints chrétiens sont des fidèles qui furent, après leur mort, vénérés et proposés comme modèles par l'Église, d'où l'expression canonisés, c'est-à-dire figurant sur la liste reconnue officiellement. Il existe des milliers de saints et beaucoup sont représentés dans des tableaux ou des sculptures, avec des éléments évoquant leur vie ou leur mort. Saint François, par exemple, est accompagné d'oiseaux ou d'autres animaux et sainte Catherine porte parfois une roue. Pour sa part, Jean-Baptiste porte sa tête sur un plateau.

ICÔNE SERBE, 1645

JEAN-BAPTISTE
Jean-Baptiste fut le dernier des prophètes de l'Ancien Testament. Il annonça la venue du Messie et le baptisa. Il fut décapité sur la demande de Salomé, nièce et belle-fille d'Hérode. Sa tête leur fut présentée sur un plateau.

MARIE-MADELEINE
Ancienne prostituée, sainte Marie-Madeleine incarne le pécheur repenti.

SAINT CHRISTOPHE
Saint Christophe, dont le nom grec signifie « celui qui porte le Christ », aida le Christ à traverser une rivière. Il est le patron des voyageurs.

LES QUATRE APÔTRES, ALBERT DÜRER, 1526

LES APÔTRES
Les apôtres furent envoyés par le Christ pour prêcher l'Évangile. Saint Jean (à gauche) porte l'Évangile qu'il a écrit. À côté de lui, Pierre tient les clés du royaume des Cieux. Paul tient une épée et une lettre, symbolisant son martyre et les nombreuses églises qu'il fonda. À droite se trouve Marc, qui, comme Jean, tient son Évangile.

SAINTE CATHERINE
Sainte Catherine d'Alexandrie subit le martyre de la roue. Par miracle, la roue se brisa. Elle fut alors décapitée.

FRANÇOIS D'ASSISE
Saint François est réputé pour sa pureté, sa simplicité. On dit qu'il prêchait aux oiseaux.

SCÈNE DE NATIVITÉ, PÉROU

LA NATIVITÉ
Jésus est né à Bethléem dans une étable, et toute sa vie, il vécut dans la simplicité. Ce dénuement a renforcé encore la richesse spirituelle de son message, qui n'accordait aucune place aux biens matériels.

LA COMMUNION

Lors de la Cène, son dernier repas avec ses disciples, Jésus rompit le pain et bénit le vin qu'il partagea avec eux, disant : « Ceci est mon corps » et « Ceci est mon sang. » Au cours de la messe, pour rappeler ce dernier repas, les chrétiens reçoivent le corps du Christ lors de la communion.

LE PAIN ET LE VIN. Le pain symbolise le corps du Christ. Dans le rite de communion, le pain a la forme d'une petite galette de pain azyme, appelée hostie. Le vin de la communion représente le sang du Christ, versé pour l'humanité.

LIVRE D'HEURES, MOYEN ÂGE

LES LIVRES SAINTS
La Bible est constituée de l'Ancien et du Nouveau Testament, ce dernier contenant les Évangiles et divers écrits des apôtres. Pour les chrétiens, la Bible représente la parole même de Dieu. Les livres d'heures du Moyen Âge proposaient des méditations pour les différentes heures de la journée.

VOIR AUSSI

JÉSUS-CHRIST ☞
LE PHÉNIX 31 ;
LE BLÉ 46 ;
L'ANCRE 97

LA VIERGE MARIE ☞
LA LICORNE 28 ;
LE LANGAGE DE LA ROSE 51 ;
LE LIS ET
LA CHRÉTIENTÉ 53-106

L'HINDOUISME

L'hindouisme est la religion majoritaire de l'Inde. Les racines de l'hindouisme remontent aux Aryens, qui arrivèrent en Inde avec leur panthéon de divinités mâles, à la fin du IIIe millénaire avant notre ère. Les peuples autochtones de la vallée de l'Indus et du continent indien pratiquaient des cultes de la fertilité et ils vénéraient une déesse mère. Les Aryens adoptèrent une bonne partie de leurs croyances, y compris en la déesse mère. Toutes les divinités de l'hindouisme, dont Brahma (créateur), Vishnu (conservateur), Shiva (destructeur) et la Grande Déesse, sont des aspects du brahman, le principe unique et éternel.

KRISHNA
Avatar de Vishnu, Krishna symbolise l'amour divin. Ses aventures sont consignées dans le *Bhagavata-Purana*. On aime le représenter sous les traits d'un enfant espiègle volant du beurre.

BRAHMA
Les quatre têtes de Brahma, le Créateur, symbolisent les quatre quartiers de l'horizon. En ce qui concerne le culte, Brahma est moins important que Vishnu, Shiva ou la déesse mère.

VISHNU
Originairement lié au soleil, Vishnu est le conservateur de l'Univers et la personnification de l'amour, de la vérité, de l'ordre et de la miséricorde. Pour ses fidèles, il est l'Être suprême d'où tout émane. Dans les images hindoues, il est porté par Garuda, l'oiseau merveilleux, ou se repose sur Ananta, le serpent cosmique. Afin de rétablir l'équilibre cosmique, Vishnu s'incarne en des avatars (« descentes » en sanskrit), prenant forme humaine ou animale. Le dixième avatar, Kalkin à tête de cheval, n'est pas encore apparu.

HANUMAN
Hanuman est le général de l'armée des singes, alliés de Rama, dans l'épopée du *Ramayana*. Il symbolise la loyauté, la dévotion et le courage.

SHIVA
À l'origine, il était un dieu de la montagne. Shiva signifie « propice » en sanskrit, c'est-à-dire disposé à accorder sa grâce, mais il est surtout le dieu de la destruction. Dans un monde de renaissances perpétuelles, la destruction précède la création. Ici, il a l'aspect d'un danseur exécutant la grande danse de la Création et de la Destruction.

DURGA
Durga est la déesse mère sous sa forme terrible. Elle brandit diverses armes dans ses nombreuses mains. Elle représente les aspects les plus destructeurs de la nature féminine, mais elle sait aussi faire grâce.

GANESA
Ganesa, qui aide à surmonter tous les obstacles, est le dieu de la nouveauté. Selon la mythologie, Shiva le décapita et remplaça sa tête par une tête d'éléphant. Dorénavant, Ganesa peut se frayer un chemin à travers les jungles les plus touffues.

OM
C'est la syllabe sacrée, le « germe » ou résumé de tous les mantras, c'est-à-dire les mots et les sons sacrés et puissants. Le son *om* est la syllabe primordiale et éternelle dans laquelle coexistent le passé, le présent et l'avenir.

APSARAS
Ce sont des nymphes sensuelles que l'on trouve sur les murs des temples. Elles personnifient les nuages et les brumes. Elles sont associées à la fertilité et à la croissance.

LES OBJETS DE CULTE

Dans la puja, rite hindou quotidien, des offrandes symbolisant tous les éléments sont faites sous forme de feu, d'eau, d'encens et de beurre clarifié. Pour ces offrandes, on se sert de ces objets de culte, notamment pour brûler parfums ou encens et pour asperger d'eau de rose.

LE BRÛLE-PARFUM
Ce brûle-parfum en ivoire a la forme d'une fleur de lotus, symbole de création.

L'ENCENSOIR
L'encensoir est agité dans le sanctuaire. On dit que la dispersion des fumées aromatiques prédispose favorablement les dieux à l'égard des fidèles.

L'ASPERSOIR
En forme de fleur, l'aspersoir sert à répandre des gouttelettes d'eau parfumée dans le temple, en manière de purification.

LE SVASTIKA
En Inde, le svastika est un symbole que l'on trouve sur un grand nombre d'objets courants. Antérieur à l'hindouisme, ce signe est associé au soleil. Il est bénéfique car à la fois centré, rayonnant et tournoyant, comme le soleil dans sa course.

LA VACHE SACRÉE
Pour les hindous, la vache est un animal sacré : aucune ne doit être maltraitée ou tuée. Précieuse pour son lait et sa bouse, qui sert de combustible, la vache représente la terre nourricière.

LE SANCTUAIRE
L'autel familial est le lieu central des pujas, ou dévotions quotidiennes. C'est là que les dieux sont accueillis et vénérés. Les offrandes se composent de fleurs, de nourriture et de fruits disposés devant l'image de la divinité domestique. On y brûle également de l'encens.

DIVALI
Divali est la fête de la Lumière. Elle est célébrée chaque automne en l'honneur de Laksmi, épouse de Vishnu et déesse de l'abondance et du bonheur. La fête commémore le retour d'exil de Rama, un héros avatar de Vishnu.

LE TEMPLE
Le temple hindou a une forme symbolique. La tour centrale représente le passage de la multiplicité à l'unité. Elle fait penser à une montagne, qui est la demeure des dieux. L'image de la divinité se trouve dans la partie centrale – *garbha griha*, « maison de l'embryon » –, pièce étroite sous la tour.

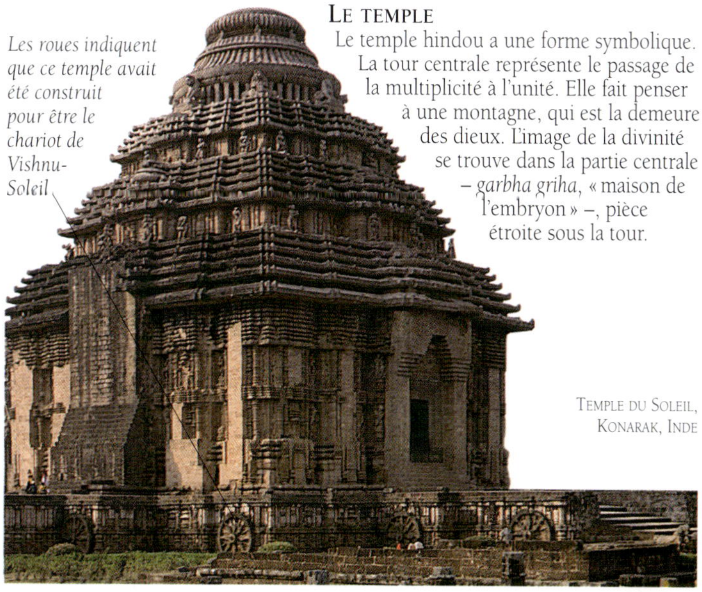

Les roues indiquent que ce temple avait été construit pour être le chariot de Vishnu-Soleil

TEMPLE DU SOLEIL, KONARAK, INDE

LE GANGE
Le plus sacré des fleuves de l'Inde, le Gange, prend sa source dans l'Himalaya, résidence des dieux. On le personnifie en la déesse Ganga. Les pèlerins se rendent sur ses rives pour visiter les lieux saints tels que Bénarès, la ville par excellence de Shiva. Tout bon hindou souhaite être incinéré, après sa mort, sur les bords du Gange : ses cendres seront alors dispersées dans les eaux du fleuve.

L'ASCÈTE
Ce sadhu, ou ascète, est un fidèle de Shiva. On le sait grâce aux lignes horizontales qui strient son front et aux cornes de buffle sur son sceptre. Selon le schéma classique, tout hindou doit terminer sa vie en ascète.

Les puranas sortent des pis de la vache sacrée

VYASA TRAIT KAMADHENU POUR OBTENIR LES PURANAS, DURGARATNA BETHA, 1836

LES TEXTES SACRÉS
Les puranas (littéralement, « histoires anciennes ») sont les récits versifiés des mythologies hindoues. Ci-contre, le sage Vyasa trait la vache Kamadhenu, « qui exauce les souhaits ». Elle ne lui donnera pas de lait mais les puranas, récits traditionnels de l'hindouisme.

VOIR AUSSI

BRAHMA ☞ LE LOTUS 52
GANESA ☞ L'ÉLÉPHANT 63
KRISHNA ☞
L'AMOUR DE KRISHNA 82 ;
LE DIEU À PEAU BLEUE 107
SHIVA ☞
LINGA ET YONI 70 ;
LE SEIGNEUR DE LA DANSE 76
LE SVASTIKA ☞ LE SVASTIKA 105
VISHNU ☞ GARUDA 31 ;
LE LAIT 49 ; LES PIEDS 75

LE BOUDDHISME

Le bouddhisme est fondé sur la non-violence, la compassion et la charité. Son but est l'illumination, qui rompt le cycle des naissances et renaissances et conduit au nirvana (littéralement, extinction). Le bouddhisme s'est développé à partir de l'enseignement de Gautama, né dans le nord-est de l'Inde, au milieu du VIe siècle avant J.-C. Le futur Bouddha renonça à sa vie séculière pour entamer la quête d'une existence délivrée de la souffrance. Lorsqu'il atteignit son objectif, grâce à la méditation et à l'ascèse, il reçut le nom de Bouddha, ou l'Éveillé.

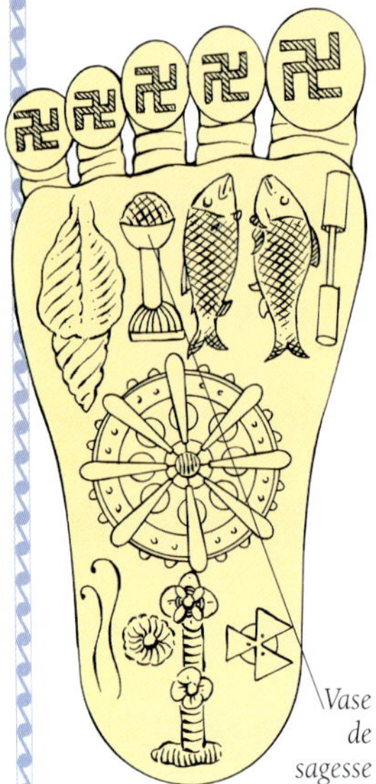

Vase de sagesse

L'EMPREINTE DE PIED
L'empreinte du pied de Bouddha est décorée de signes bénéfiques, généralement au nombre de cent huit. Parmi eux, le svastika ; la masse d'armes, qui symbolise la force capable d'écraser la luxure ; le poisson, libre de toute contrainte ; le vase, pour la sagesse suprême ; le coquillage, pour la voix de Bouddha ; la roue de la Loi universelle.

L'arbre de l'éveil — *Mara sur son éléphant* — *Les rayons de l'illumination*

La défaite des troupes de Mara

LE LIVRE-DÉPLIANT
En Birmanie, les livres en forme de dépliant, ou parabaiks, racontent l'histoire de Bouddha en mots et en images. De gauche à droite, ce parabaik montre le Bouddha en route vers l'arbre de la sagesse, auprès duquel il trouva l'illumination ; le Bouddha méditant, vénéré des dieux ; l'arrivée de Mara, l'esprit malin, sur un éléphant, et sa défaite ; le Bouddha irradiant de lumière intérieure et vénéré par les dieux et les êtres vivants.

LE BOUDDHA, *CONFUCIUS, LAO-TSEU*, WANG SHU-KU, XVIIIe S.

LES TROIS GRANDES VÉRITÉS
Les grands sages chinois Confucius et Lao-Tseu, les fondateurs du confucianisme et du taoïsme, accueillent parmi eux l'enfant Bouddha, représentant symboliquement l'acceptation du bouddhisme en Chine au IVe siècle après J.-C. Le confucianisme, le taoïsme et le bouddhisme constituent les Trois Grandes Vérités et, ensemble, ils ont modelé la pensée chinoise pendant plusieurs millénaires.

LE BOUDDHA

Quand ils se tiennent devant l'image de Bouddha, les bouddhistes ne lui vouent pas un culte mais rendent hommage à son enseignement et à son exemple. Les images le représentent en diverses postures, ou asanas, et avec un certain nombre de positions des mains, ou mudras. Chacune a sa signification particulière : l'enseignement, la méditation, la bénédiction…

LE BOUDDHA RIANT
Le Mi-Luo-fo est une représentation chinoise de Maitreya, le prochain Bouddha du monde actuel. Le nom chinois signifie l'« Amical qui se rit du sort ». Son obésité renferme la sagesse de l'Univers.

LE BOUDDHA COUCHÉ
Après une vie d'enseignement, le Bouddha mourut et entra dans le nirvana pour ne plus renaître. On le représente alors comme ci-dessous, en position allongée sur le côté droit. C'est la *Parinirvana asana*.

LE BOUDDHA COUCHÉ, MARBRE, BIRMANIE, XIXe S.

Muchilinda, le grand serpent protégeant le Bouddha

Dhyana mudra, *geste de la méditation*

Padma asana, *ou posture du lotus*

LE BOUDDHA MUCHILINDA
Lorsque le Bouddha entra dans une profonde méditation, il se produisit une violente tempête avec des pluies torrentielles. Le grand serpent Muchilinda souleva le Bouddha avec ses anneaux et déploya ses nombreuses têtes pour le protéger de la pluie.

LA ROUE DE LA LOI
Par son premier sermon, le Bouddha est dit avoir mis en branle la roue de la Loi universelle, ou Dharma. La roue représente ainsi l'enseignement de Bouddha, et les huit rayons les Huit Étapes qui mènent à l'illumination.

SANCTUAIRE D'UN TEMPLE BOUDDHIQUE, LONDRES

LE SANCTUAIRE

Dans ce sanctuaire bouddhique, une image du Bouddha est entourée de cierges et de bâtonnets d'encens, marques de dévotion comme dans de nombreuses religions. La lumière est celle de la doctrine et la fumée de l'encens est comme le souffle de la vérité de la doctrine sur les dévots.

LA PAGODE SHWE ZIGON, PAGAN, BIRMANIE, XIe S.

LA PAGODE BIRMANE

Les pagodes, ou stupas, étaient à l'origine des tumulus funéraires érigés pour abriter les restes des notables en Inde. Après sa mort, les cendres de Bouddha furent partagées et placées dans plusieurs stupas, ainsi que ses rares objets personnels. Le stupa est ainsi devenu le symbole de l'entrée de Bouddha dans le nirvana et rappelle à tous la perspective de l'illumination. En Birmanie et en Chine, le stupa prend le nom de pagode.

LES SYMBOLES SACRÉS

Ce motif complexe est composé de dessins symbolisant les Huit Étapes qui figurent aussi sur l'empreinte du pied de Bouddha.

CHORTEN

Reliquaire miniature en forme de stupa, ce coffret tibétain est transporté pour éloigner les mauvais esprits. Il comporte une tablette moulée à partir des cendres d'un lama.

LE BODHISATTVA DE LA COMPASSION

BODHISATTVA

Selon les écoles bouddhiques, les bodhisattvas sont des êtres éclairés qui refusent d'entrer dans le nirvana pour guider les autres vers l'illumination – acte de compassion ultime. Avalokitesvara, le bodhisattva de la compassion, est représenté ici avec onze têtes et un millier de bras, pour qu'il puisse saisir tous les êtres conscients. Chaque main tient un objet qui est un attribut de Bouddha.

MOINES BOUDDHISTES

Le Bouddha établit le sangha, un ordre monastique destiné à dispenser son enseignement à tous. La plupart des bouddhistes pensent que l'illumination ne peut être atteinte qu'en pratiquant la voie monastique méditative, qui est libre de toute distraction et mène au complet éveil.

MOINE ZEN

Ce moine japonais tient le traditionnel bol à aumônes que les passants remplissent de nourriture, acte considéré comme méritoire. Le bouddhisme zen met l'accent sur l'illumination par la méditation.

MOINE THAÏ

Ce moine thaï, qui se tient dans l'encadrement de la fenêtre d'un monastère, est probablement en train d'étudier des sutras, textes bouddhiques que les jeunes moines doivent connaître parfaitement.

BAS-RELIEF, TEMPLE D'ANANDA, PAGAN, BIRMANIE, XIe S.

LE GRAND DÉPART

Le prince Siddhartha, qui devint le Bouddha (à gauche), quitta le palais paternel pour renoncer à la vie profane et se tourner vers une vie de méditation et d'ascèse. Ce jeune Birman (à droite) refait symboliquement ce geste majeur avant de revêtir la robe des moines et d'entrer comme novice dans un monastère.

MOULIN À PRIÈRES TIBÉTAIN

LE MOULIN À PRIÈRES

Des mantras, ou versets sacrés, sont inscrits dans les moulins à prières. Chaque rotation du cylindre compte pour une récitation du mantra. Certains gros moulins à prières sont actionnés par le vent.

VOIR AUSSI

LE BOUDDHA ☞ LES ARBRES SACRÉS 45 ; LE LOTUS 52 ; LES OREILLES 73

CONFUCIUS ☞ CONFUCIUS 27

L'EMPREINTE ☞ LE SVASTIKA 21, 105 ; BRAHMA 20

LE TAOÏSME ☞ PAYSAGE CHINOIS 27 ; L'ARC ET LES FLÈCHES 91

L'ISLAM

L'islam est la religion d'environ un cinquième de la population mondiale. Elle repose sur les révélations de Dieu au prophète Mahomet, qui vivait en Arabie (vers 570-632 de notre ère). Elles furent consignées dans un livre, le Coran. Comme les juifs et les chrétiens, les musulmans adorent un Dieu unique. Leur devoir fondamental est de se soumettre à la volonté d'Allah. Les obligations des fidèles sont contenues dans les cinq piliers : proclamer publiquement la foi musulmane ; prier cinq fois par jour ; faire l'aumône ; jeûner durant le mois du ramadan ; faire un pèlerinage à La Mecque.

L'ÉTOILE ET LE CROISSANT
Symbolisant à l'origine la lune croissante et associé à la déesse Diane, le croissant fut adopté comme symbole de l'islam au cours du XIVe siècle. L'étoile, symbole de souveraineté et de divinité, lui fut ajoutée tardivement. Le croissant associé à l'étoile peut aussi être interprété comme une image du paradis.

MAIN DE FATIMA

LA MAIN DE DIEU
Connue sous le nom de main de Fatima, du nom de la fille de Mahomet, elle représente les cinq piliers de l'islam.

MONTÉE DU PROPHÈTE MAHOMET AUX CIEUX, AGA MIRAK, XVIe SIÈCLE.

LE VOYAGE NOCTURNE
Mahomet, une nuit, fut conduit aux cieux par l'ange Gabriel. Son visage est voilé, selon les coutumes musulmanes, et il chevauche Al-Borak, la monture à figure humaine, symbole de lumière et de vérité.

LE TAPIS DE PRIÈRE
Généralement, un musulman fait ses prières – salat – en se prosternant sur un tapis. Ce tapis ottoman date du XVIe siècle.

MUSULMANS EN PRIÈRE
À la mosquée, les adultes prient côte à côte. Ils s'agenouillent en direction de La Mecque, touchent le sol du front en proclamant qu'« Allah est grand ». Ces attitudes reflètent symboliquement la soumission de leur esprit à Dieu.

LA KA'BA
La Ka'ba, dans la grande mosquée de La Mecque, est le sanctuaire le plus important de tout l'islam, et chaque musulman, où qu'il se trouve dans le monde, prie dans sa direction. La Ka'ba agit donc comme un lieu de communion entre Dieu et les hommes. Les musulmans se doivent de faire, au moins une fois dans leur vie, le pèlerinage à La Mecque. Ils tournent sept fois autour de la Ka'ba, chaque tour représentant un attribut de Dieu.

LA KA'BA, LA MECQUE

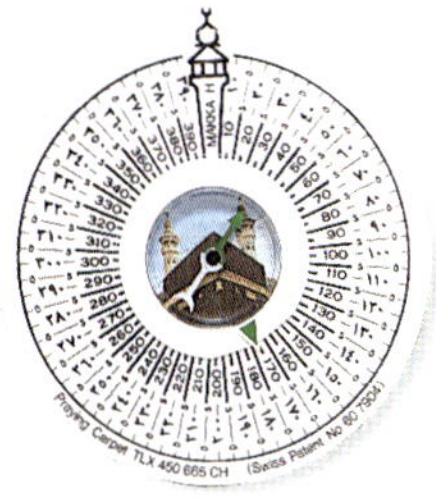

BOUSSOLE

Puisque les musulmans doivent se tourner vers La Mecque pour prier, ils ont besoin d'une boussole qui leur en indique la qibla, la direction de La Mecque. Les tapis de prière modernes sont parfois munis d'une boussole comme celle-ci.

LAMPE DE MOSQUÉE

L'intérieur de la mosquée est éclairé par des lampes qui symbolisent la présence divine, dont la sagesse et la vérité repoussent les ténèbres de l'ignorance.

LE CHAPELET

Le chapelet musulman est composé de 99 perles symbolisant les 99 noms de Dieu. Le centième nom, le nom de l'essence de Dieu, ne peut être connu qu'au paradis.

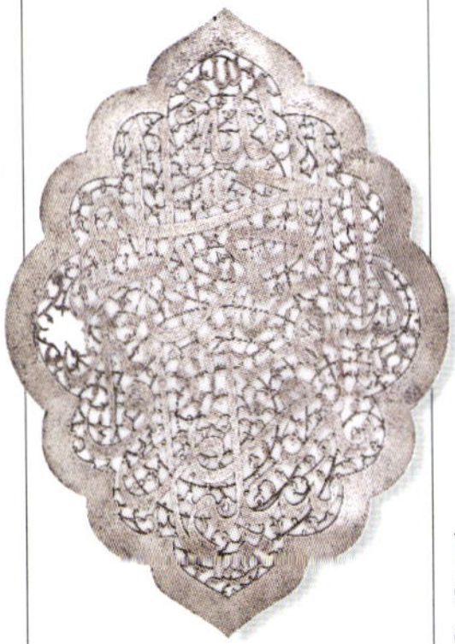

CALLIGRAPHIE

Des versets coraniques calligraphiés sont utilisés pour décorer de nombreux objets, une manière symbolique de rappeler le nom de Dieu, comme sur cette plaque d'acier.

LE CORAN

Certains pays musulmans interdisent la représentation de créatures vivantes, considérée comme une atteinte à la transcendance d'Allah. Aussi est-ce la parole elle-même qui est immortalisée dans l'art. De merveilleuses calligraphies ont été ainsi réalisées et constituent une des plus importantes contributions de l'islam à l'art. Ces textes coraniques, habituellement rédigés en arabe, la langue de l'islam, illustrent l'autorité et la vérité de la parole de Dieu.

LE MINARET

C'est du sommet du minaret, tour de la mosquée, que le muezzin – littéralement le crieur – invite les fidèles à la prière cinq fois par jour. Les musulmans croient qu'un jour la prière du matin sera annoncée par l'ange de la résurrection.

CÉRAMIQUE

La décoration des mosquées utilise souvent des carreaux de céramique, notamment en forme d'étoile, symbole de la suprématie divine.

LA COUPOLE DU ROCHER

La Coupole du Rocher fut bâtie là où le temple de Salomon avait été érigé autrefois à Jérusalem, ce qui en fit dès lors un lieu sacré pour les musulmans, les juifs et les chrétiens. Pour les musulmans, la Coupole abrite le lieu précis où l'ange Gabriel emporta Mahomet pour son ascension au ciel. Le dôme représente la voûte céleste.

VOIR AUSSI

LE CORAN ☞ LE TCHADOR 85

LA COUPOLE DU ROCHER ☞ LE DÔME 95

L'ÉTOILE ET LE CROISSANT ☞ LE SOLEIL ET LA LUNE 34 ; L'ÉTOILE 78 ; CINQ 102 ; LE VERT 107

MAHOMET ☞ LE CHAMEAU 63

LE PARADIS ☞ PARADIS TERRESTRE, LE JARDIN D'ESPAGNE 42 ; LE RAISIN 48

LE TAPIS DE PRIÈRE ☞ LES ARBRES SACRÉS, LE TAPIS DE PRIÈRE 45 ; TAPIS VOLANT 79

LE CULTE DES ANCÊTRES ET DES ESPRITS

Dans toutes les régions du monde, à une période ou à une autre, les hommes ont cru que, dans la nature, chaque élément possédait une âme : arbres, montagnes, récoltes, rivières, rochers, etc. Partout présents, ces esprits assuraient l'harmonie entre l'homme et l'Univers et étaient honorés à ce titre. L'esprit des ancêtres est également d'une importance primordiale pour un grand nombre d'êtres humains. Lorsqu'elle meurt, la personne part rejoindre les ancêtres du groupe ; elle protège les vivants en les reliant à leur passé. Certains esprits sont bénéfiques et préservent la communauté ou les individus en danger. On les représente sur une proue de navire, un bouclier, une lance ou un casque. Leur aspect terrifiant peut faire fuir un démon ou simplement un ennemi lors d'une bataille.

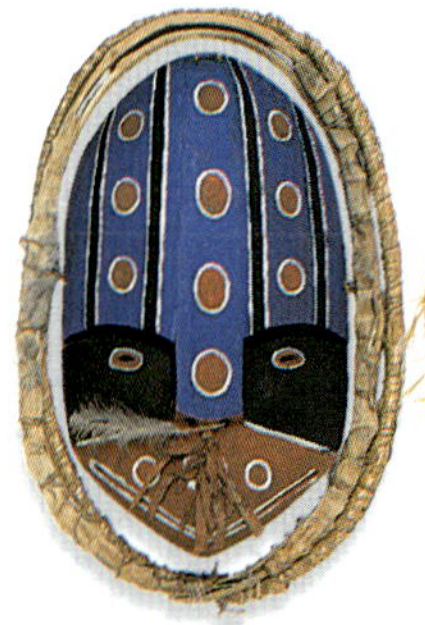

MASQUE D'ALASKA
Ce masque représente les essences de différentes créatures. Durant les rituels de divination, le chaman le porte pour s'approprier la puissance des esprits.

MASQUE DU ZAÏRE
Ce masque à jupe de raphia représente l'esprit des ancêtres de la tribu des Koubas, au Zaïre. Par son intermédiaire, pendant les rites d'initiation, les jeunes gens rencontrent leur ancêtre pour la première fois.

MASQUE DU NIGERIA
Les masques africains représentent toujours des esprits ressuscités durant des cérémonies rituelles. Leurs pouvoirs mystérieux sont symbolisés par des motifs stylisés. Cet esprit de l'éléphant représente la laideur.

MÂT-TOTEM NORD-AMÉRICAIN, CANADA

LE TOTEM
Le mât-totem symbolise la relation entre la tribu et son ancêtre. Des figures humaines et animales sont sculptées sur le tronc. Des offrandes sont déposées au pied de ces mâts sacrés. De cette façon, la tribu exprime le respect pour son ancêtre et la solidarité du clan.

L'ANCÊTRE
Cette figurine de Papouasie-Nouvelle-Guinée représente l'ancêtre mâle du clan, peint aux couleurs sacrées.

UN DIEU GUERRIER
Ce dieu guerrier hawaiien, à l'aspect terrifiant et menaçant, protège son clan pendant les combats.

LE RÊVE

Les aborigènes d'Australie désignent l'ordre spirituel et naturel de toute chose sous le terme de « rêve » ou « temps du rêve ». Celui-ci couvre l'éternité et comprend les mythes des ancêtres qui créèrent l'humanité et la vie animale. Les aborigènes se sentent en communion avec la nature. La musique et l'art rituel leur permettent d'exprimer les forces spirituelles du temps du rêve.

PEINTURE SUR ÉCORCE
Certaines représentations d'ancêtres *(rarrk)* sont gravées sur écorce. Les aborigènes pensent que ces motifs, créés par les esprits du temps du rêve, peuvent favoriser la fertilité.

ESPRIT WAIJARA, WALLY MANDARRK, XXe S.

ULURU
Nommée Ayers Rock par les Australiens d'origine européenne, Uluru est la montagne sacrée des aborigènes. Des cérémonies leur permettent d'acquérir ses pouvoirs magiques et de les utiliser.

LE SHINTO

Le shinto (voie des kami) est la plus ancienne religion du Japon. Selon cette religion, le monde est peuplé de millions de kami, esprits qui vivent dans chaque lieu, personne ou objet et possèdent d'étranges qualités transcendantales. Ces esprits habitent les rivières, les rochers, les arbres, les animaux. Dès lors, tout élément naturel est considéré avec crainte et respect. Durant le VIe siècle, le shinto intégra des éléments bouddhistes pour donner un vaste panthéon de divinités, d'esprits de la nature, de dieux gardiens et d'incarnations du Bouddha.

UN DIEU DE PROSPÉRITÉ
Daikoku est un dieu d'abondance et de fertilité qui accorde de bonnes récoltes.

LE PORTIQUE
Les sanctuaires shintoïques comportent un ou plusieurs torii, ou portiques. Les extrémités du portique se redressent pour pointer vers le ciel.

LES RAYONS SOLAIRES
Amaterasu, la déesse du soleil, est la divinité suprême du shinto. Les empereurs du Japon prétendent descendre d'elle. La légende raconte que, fâchée contre le dieu des tempêtes, elle se cacha dans une grotte. Les autres divinités la firent revenir à l'aide d'un miroir et de bijoux divers, pendus à des arbres alentour. Fascinée par son propre reflet, elle sortit pour mieux se voir, symbolisant le lever du jour après la nuit.

INARI
Le renard blanc est le messager et le symbole d'Inari, dieu japonais des récoltes et de la prospérité. Il recevait des offrandes de pâte de soja, sa nourriture préférée. Les bavoirs rouges et blancs sont accrochés en remerciement de prières exaucées.

LE MONT FUJI, HIROSHIGE, 1853

LE MONT FUJI
La nature imprévisible des volcans a favorisé les sentiments de crainte et les rites de vénération dans beaucoup de pays. Au Japon, les nombreux volcans figurent en bonne place dans les pratiques religieuses, et quantité de sanctuaires ornent leurs pentes. Les Japonais disent que le mont Fuji est la plus belle montagne du monde. Il réunit les symboles du ciel, de la terre et du feu et inspire des sentiments de crainte, de danger et, malgré tout, de paix. Personnifiant l'esprit du Japon, il est un haut lieu de pèlerinage.

PERSONNAGE SACRÉ, TEMPLE TIN HAU, HONGKONG

L'EMPEREUR DE L'OCÉAN
L'empereur chinois de l'océan, représenté ici, incarne l'esprit des mers. Des offrandes lui sont adressées par les marins pour leur assurer un bon voyage.

CONFUCIUS
Confucius aurait vécu au VIe siècle avant notre ère. Il est, pour les Chinois, le grand maître qui exposa une doctrine fondée sur le respect des parents, du clan ainsi que de l'État. En prônant la loyauté absolue au clan, il soulignait l'importance du culte des ancêtres, déjà très populaire en Chine, et le renforçait encore. De nombreuses effigies du maître peuplent les autels domestiques, en particulier chez les expatriés, reflétant ainsi le profond respect des Chinois pour son enseignement.

CONFUCIUS, XVIIe S.

PAYSAGE CHINOIS
La profonde sérénité de la philosophie taoïste s'exprime dans les peintures chinoises. Elles mettent en scène non seulement les éléments visibles des paysages mais également leurs aspects plus secrets. On y rencontre parfois de petits personnages qui accentuent l'impression de fragilité et de vanité de la condition humaine face à la nature de l'Univers. Au cours des siècles, taoïsme et confucianisme ont influencé la pensée chinoise. Le taoïsme insiste sur l'ordre spirituel naturel tandis que le confucianisme souligne l'importance de l'ordre moral.

VOIR AUSSI

LES MASQUES ☞
LE MASQUE 77

PAYSAGE CHINOIS ☞
LES TROIS GRANDES VÉRITÉS 22 ;
L'ARC ET LES FLÈCHES 91

LE SHINTO ☞
LE BOUDDHISME 22-23 ;
LE CORBEAU 64

LES CRÉATURES DE LÉGENDE

De nombreuses créatures merveilleuses ont pris naissance dans les vallées de la Mésopotamie, entre le Tigre et l'Euphrate, et vinrent ensuite hanter l'imaginaire des peuples d'Orient et d'Occident. Le phénix et le serpent à plusieurs têtes, par exemple, ou l'oiseau de proie enserrant un serpent sont des classiques de l'imagerie fantastique universelle. Les êtres mythologiques, mi-bêtes, mi-humains, représentent la coexistence de l'instinct animal et de l'intelligence humaine. Les monstres hybrides d'oiseau et de créature terrestre ou marine représentent sans doute, outre les caractères propres à chacune des figures, l'union symbolique du soleil et de la terre ou de l'eau.

LE SERPENT À DEUX TÊTES
Le serpent à deux têtes est une image très répandue sur le continent américain. Symbole de la pluie fertilisatrice, il était associé aux rites consacrés à Tlaloc, dieu aztèque des montagnes, de la pluie et des sources, auquel on sacrifiait des enfants, les années de sécheresse.

LA LICORNE
La licorne est toute pureté et incorruptibilité. En Chine ancienne, elle est l'emblème royal et symbolise l'amabilité, la bonne volonté, la sagesse et la longévité ; dans l'iconographie chrétienne, elle représente la Vierge fécondée par l'Esprit-Saint. Dans le folklore médiéval, l'animal était si impétueux qu'aucun chasseur n'était capable de le capturer. Seule une vierge pouvait le dompter. Ici, une licorne se regarde dans le miroir de la vérité, symbole de la connaissance de soi.

KY-LIN
Cette bête fabuleuse originaire de Chine a la tête d'un dragon, la crinière d'un lion, le corps d'un cerf et la queue d'un bœuf. On dit qu'il apparaît durant le règne de monarques vertueux et qu'il annonce la naissance de grands personnages. Il est le compagnon des grands sages et des immortels chinois. Ce doux animal symbolise la gentillesse et la bonne volonté ainsi que la fertilité.

SLEIPNIR
Le plus rapide de tous les étalons était Sleipnir, la monture à huit pattes que chevauchait Odin, le dieu de la guerre chez les anciens Germains. Il pouvait franchir tous les obstacles et galoper tant sur terre que sur l'eau. Il était associé à la puissance d'Odin et, en outre, symbolisait le vent.

LE MONSTRE DU LOCH NESS
On relate qu'en l'an 565 il mordit à mort un nageur. Depuis, de nombreux témoignages de sa présence ont été consignés. Des expéditions scientifiques ont eu lieu pour tenter de trouver le monstre. À l'origine, le monstre du loch Ness était synonyme de terreur, mais au fil des siècles, il devint un habitant des eaux plutôt débonnaire.

LA SALAMANDRE
La salamandre est identifiée au feu. On la représente généralement en train de cracher du feu ou entourée de flammes. Animal à sang froid, elle avait la réputation de ne pas craindre les flammes et même d'éteindre les incendies. Elle représente la droiture de l'âme qui peut sortir indemne des flammes de la tentation.

LE CENTAURE
Créature fabuleuse composée d'un torse d'homme sur un corps de cheval, le centaure rassemble les instincts de l'animal et la raison de l'homme. Il symbolise aussi l'ambivalence de l'homme partagé entre nature bestiale et nature divine. Dans la mythologie grecque, Chiron, un maître respecté, était un centaure.

L'HYDRE
Proche du naga, animal fabuleux de l'Inde, l'hydre de la mythologie grecque avait neuf têtes de serpent montées parfois sur un corps de chien. C'était un ennemi terrible car si on lui coupait une tête, deux autres poussaient immédiatement. Elle symbolisait ainsi les vices sans cesse renaissants.

LE MINOTAURE
Cette créature, mi-homme, mi-taureau, vivait dans le fameux labyrinthe de Crète. Chaque année, il dévorait sept jeunes hommes et sept jeunes filles choisis au hasard pour l'apaiser. Le héros Thésée décida de mettre un terme à son règne de terreur. Le Minotaure représente les instincts humains les plus grossiers.

LE MAKARA
En Inde, cette créature marine est la monture du dieu marin Varuna et également de Ganga, la déesse du fleuve Gange. Mi-poisson, mi-crocodile ou éléphant, elle incarne les eaux de la Création. On la rencontre souvent en compagnie de créatures solaires, leur association symbolisant la fertilité. Elle représente aussi la dualité du bien et du mal.

LE NAGA
Le naga est une divinité-serpent à plusieurs têtes que l'on rencontre dans les arts et les légendes d'Inde et du Sud-Est asiatique. On le représente parfois avec un torse humain et des têtes de serpent. Les nagas sont maîtres de la pluie et, de ce fait, en conflit permanent avec Garuda, l'oiseau du soleil. Cette inimitié se reflète dans l'équilibre naturel entre le soleil et les eaux pluviales, qui sont tous deux essentiels à la fertilité du sol.

LE POISSON-ÉVÊQUE
Cette curieuse créature possède le crâne tondu d'un ecclésiastique et le corps d'un énorme poisson. On raconte qu'on en captura un dans la Baltique, en 1433, et qu'il fut offert au roi de Pologne. Le roi eût souhaité le garder mais se laissa attendrir quand le monstre le supplia de le laisser retrouver son élément naturel. Pour marquer sa gratitude, le monstre fit un signe de croix avant de replonger dans l'eau.

L'HIPPOCAMPE
Selon la légende grecque, l'hippocampe est la monture de Poséidon ; il tire son char à travers les océans. Il a le corps d'un poisson et les pattes avant d'un cheval, conjuguant les symbolismes terrestre et marin. Plus connu sous le nom de « cheval de mer », il est souvent employé en héraldique pour désigner une action maritime digne d'intérêt. Sur les armes de la ville de Belfast, il symbolise le commerce international.

LES SIRÈNES

Les sirènes apparaissent dans de nombreuses mythologies. La sirène a un corps de femme et une queue de poisson. C'est une créature marine, symbolisant la fertilité et l'inconscient. Elle porte parfois un miroir qui représente la vérité et l'âme. La sirène peut aussi être une créature mi-femme, mi-oiseau. Elle représente la tentation et la séduction et détourne l'être humain de ses résolutions. Ses équivalents mâles, les tritons, sont plus rares bien qu'ils figurent dans la mythologie grecque et représentent le libertinage.

FIGURINE JAPONAISE, XIXe S.

ULYSSE ET LES SIRÈNES, HERBERT DRAPER, 1905

L'APPEL DES SIRÈNES
Ulysse est averti qu'il doit se défier des sirènes, dont le chant a le pouvoir de tromper les hommes et de causer leur mort. Il ordonne alors à ses hommes de se boucher les oreilles avec de la cire et de le ligoter au mât de son navire. Il est donc le seul à pouvoir entendre leur chant sans risquer de succomber à leur pouvoir. L'artiste a représenté deux des sirènes sous forme humaine et la troisième avec une queue de poisson.

SIRÈNE, D'APRÈS UNE GRAVURE FRANÇAISE, 1573

FIGURE DE PROUE SCULPTÉE
Cette sirène décore la proue d'une barque construite en 1732 pour le prince Frédéric, fils du roi de Grande-Bretagne George II.

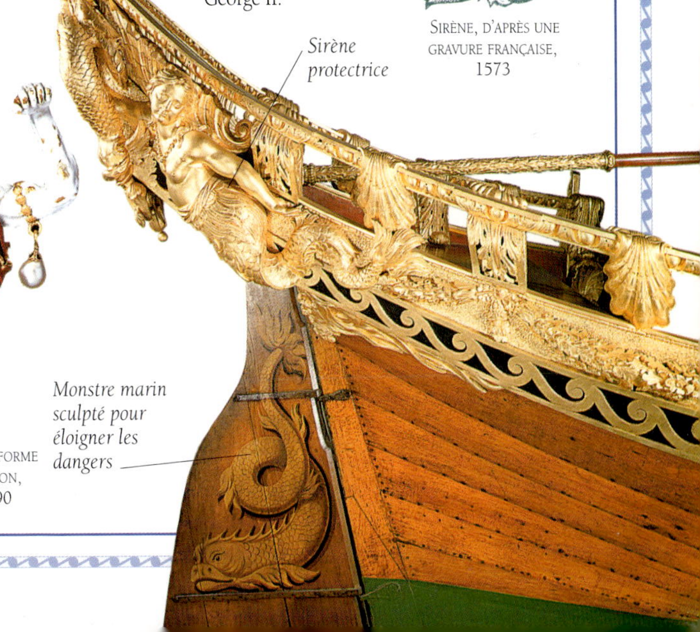

Sirène protectrice

Monstre marin sculpté pour éloigner les dangers

TRITON
Mi-homme, mi-poisson, Triton était le fils de Neptune et a peut-être été le patron des marins. Des mythes tardifs parlent même d'une race de tritons.

BIJOU EN FORME DE TRITON, V. 1590

LES DRAGONS

Les dragons, en combinant les caractéristiques des quatre éléments – eau, air, terre, feu –, symbolisent la lumière et les ténèbres, le soleil et la lune, le masculin et le féminin en même temps que l'unité harmonisant les forces contraires. Le dragon possède des ailes d'oiseau et des écailles de serpent, il crache du feu et garde souvent un trésor dans son antre. En Orient et dans l'Europe préchrétienne, le dragon était considéré comme bénéfique et serviable (par exemple, le dragon rouge, emblème du pays de Galles). Mais le christianisme, qui considère le serpent comme symbole de fourberie, voyait dans le dragon une créature maléfique, représentant le chaos et la destruction.

LE BASILIC
Décrit sous forme d'un serpent, le basilic peut aussi avoir des pattes et des ailes de dragon. Dans l'Europe médiévale, son souffle ou son regard pouvaient être fatals et il était un symbole de mort.

DRAGON VIKING
Dans les mythes nordiques, Nidhogg, le « terrible dévoreur », se repaissait des cadavres et broyait sans cesse les racines du frêne Yggdrasil, l'arbre de vie. Nidhogg symbolise le mal.

Les cinq griffes signifient que ce vêtement appartenait à un empereur

La perle d'immortalité

Carré de soie porté par l'empereur

DRAGON CHINOIS
Symbole de mâle énergie, de fécondité et d'autorité impériale, le dragon chinois est un animal aimable. Il représente le cinquième signe du zodiaque chinois. Il garde l'Est et représente le lever du soleil, le printemps et la pluie. Les pluies torrentielles prennent, en effet, le nom de « pluies de dragon ». Il existe quatre types de dragons dans le folklore chinois : les dragons de l'air, de la terre, de l'eau et du feu. Les danses du Dragon et les courses de bateaux-dragons sont très prisées en Chine.

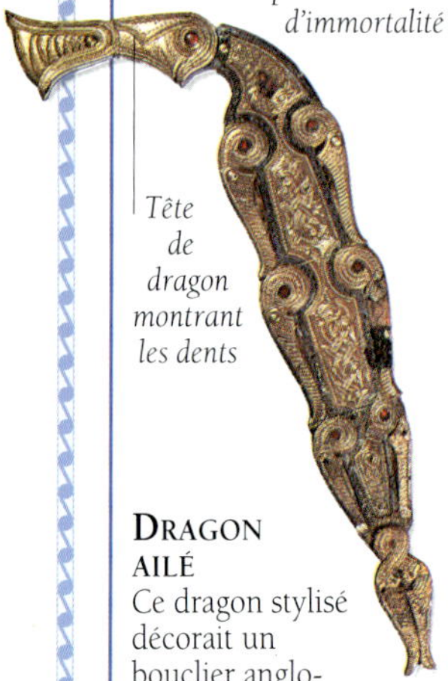

Tête de dragon montrant les dents

DRAGON AILÉ
Ce dragon stylisé décorait un bouclier anglo-saxon. Son corps enserre ce qui ressemble à une perle, peut-être symbole d'immortalité.

SAINT GEORGES ET LE DRAGON
Les chrétiens identifient le dragon au serpent tentateur d'Ève au jardin d'Éden. Le dragon était le symbole des plus bas instincts de l'être humain. En tuant le dragon, saint Georges écrase l'hérésie et le mal, mais aussi ses propres désirs primaires. Saint Georges est le patron de l'Angleterre et de tous les soldats.

LES PATTES GRIFFUES INDIQUENT QUE LE DRAGON REPRÉSENTE SATAN

Ces marques sur les ailes sont censées protéger le dragon

La damoiselle symbolise l'âme pure

Les nuages tumultueux symbolisent l'aide divine

Saint Georges, symbole du triomphe du bien sur le mal

Lance, symbole de virilité

SAINT GEORGES ET LE DRAGON, PAOLO UCCELLO, V. 1460

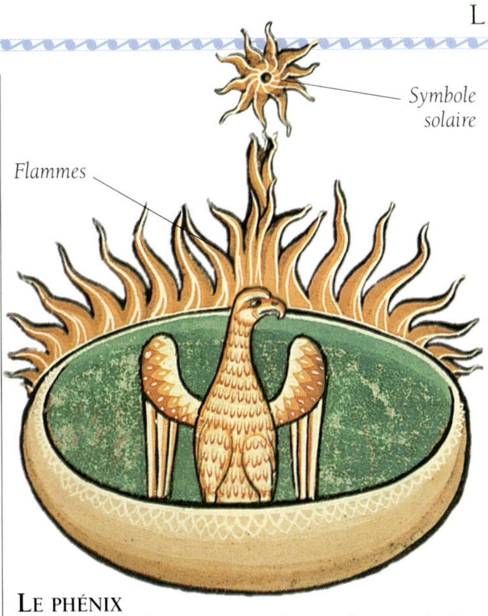

LE PHÉNIX

Le phénix, parfois connu sous le nom d'oiseau de feu, se consume tous les cent ans puis renaît de ses cendres. C'est un symbole universel de mort par le feu, de résurrection, de soleil et d'immortalité. C'est également un symbole de délicatesse car il se nourrit uniquement de rosée, refusant de manger toute créature vivante. En Chine, c'était une créature femelle qui représentait l'impératrice, fidèle compagne du dragon. Au Mexique, le phénix accompagnait le grand dieu Quetzalcóatl. Chez les premiers chrétiens, il symbolisait la résurrection du Christ.

QITOU

Qitou est une créature ailée chinoise, mi-humaine, mi-bête, qui gardait la chambre funéraire des personnages de haut rang. Cette figurine date des Tang.

LE SPHINX

Symbole très populaire, originaire d'Égypte, le sphinx a un corps de lion et un visage humain. Le sphinx grec était un monstre femelle qui dévorait les voyageurs ne répondant pas à ses énigmes. Dans différentes cultures, le sphinx symbolise le souverain, la sagesse et les mystères.

GARUDA

Monture de Vishnu, Garuda est généralement représenté mi-homme, mi-aigle, et son corps est d'or. C'est une créature noble et gigantesque qui représente le soleil. Garuda se bat souvent avec les serpents, ses ennemis héréditaires.

KINNARA

Mi-humain, mi-oiseau ou cheval, ce musicien fait partie des chœurs célestes qui accompagnent les grandes divinités indiennes. C'est un symbole bénéfique que l'on rencontre sur les portes des temples.

PÉGASE

Le grand étalon ailé du héros grec Bellérophon naquit du sang de Méduse et portait la foudre de Zeus. Comme symbole, Pégase est associé à la vitesse et aux tempêtes. Un cheval analogue nommé hippogriffe existait dans les légendes médiévales, où il incarnait la puissance intérieure et l'aptitude à transformer le mal en bien.

LE GRIFFON

Le griffon avait la tête, les ailes et les serres d'un aigle et le corps d'un lion. On disait qu'il était plus grand que huit lions et plus fort que cent aigles. Monture d'Apollon, gardien farouche, le griffon est symbole de vigilance, de courage et de sagesse.

LES HARPIES

Dans la mythologie grecque, les harpies « ravisseuses » tourmentaient les âmes et enlevaient les enfants. Elles avaient un visage de femme, les ailes et les pattes d'un vautour. Elles pouvaient commander aux vents, provoquant des tempêtes et des tourbillons. Elles étaient également les messagères de la mort soudaine.

SIMORGH

Cette créature fabuleuse originaire de Perse est un hybride de paon, de lion et de griffon. Elle existe aussi dans les mythologies russe et caucasienne. Elle possède des pouvoirs de guérison et symbolise l'union du ciel et de la terre.

VOIR AUSSI

LE DRAGON ☞
L'ASTROLOGIE CHINOISE *113*
LA FIGURE DE PROUE ☞
LES YEUX *72*
GARUDA ☞
VISHNU *20* ;
LES AIGLES *66*
L'HYDRE, LE NAGA ☞
LES SERPENTS *59*
LE MINOTAURE ☞
LE LABYRINTHE *105*
LE PHÉNIX ☞
LE PHÉNIX *108*

La nature

La nature est un trésor dans lequel l'homme a puisé de nombreux symboles. Le soleil, la lune et les étoiles font partie du langage symbolique de toutes les civilisations. Les plantes et les fleurs sont riches de sens et sont souvent reliées à des thèmes comme l'amour ou la fertilité. Les animaux, avec leurs innombrables particularités physiques, ont inspiré dans chaque culture les associations symboliques les plus variées.

Le soleil et la lune

Le soleil et la lune jouent un rôle très puissant dans l'imaginaire de l'humanité. Brillant également pour tous, le soleil est le symbole de l'énergie mâle, de la lumière et de la chaleur tandis que la lune représente le mystère de la féminité et de la procréation. Tous deux sont symboles de mort et de renaissance, le soleil parce qu'il se couche et se lève chaque jour, la lune parce qu'elle passe chaque mois par les stades de pleine et de nouvelle lune. La puissance du soleil réchauffe le sol et mûrit les récoltes tandis que la lune influe sur les eaux et provoque les marées.

Diane et ses adorateurs, manuscrit du xve s.

Coup de lune

On a longtemps cru que la pleine lune rendait fou ou du moins aggravait les symptômes de la folie. Dans cette peinture, Diane la chasseresse, déesse de la lune, est assise dans les nuages au-dessus d'un groupe d'adorateurs fous. Le terme « lunatique » vient d'ailleurs du nom de l'astre de la nuit et signifiait à l'origine « frappé par la lune ».

L'horloge

Les lunes de cette montre du xixe siècle associent le temps aux mouvements des étoiles.

Hurler à la lune

La lune exerce son influence sur toutes les créatures de la nuit. En hurlant à la pleine lune, les loups illustrent les forces ténébreuses de l'astre nocturne.

L'homme dans la lune

Bien que la lune soit généralement considérée comme féminine, on la représente parfois avec une figure d'homme. Un mythe parle d'un homme qui fut cloué sur la lune pour expier ses péchés.

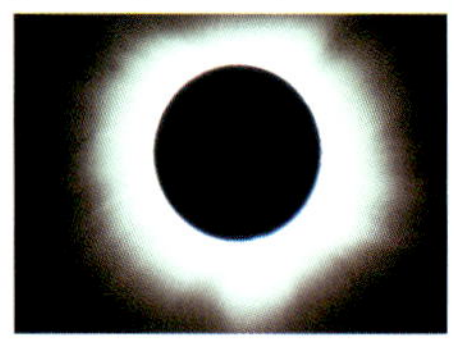

L'éclipse

Une éclipse de lune est considérée avec crainte par ceux qui y voient un signe diabolique. La mythologie hindoue relate que ce phénomène est le fait de Rahu, un démon évanescent qui dévore goulûment la lune ou le soleil.

L'eau et la lune

Soir d'été, Peter Severin Kroyer, 1908

Les étendues d'eau sont gouvernées par la lune, qui, comme elles, renferme les mystères des pouvoirs créateurs féminins. L'eau est l'élément central de tous les mythes de création dans lesquels apparaît le thème universel du déluge. La mer représente l'inconscient et l'infini, l'océan cosmique d'où toute vie est sortie et dans lequel toute vie finira par se dissoudre.

Personnification de la lune et du soleil

Dans cette illustration tirée d'un traité d'alchimie du xvie siècle, le soleil et la lune sont représentés sous les traits d'un roi et d'une reine. La lune (Diane) est vêtue de blanc tandis que son frère jumeau, le soleil (Apollon), est habillé de rouge. Les flammes qui brûlent sous les pieds du soleil traduisent la croyance des alchimistes selon laquelle le soleil est le feu intérieur présent en toute matière. Le pied de Diane repose sur la lune, dont elle est à la fois la déesse et le symbole.

La terre s'enflamme sous les pieds d'Apollon

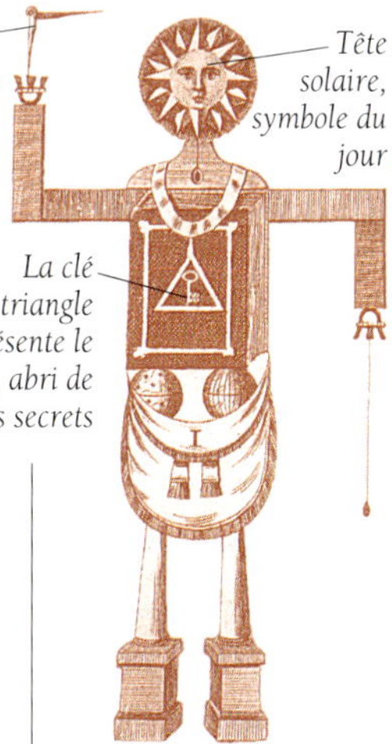

Équerre et compas, symboles de la franc-maçonnerie

Tête solaire, symbole du jour

La clé dans le triangle représente le cœur, abri de tous les secrets

LA FRANC-MAÇONNERIE
Ce franc-maçon à tête solaire est constitué des différents symboles de sa loge et de son obédience.

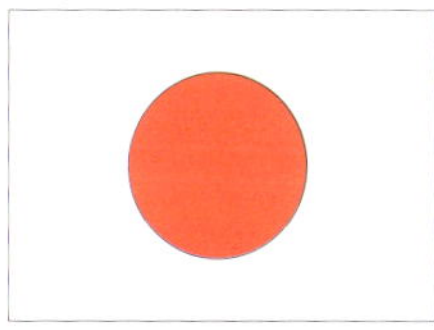

DRAPEAU DU JAPON

DRAPEAU DE L'URUGUAY

LES DRAPEAUX
De nombreux pays ont adopté le soleil comme emblème national. Le drapeau du Japon, le pays du Soleil levant, est célèbre par son disque rouge central. Le drapeau uruguayen présente un soleil plus travaillé.

SOLEIL NOIR
Une maison du XVIIIe siècle à Prague tire son surnom, le Soleil noir, de l'emblème solaire ci-dessus. En alchimie, le soleil noir (*sol niger*) est le symbole de Saturne et représente les forces destructrices du soleil.

LE SCARABÉE
Le scarabée sacré égyptien est un aspect du dieu Khépri, représenté ici sous sa forme ailée. Il enserre le globe solaire, symbole de vie nouvelle.

ART DÉCO
Le rayonnement solaire a été très utilisé par les artistes des années 1920 et 1930. En Grande-Bretagne, des vitraux à motif solaire apportaient lumière et fantaisie dans de nombreuses habitations.

APOLLON
Apollon, le dieu grec du soleil, est, par excellence, le chasseur de ténèbres. Sur cette mosaïque corinthienne, sa tête entourée de flammes symbolise sa nature divine et les pouvoirs suprêmes de l'astre du jour.

LE FEU

La torche, symbole de la liberté éclairant le monde, brûle nuit et jour

La couronne solaire aux sept rayons, qui représentent les sept mers et les sept continents

La plaque porte la date de la déclaration d'indépendance des États-Unis

Associé au soleil, le feu purifie, détruit, révèle. Il représente la toute-puissance spirituelle, le sacrifice, et il joue un rôle de premier plan dans toutes les religions du monde. La statue de la Liberté, avec sa couronne solaire, se dresse à l'entrée du port de New York. Elle tient dans sa main droite une torche enflammée, symbole de la liberté éclairant le monde. Et en effet, cette flamme fut véritablement le phare de l'espoir pour des millions d'émigrants qui arrivaient dans le port.

PIERRE CALENDAIRE
Ce calendrier aztèque avec son motif solaire divise l'année en dix-huit mois. La position centrale du soleil met l'accent sur son importance pour l'agriculture.

Le motif central représente l'esprit du soleil

MASQUE SOLAIRE
Ce masque amérindien de Colombie-Britannique représente l'esprit du soleil. Le soleil est la figure centrale autour de laquelle s'organisent les croyances de la tribu dans les esprits du ciel.

EMBLÈME
Cet emblème sur la cathédrale de Sienne, en Italie, réunit le crucifix et les rayons solaires. Il était un symbole de paix.

VOIR AUSSI

LES DRAPEAUX ☞ L'HÉRALDIQUE, 114-115
LA FRANC-MAÇONNERIE ☞ LA FRANC-MAÇONNERIE 109
PERSONNIFICATION DE LA LUNE ☞ THOT 14 ; L'IBIS 66
PERSONNIFICATION DU SOLEIL ☞ AMON-RÊ, APOLLON 14 ; LE SHINTO 27 ; LE CHAT ÉGYPTIEN 60
LE SCARABÉE ☞ LE SCARABÉE ÉGYPTIEN 56
LE SOLEIL, LA LUNE ☞ L'ASTROLOGIE 112-113

La terre et le ciel

La relation physique entre ciel et terre est essentielle à l'humanité car la combinaison des éléments soleil, pluie, vent, terre nous apporte la vie, la chaleur et la nourriture. Le ciel évoque la transcendance et les royaumes célestes. Les dieux des cieux sont liés à la puissance masculine et à l'aspect créateur du soleil. Le symbolisme de la terre complète celui du ciel et représente la déesse mère recevant la pluie fécondante, accouchant des récoltes et allaitant l'humanité. Rivières et lacs représentent les qualités féminines et nutritives de la terre. Certains fleuves, comme le Gange, en Inde, sont considérés comme sacrés.

Photographie par satellite

La Terre vue de l'espace
Loin de démystifier notre conception du ciel, l'exploration de l'espace a accru notre faculté de nous émerveiller devant l'étendue de notre Univers.

Le volcan
Les volcans, avec leur terrifiante puissance de destruction, ont toujours été vénérés par les populations vivant dans leur voisinage. Leurs éruptions étaient considérées comme l'expression de la colère divine et, dans certaines régions du monde, des sacrifices humains étaient pratiqués pour tenter d'apaiser cette colère.

La rivière
Une rivière est à la fois symbole de fertilité et de fuite éperdue du temps. Serpentant vers la mer, le fleuve peut également symboliser le voyage de l'homme, de la source-naissance à l'estuaire-mort. Les voyages mythologiques dans l'au-delà impliquent souvent la traversée d'un cours d'eau, et les quatre fleuves du paradis sont source de puissance et de nourriture spirituelle.

La forêt
La forêt est le lieu magique par excellence, royaume des héros, des dangers, des charmes, le tout représentant l'inconscient humain. La forêt peut être deux choses différentes : refuge des esprits, des loups et des sorcières (folklore européen) ou lieu de retraite et d'ascèse contemplative (folklore indien). Dans la seconde moitié du XXe siècle, la forêt équatoriale est devenue l'emblème de la fragilité de notre planète, menacée par les menées destructrices des hommes.

L'Éruption du Vésuve, Jacques Volaire, fin du XVIIIe s.

DÔME DE LA BASILIQUE SAINT-PIERRE DE ROME

LE CIEL
Peuplé des astres et des étoiles qui brillent au-dessus de nos têtes, le ciel a été, de tout temps, associé aux forces de création. Le dôme des édifices religieux présente souvent des images du ciel et diverses allégories célestes.

LA CASCADE, ZHANG DAQIAN, 1935

LA CASCADE
En Chine, le symbolisme de la cascade se rattache à la féminité tandis que celui de la montagne ou de la falaise est masculin. Leurs dynamiques respectives – descendante, ascendante – sont antagonistes. Ci-dessus, les personnages paraissent minuscules, rehaussant ainsi la majesté du paysage.

LE CLIMAT

Dans différents folklores, certaines personnifications, comme le bonhomme Hiver, sont tenues pour responsables des rigueurs du climat. Les tempêtes, en Chine et au Japon, sont traditionnellement attribuées à un dieu, tandis qu'Apollon faisait briller le soleil au-dessus des têtes des anciens Grecs.

LE FLOCON DE NEIGE
La neige représente la froideur et la dureté du caractère humain mais l'extrême fragilité du flocon de neige symbolise la sagesse et la vérité. Le flocon est aussi symbole d'individualité car il n'en existe pas deux identiques.

LE VENT
Ce chérubin souffle probablement pour gonfler les voiles d'une embarcation. De telles représentations des vents sont très populaires dans l'art occidental.

DIEU DU TONNERRE, JAPON

LE TONNERRE ET LA FOUDRE
Ce dieu du tonnerre japonais prend les traits d'un homme fort battant le tambour. Le cercle de sphères autour de sa tête représente les roulements du tonnerre.

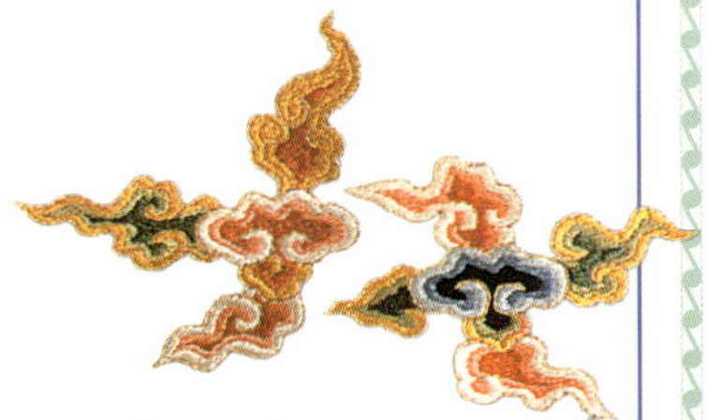

LES NUÉES CHINOISES
En Chine, les nuages représentaient la mystique et le sacré. Les Chinois croyaient qu'ils se formaient de l'union des principes femelle et mâle, yin et yang.

BROUILLARD À LONDRES, F.D. BEDFORD, 1902

LE BROUILLARD
Le brouillard, comme les nuages, est le symbole de la mystique et du mystérieux. Il représente l'état vaporeux duquel l'âme doit émerger pour atteindre l'illumination.

ARCHE DE NOÉ, GABRIEL LOIRE, 1975

L'ARC-EN-CIEL
Dans de nombreuses cultures, l'arc-en-ciel, trait d'union entre la terre et le ciel, est perçu comme un message d'espérance adressé par les dieux. Dans l'Ancien Testament, après le Déluge, Dieu envoya un arc-en-ciel en signe d'alliance.

LE DÉSERT
Lieu d'abandon et de désolation, le désert représente également la paix et la contemplation. De grands événements bibliques se sont produits dans les déserts. Les Hébreux y ont erré durant quarante ans et Jésus y subit la tentation.

VOIR AUSSI
LE CIEL ☞
NUT, DÉESSE DU CIEL *14* ;
DÔME BLEU *107*

LA DÉESSE MÈRE ☞
LES ANCIENNES DIVINITÉS *14* ;
LA VACHE SACRÉE *21* ;
LE MAÏS *49* ; L'ARAIGNÉE *57* ;
LE COCHON *61* ; LE LION *62* ;
LA REINE *88*

LA RIVIÈRE ☞ LE GANGE *21* ;
LA FONTAINE *42*
LE VOLCAN ☞
LE MONT FUJI *27*

LES MATIÈRES PRÉCIEUSES

Les montagnes, les mers, les lacs, les cours d'eau recèlent des trésors immenses, depuis la perle insoupçonnée à l'intérieur d'une huître jusqu'au métal précieux caché dans la terre que l'homme pourra extraire et transformer en fabuleux bijou. Dans le passé, la fascination de ces matières s'est établie en fonction de leur brillance, de leurs couleurs ou de leur pérennité. L'or ne subit aucune altération et les pierres dures, taillées et polies, semblent également résister aux atteintes du temps. Dans un monde où tout semble voué à la destruction, ces propriétés ne pouvaient que leur conférer une valeur magique, voire divine.

PERLE NATURELLE DANS UNE HUITRE

LE CORAIL

Au XVIe siècle, on croyait que le seul moyen de franchir une rivière sans encombre ou d'apaiser une tempête était de porter sur soi un fragment de corail blanc ou rouge. Mais ses pouvoirs supposés n'en restèrent pas là. Le corail était censé interrompre le flot de sang d'une blessure, guérir de la folie, apporter la sagesse à son porteur et offrir une protection contre les mauvais sorts. Les branches de corail, comme celles qui pendent ici au-dessus de la Madone, sont les plus efficaces. Aujourd'hui encore, de nombreux Européens font porter à leurs enfants des bijoux en corail pour les protéger du mauvais œil.

Ce bracelet d'enfant italien avec son fermoir en forme de petit poing est une amulette

BRACELET DE CORAIL

Des perles de corail suspendues apportent une protection supplémentaire à la Madone et à son enfant

Des branches de corail brut protégeaient contre les forces du mal

MADONE DE VICTOIRE, ANDREA MANTEGNA, 1496

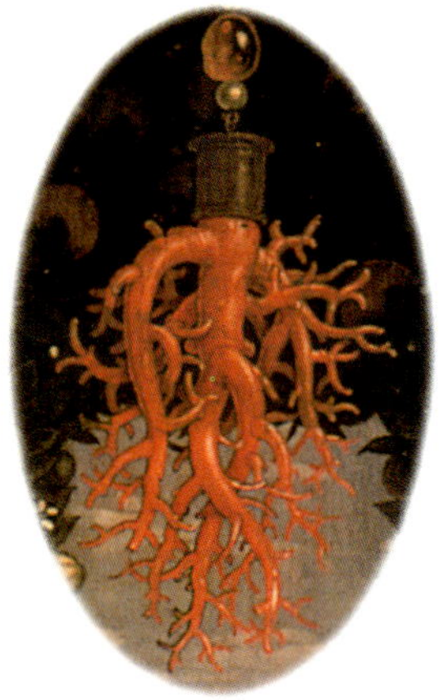

BRANCHE DE CORAIL INTACTE, AUX POUVOIRS PROTECTEURS ÉTENDUS

LA PERLE

Également aimées en Orient et en Occident, les perles sont le symbole universel de la beauté et de la perfection. Elles sont liées au féminin – lune, pureté, chasteté, patience, etc. Les dragons chinois, tout comme la vouivre en France, sont souvent représentés enserrant dans leurs griffes une perle, symbole de sagesse, d'immortalité et de lumière. Jadis, on disait que les perles étaient les larmes des dieux.

LA NACRE

La nacre représente la fertilité et la naissance. Son nom anglo-saxon, « mère de la perle », souligne clairement son caractère précieux. Ses superbes irisations la destinent tout particulièrement à la vénération des dieux. Ci-dessus, une coquille de moule perlière a été travaillée pour obtenir de petites effigies du Bouddha.

L'AMBRE

À cause de son aspect doré et transparent, on pensait jadis que l'ambre était un rayon de soleil pétrifié. Dans l'ancienne Grèce, elle était la substance sacrée du dieu solaire Apollon. Dans les mythologies nordique et grecque, l'ambre était faite de larmes – celles de Freya pour les Vikings et celles versées par les trois sœurs de Phaéton chez les Grecs.

LE JAIS

Mis en contact direct avec la peau, le jais était censé se fondre dans la chair et l'âme de l'individu et protéger le bénéficiaire. Il pouvait immuniser contre les poisons, les maladies et les tempêtes. Au XIXe siècle, le jais fut associé à la mort et au deuil. On le portait en signe d'amour pour un ami disparu.

L'IVOIRE

Sa couleur blanche lui confère un symbolisme de pureté et il est donc tout naturellement associé à la Vierge Marie. On en confectionnait volontiers les crucifix. L'ivoire est également associé à la force morale. Une tour d'ivoire représente le détachement, voire le désintérêt vis-à-vis du monde.

L'ARGENT
Associé à la lune par sa couleur, l'argent est brillant mais il ternit, symbolisant ainsi la corruption inhérente à la nature humaine. En Chine, l'argent est lunaire et féminin. En Occident, la croyance populaire lui attribuait le pouvoir de chasser les démons.

LE CUIVRE
Conducteur, le cuivre est associé à l'idée de liant. En alchimie, il fait partie de la sphère de Vénus et il est donc lié à la chaleur et à la féminité. Chez les Amérindiens, le cuivre était marque de statut social.

MÉDAILLE DE PÈLERINAGE

LE PLOMB
Son faible prix en fit le matériau idéal pour les médailles commémoratives de pèlerinage. Métal très lourd, il symbolise la pesanteur, la lourdeur, et sert à évoquer l'homme accablé par les épreuves.

LE FER
Le fer est symbole de pouvoir, de durée. Avoir une « main de fer » signifie régir durement et sans concessions. En Chine, en Égypte et dans le monde arabe, le fer était symbole de ténèbres et de pouvoir du mal. Dans les cultures mexicaine et minoenne, il symbolisait la virilité.

L'OR

Considéré comme le plus précieux des métaux, l'or est le symbole de ce qui est d'une grande valeur ou de ce qui est incorruptible. Les meilleurs athlètes gagnent des médailles d'or et les meilleures périodes de l'histoire sont appelées « âges d'or ». Dans la plupart des cultures, l'or est lié au soleil, dispensateur de lumière, de chaleur et de vie. Le dieu solaire Apollon, symbole de toute beauté irradiante, traversait le ciel sur un chariot d'or.

L'OR OLYMPIQUE
La médaille d'or est la récompense suprême dans chaque discipline, lors des jeux Olympiques. Elle est symbole de l'excellence.

EMBLEME DE LOUIS XIV, LE ROI-SOLEIL

Les rayons du soleil symbolisent l'étendue des pouvoirs du roi

LE ROI-SOLEIL
Louis XIV, roi de France, était connu pour la magnificence et l'opulence de sa cour. Il adopta l'emblème doré du dieu solaire Apollon pour symboliser sa puissance et sa place prépondérante dans le monde, ce qui lui valut le surnom de Roi-Soleil.

LA FIÈVRE DE L'OR
Son pouvoir de corruption des hommes conféra à l'or une réputation négative, l'associant à l'idolâtrie et à l'âpreté au gain, comme en témoigne, dans la mythologie grecque, la légende du roi Midas. Dans la seconde partie du XIXe siècle, la fièvre de l'or se répandit sur le continent américain et des milliers de chasseurs d'or partirent à la recherche du précieux métal.

LE VASE D'OR
Ce vase d'ornement chinois en or a la taille d'un être humain. Les scènes représentées sur ses décors demandèrent plus d'une année de travail à toute une équipe d'orfèvres.

L'OFFRANDE DORÉE
En Thaïlande, les fidèles rendent hommage au Bouddha en collant des feuilles d'or pur sur sa statue. Avec les années, les couches d'or ont masqué les traits désormais difficilement reconnaissables du Bouddha.

LA PIERRE
Dans la Bible, elle est la solidité de la protection divine. Pierre a reçu de Jésus son nom pour qu'il en soit le symbole. Dans la mythologie grecque, Sisyphe, un méchant roi de Corinthe, fut condamné à pousser indéfiniment jusqu'en haut d'une montagne un rocher qui redescendait aussitôt dans la vallée.

LA MAGNÉTITE
Ses propriétés magnétiques lui ont conféré des vertus sexuelles. Dans la Grèce antique, on croyait qu'un homme pouvait s'assurer la fidélité de son épouse en plaçant un fragment de magnétite sous son oreiller. En sanskrit, la magnétite prend le nom de « pierre-à-baisers » et, en chinois, de « pierre-d'amour ».

LE CRISTAL
Le cristal symbolise la pureté, la luminosité et l'esprit. Dans le monde chrétien, c'est un symbole de la Vierge Marie. On dit que les cristaux ont des pouvoirs magiques, d'où les boules de cristal renfermant les secrets de l'avenir et de la santé. Pour les aborigènes australiens, les cristaux viennent directement de l'esprit créateur, le serpent Arc-en-Ciel.

BOULE DE CRISTAL

VOIR AUSSI

LE CRISTAL ☞
LE CRISTAL QUI SOIGNE 79 ;
LA BOULE DE CRISTAL 110
LE JAIS ☞
LES BIJOUX DE DEUIL 87 ;
LE JAIS 106
L'OR ☞ OR VIKING 93
LA PERLE ☞
DRAGON AILÉ 30 ;
TRENTE ANS DE MARIAGE 87
LE ROI-SOLEIL ☞
VERSAILLES 43

DIAMANT, SYMBOLE DE POUVOIR ET DE RICHESSE

LES PIERRES PRÉCIEUSES

Fétiches, amulettes et talismans ont joué, et jouent encore, un rôle très important dans toutes les cultures. Depuis les premiers Égyptiens jusqu'aux civilisations d'Amérique du Sud et aux cultures de l'Est, les peuples ont investi les pierres de pouvoirs surnaturels. Il existait des pierres pour maîtriser les éléments, calmer le vent et apaiser la mer démontée ; d'autres agissaient directement sur le corps, stimulant les organes vitaux ou calmant les esprits agités. Des pierres convenaient mieux pour certains jours de la semaine, d'autres pour certains mois. Les pierres qui capturaient ou reflétaient particulièrement bien la lumière étaient censées apporter la chance. Les agates, avec leurs veinules en forme d'œil, pouvaient combattre le mauvais œil.

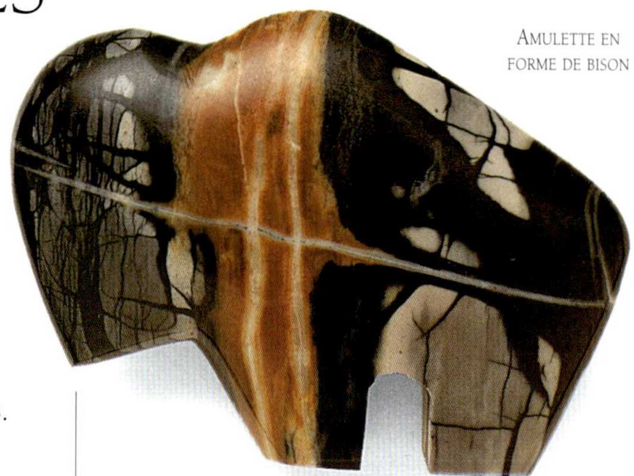

AMULETTE EN FORME DE BISON

FÉTICHE EN ONYX
Les Amérindiens utilisaient des fétiches pour maîtriser les forces de la nature et résoudre leurs problèmes quotidiens. Le fétiche n'avait aucun pouvoir intrinsèque, c'était son propriétaire qui l'investissait de tel ou tel pouvoir.

LES GEMMES

Le symbolisme attaché aux diverses pierres dépend de leur couleur, de leur forme et de leur usage. Par exemple, les pierres taillées symbolisent l'esprit libéré de son enveloppe mortelle, le corps humain.

CADUCÉE EN DIAMANT

Les ailes, symboles de transcendance

Deux serpents enlacés représentant le bien et le mal

Baguette d'Hermès, qui rétablit l'harmonie après une dispute

LE LAPIS-LAZULI
En Mésopotamie, cette pierre bleue symbolise les cieux et fut donc employée pour décorer les plafonds des temples. En Égypte, on en ornait les statues des dieux et, en Europe, on s'en servait pour combattre la mélancolie et les fièvres. En Chine, on l'employait pour guérir les maladies des yeux.

LE SAPHIR
À l'instar du lapis-lazuli, le saphir symbolise le bleu du ciel ; mais il est aussi la vérité, la chasteté et la contemplation. L'étoile qui apparaît sur la pierre est censée posséder de puissants pouvoirs, et les trois rais de lumière qui la composent représentent la foi, l'espoir et la destinée.

L'AMÉTHYSTE
C'est la pierre de l'humilité, de la paix de l'esprit, de la piété et de la résignation. Elle était associée à Bacchus, le dieu du vin, et guérissait de l'ivrognerie… ce qui en fit le symbole de la sobriété.

LE RUBIS
En Inde, elle est la reine des pierres, généralement associée à la souveraineté, à la dignité et au pouvoir. En Birmanie, le rubis était censé apporter l'invulnérabilité, surtout s'il était incrusté dans une dent ou dans la peau. Il protégeait alors contre les blessures des lances, sabres ou armes à feu. Porté comme un simple bijou, il protège contre la maladie ou les coups du sort. Dans l'Antiquité, on l'associait à la planète Mars en raison de sa couleur rouge.

LE DIAMANT
La plus recherchée et la plus dure des pierres précieuses, le diamant, évoque l'incorruptibilité et l'invincibilité. Sa transparence et sa pureté (son « eau ») en font également un symbole de constance et de sincérité. Sur le caducée ci-dessus, symbole de la médecine, deux serpents de diamant enlacent une épée d'émeraude.

L'ÉMERAUDE
La légende prétend que l'on trouve les émeraudes dans le nid des griffons. Pierre puissante et vénérée, l'émeraude est censée augmenter la mémoire, aiguiser l'esprit et, placée sous la langue, aider à prévoir l'avenir. L'émeraude a été employée comme remède antipoison, contre l'épilepsie, les maladies des yeux, la dysenterie et la lèpre. Sa couleur en fait le symbole du printemps, de la fécondité et de la pluie.

LA TOPAZE
Cette pierre aussi était censée guérir les maladies des yeux. Selon sainte Hildegarde, le patient devait placer la pierre dans du vin durant trois jours, puis, au moment de se coucher, se frotter les yeux avec la pierre humide. Au XVe siècle, la topaze avait la réputation de faire disparaître les bubons de peste. Un médecin romain prétendait avoir guéri ainsi de nombreuses plaies en les touchant avec une pierre ayant appartenu à deux papes.

QUETZALCÓATL, DIEU DU CIEL ET DE LA TERRE

MASQUE DE TURQUOISE AZTÈQUE
Très prisée en Amérique centrale, la turquoise était souvent employée pour orner les divinités ou fixée à une arme pour en assurer la précision. Les Aztèques l'appelaient la « pierre des dieux ». Dans l'Égypte ancienne, la turquoise représentait une puissante protection. Elle est symbole de courage et de succès.

PORTE-BONHEUR

ZODIAQUE DE CRISTAL

Une pierre de naissance est un porte-bonheur. Selon le mois de naissance, voici la pierre que l'on offre :

Janvier : grenat
Février : améthyste
Mars : aigue-marine
Avril : diamant
Mai : émeraude
Juin : perle
Juillet : rubis
Août : olivine
Septembre : saphir
Octobre : opale
Novembre : topaze
Décembre : turquoise

L'OPALE

La broche ci-dessus épouse la forme de l'Australie, dont l'opale est la pierre nationale. En Occident, elle est généralement associée à la fidélité, à la prière et à la ferveur religieuse. On la considère aussi souvent comme maléfique (sauf pour les natifs du mois d'octobre). Mais cette croyance vient presque à coup sûr de son extrême fragilité, qui fait que les joailliers n'aiment guère la travailler, et leur rejet se retrouve dans la croyance populaire.

L'AGATE

L'agate était censée guérir l'insomnie, assurer de beaux rêves, protéger le porteur du danger et lui donner du courage. Elle connut une grande popularité. Dans tout le Sahel, les amulettes d'agate (surtout celles qui semblent représenter un œil) sont portées contre le mauvais œil. L'agate noire symbolise le courage, l'énergie et la prospérité ; l'agate rouge, une longue vie et l'amour spirituel.

AMULETTE MAORI CONTRE LES MAUVAIS ESPRITS

Dragons du nouvel an, emblèmes de bonheur

DRAGONS CHINOIS

LE JADE

En Chine, où elle symbolise la pureté, la perfection et l'immortalité, c'est la pierre la plus appréciée. Les jeunes gens offrent des papillons de jade à leur fiancée pour l'assurer de leur amour éternel. Le jade est également apprécié des Indiens d'Amérique centrale, qui en décorent les masques de leurs dieux. Les conquistadors croyaient que le jade soignait les maux de reins et de hanches.

RELIGION, SUPERSTITION ET MAGIE

L'avènement du christianisme eut très peu d'effets sur la croyance dans le pouvoir magique des pierres. Les joailliers fabriquèrent tout naturellement des amulettes en pierres précieuses (rosaires, reliquaires, croix, etc.) et il était courant, en Espagne et en Italie, par exemple, de charger les enfants de bijoux protecteurs. Cette princesse espagnole, encore bébé, en est un exemple particulièrement frappant.

Saint patron *L'enfant est placé sous la sauvegarde de son saint patron*

Branche de corail *Amulette contre les mauvais sorts*

Losange de malachite *Souvent porté par des enfants pour les aider à dormir et écarter les mauvais esprits*

Poing fermé *La main de jais protège contre le mauvais œil*

Crucifix *Ils assurent de la protection divine*

Boîte à épices *Elle contient des essences qui protègent contre l'infection*

Dent *Bijou en forme de dent animale pour attirer la chance*

L'INFANTE MARÍA ANNA ET SES AMULETTES, JUAN PANTOJA DE LA CRUZ, 1602

LA CORNALINE

Les pierres rouges stimulaient le système circulatoire, et la cornaline faisait aussi perdre aux timides leurs difficultés d'élocution. En Occident, on la considère comme la pierre de la confiance en soi, du courage et de la bonne santé. En Orient, elle protège de la jalousie des tiers.

LA PIERRE DE LUNE

Ainsi nommée car elle semble renfermer la luminosité de la lune, cette pierre est sacrée en Inde, où l'on croit qu'elle apporte la bonne fortune. La légende raconte que la personne qui, à la pleine lune, place cette pierre dans sa bouche sera capable de prédire l'avenir. Elle est le symbole de la lune, de la tendresse et des amoureux.

LA SANGUINE

On pensait que cette pierre contenait le sang de Jésus et pouvait donc avoir des pouvoirs surnaturels, comme provoquer le tonnerre et la foudre ou déclencher des tempêtes. En pratique, la sanguine était employée pour arrêter les saignements de nez et autres hémorragies. Montée en bijou, elle symbolise la paix et la tolérance.

VOIR AUSSI

LE DIAMANT ☞
LE CADUCÉE 59-108 ;
LA BAGUE DE FIANÇAILLES 87

LE LAPIS-LAZULI ☞
PIERRE BLEUE 107

MASQUE DE TURQUOISE AZTÈQUE ☞
MASQUE SOLAIRE 35 ;
LES MASQUES 77

LES PIERRES PRÉCIEUSES ☞
LE CORAIL 38 ; LA MOUCHE 56 ;
L'ŒIL MAGIQUE 79

RELIGION, SUPERSTITION ET MAGIE ☞
LE CORAIL 38 ;
LA MOUCHE 56 ;
ŒIL LUNAIRE 72 ;
LA MAGIE ET LES SORTS 78-79

LES JARDINS

Les littératures européenne, moyen-orientale et asiatique comportent une abondance de textes sur le thème du jardin, qui représente le paradis et le refuge de l'âme. Les empereurs chinois et vietnamiens se sont fait enterrer dans de magnifiques jardins qu'ils aimaient fréquenter durant leur vie terrestre. Le jardin d'Éden de la Bible symbolise l'état de perfection d'où furent chassés Adam et Ève. Par ailleurs, le jardin clos était une représentation imagée du mur de pureté qui entourait la Vierge Marie.

MANUSCRIT FRANÇAIS, XVe S.

LE PARADIS TERRESTRE

LE JARDIN DES DÉLICES (DÉTAIL), JÉRÔME BOSCH, V. 1505

Cette scène, tirée d'un triptyque du peintre flamand Jérôme Bosch, représente le jardin d'Éden dans son état de pureté absolue d'avant la chute, tel qu'il est décrit dans la Bible. Les premiers humains, Adam et Ève, y vivaient en harmonie avec les animaux de la création jusqu'à ce qu'ils en soient bannis. Ci-contre, un détail montrant l'état d'imperfection de la nature, hors du jardin.

DÉTAIL

LE JARDIN CLOS

Le jardin clos médiéval était le symbole du principe protecteur féminin. Il représentait l'intimité, parfois le secret ainsi que la virginité. Le jardin clos symbolisait par-dessus tout l'illumination spirituelle. Les jardins funéraires chinois et romains étaient les contreparties terrestres du paradis céleste. Dans la littérature médiévale, le « jardin des délices », avec sa beauté et ses plaisirs cachés, était une allégorie de l'amour courtois.

FONTAINE DES JARDINS DE L'ALHAMBRA, GRENADE, ESPAGNE

LE JARDIN D'ESPAGNE

Pour les tribus arabes vivant dans les déserts, le jardin était un symbole particulièrement évocateur du paradis décrit dans le Coran, de ses « fontaines jaillissantes d'eau » et de « son ombre permanente ». La fontaine était un symbole de vie éternelle. Le jardin, avec sa fontaine au centre, se répandit avec l'avancée des Maures jusqu'en Europe. Ci-contre, l'un des plus beaux exemples de jardin maure.

GROTTE ARTIFICIELLE

LA FONTAINE

On dit que quatre rivières jaillissent sous l'arbre de vie, au centre du monde. Elles sont la source de l'élixir d'immortalité. Ce symbole se retrouve dans les jardins européens dans lesquels quatre chemins convergent vers la fontaine centrale.

FONTAINE, ANGLETERRE

LA GROTTE

La grotte était un lieu sacré dans la Grèce antique parce qu'elle était considérée comme le lieu de naissance des dieux. Des grottes artificielles aménagées dans les jardins grecs et romains accentuaient le lien mystique avec la nature. Durant la Renaissance, elles devinrent un élément essentiel du jardin classique.

JARDIN DE MOSELY OLD HALL, ANGLETERRE

L'ORANGERIE, VERSAILLES

LE JARDIN D'AMOUR

Les jardins d'amour, « à la française », sont constitués de plates-bandes et de médaillons entrelacés. Très populaires aux XVIe et XVIIe siècles, ils ressemblaient au travail de broderie des dames de l'aristocratie et représentaient, par leurs motifs complexes les liens de l'amour et du mariage mais également le destin. On disait aussi qu'ils protégeaient du mal.

LAURIER ARGENTÉ

LE LAURIER

Le laurier, avec ses feuilles persistantes, est le symbole de l'immortalité et de la victoire. On cultive des lauriers nains comme symbole d'honneur et de longévité.

VERSAILLES

La magnificence du château de Louis XIV et de ses jardins avait une signification clairement politique. Surnommé le Roi-Soleil, Louis XIV souhaitait remodeler la nature de manière à montrer au monde sa supériorité sur les êtres et les choses. Les proportions monumentales de Versailles étaient, sans ambiguïté possible, le symbole du pouvoir de la monarchie absolue.

LE JARDIN DE PIERRE DU TEMPLE FUKUJI, KYOTO, JAPON

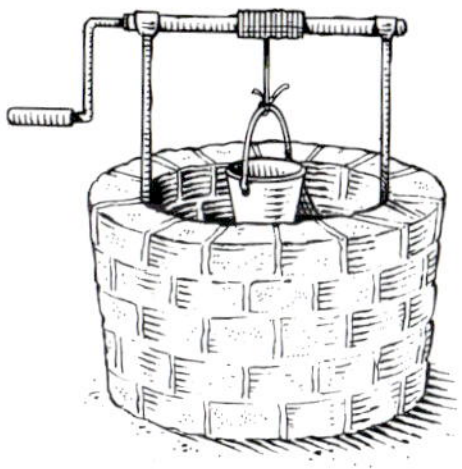

LE PUITS

Symbole de féminité, principe de vie par excellence, le puits est souvent considéré comme renfermant des pouvoirs magiques. On y jette une pièce de monnaie pour qu'un vœu se réalise.

NAIN DE JARDIN

LES ORNEMENTS

Le jardin étant le symbole de la nature, les esprits les plus divers s'y donnent rendez-vous. Les statues ont toujours rappelé cette présence, depuis les sculptures des dieux grecs ou romains jusqu'aux nains de jardin, d'origine celtique.

LABYRINTHE, HEVER CASTLE, KENT

LE LABYRINTHE

Le labyrinthe ne fut employé dans les jardins qu'à partir de la Renaissance. Il offrait aux amoureux l'occasion de poursuites et de quêtes infinies. Il était censé retenir prisonniers les esprits maléfiques et représenter, comme en témoignent ceux des cathédrales, le chemin initiatique des ténèbres vers la lumière, la sagesse s'y révélant après les épreuves.

TONNELLE DE ROSIERS

LA TONNELLE

Les colonnes des péristyles classiques trouvent leur écho dans les frondaisons des tonnelles de verdure dont les treillis en fleur procurent à profusion ombrage et senteurs. La tonnelle, lieu de retraite et de sérénité, rappelle la sécurité du ventre maternel. La rose y représente l'amour éternel.

ÉRABLE BONSAÏ

LE BONSAÏ

L'art japonais du bonsaï, ou culture des arbres nains, illustre la maîtrise de l'homme sur la nature. Un bonsaï se transmet souvent de génération en génération ; il est ainsi un symbole d'immortalité.

LE JARDIN ZEN

Les monastères bouddhistes japonais possèdent souvent de superbes jardins de pierre qui représentent l'Univers en réduction. Certains sont soigneusement ratissés chaque jour. Le fameux jardin de pierre du temple Fukuji, à Kyoto, utilise les rochers et le gravier pour représenter l'océan parsemé d'îles. Le but visé est l'illusion d'une « vérité ultime », support d'une sereine méditation.

VOIR AUSSI

LE LAURIER ☞ LE LAURIER 44
LA TONNELLE ☞ LA ROSE 51 ; LE MUR 94
LES FONTAINES ☞ LES ARBRES SACRÉS 45
LE JARDIN D'ÉDEN ☞ L'ARBRE DE LA CONNAISSANCE 44 ; LA CHUTE 59 ; LA FIGUE 48 ; LES CÔTES 74
LE LABYRINTHE ☞ LE LABYRINTHE 105
VERSAILLES ☞ LE ROI-SOLEIL 39 ; LA SOUVERAINETÉ 88

LES ARBRES

RAMEAU D'OLIVIER, SYMBOLE DE PAIX

Dans toutes les cultures, l'arbre renferme une signification symbolique extrêmement puissante. Il représente la Mère sous sa forme protectrice et pourvoyeuse. Ancré dans la terre, il tire l'eau du sol et s'élève vers les cieux et l'éternité. À sa manière, il est l'axe du monde. Il est étroitement lié au symbolisme du pilier et de la montagne. Les arbres, seuls ou en groupe, et selon leur espèce, ont leur symbolisme spécifique. Les arbres à feuilles persistantes, par exemple, symbolisent l'immortalité, et les arbres fruitiers sont le plus souvent des arbres de vie, tandis que les forêts ou les bosquets sont des lieux magiques où se produisent des événements importants ou mystérieux.

LE SAULE

En Occident, le saule pleureur est souvent représenté dans des images évoquant le deuil et la mort. En Chine et au Japon, en revanche, il est le symbole du printemps, de la beauté féminine et de l'immortalité. Dans le taoïsme, le saule, flexible sous les vents violents, représente la force cachée.

LE PALMIER

Le palmier était l'arbre de vie, au Proche et au Moyen-Orient. En Égypte, il était l'arbre sacré du dieu Rê et représentait l'abondance des moissons. Emblème de la Judée, il est associé, dans le christianisme, à la procession qui commémore l'entrée du Christ à Jérusalem, le jour des Rameaux.

L'ARBRE DE LA CONNAISSANCE

TABLEAU DE L'ÉCOLE ESPAGNOLE, XIIe S.

Dans le récit biblique de la tentation, l'arbre de la connaissance du bien et du mal se trouvait au milieu du paradis et portait le fruit de la connaissance du bien et du mal. Ève puis Adam après elle ont goûté de ce fruit et du même coup transgressé l'interdiction divine. Ils ont perdu leur innocence et leur chute a entraîné celle de l'humanité tout entière. Dans cette œuvre espagnole, Ève accuse le serpent de l'avoir tentée.

LE SYCOMORE

Pour les anciens Égyptiens, il était l'arbre du ciel, une incarnation de la déesse céleste Nut. Ses feuilles procurent l'ombre pacificatrice de l'au-delà. Ses fruits donnent une substance laiteuse qui l'associait à la fécondité et à l'allaitement.

LE CERISIER DU JAPON

Le cerisier est l'emblème national de la Chine et du Japon. Sa floraison symbolise le printemps, la féminité et la jeunesse. Dans le folklore anglais, un cerisier près d'une habitation porte bonheur et les amoureux qui se rencontrent sous cet arbre seront heureux.

LE LAURIER

Arbre sacré d'Apollon et symbole d'immortalité, le laurier possédait des propriétés purificatrices tant sur le plan physique que spirituel. Il protégeait de la foudre. Porté en couronne, il désigne le poète, le héros des jeux ou le lauréat en matière d'arts et de sciences.

LE HÊTRE

Associé à la mort, le hêtre est l'arbre sacré d'Hadès. Il représente la prospérité, la divination et l'immortalité. Ses feuilles et son écorce épaisses lui confèrent le symbolisme de l'endurance. L'écorce était réputée pour ses vertus énergétiques. Le maillet des francs-maçons est en hêtre et cet arbre est l'emblème du Danemark.

LE PIN

Comme tous les arbres persistants, il symbolise l'immortalité. Au Japon, de par son aptitude à se maintenir contre le vent, il représente la force de caractère et l'énergie vitale. En Orient et en Occident, la pomme de pin représente la fertilité. Il est un des attributs du dieu romain Bacchus et l'emblème de Jupiter, de Vénus et de Diane.

L'IF

Les graines et les aiguilles de l'if contiennent un poison. Il est donc devenu un symbole de mort et de deuil. Aussi le trouve-t-on souvent dans les cimetières européens. Cependant, en tant qu'arbre persistant, il symbolise également l'immortalité. De nombreux bois sacrés du monde celte sont composés d'ifs.

LE SAPIN DE NOËL

Largement répandu dans toute l'Europe et l'Amérique du Nord, le sapin de Noël est le signe de la vitalité et de la renaissance au plus profond de l'hiver, au jour de la naissance du Christ. Les boules colorées qui pendent de ses branches sont le symbole de la persistance de la vie. Déjà à l'époque préchrétienne des « nuits fauves » (25 décembre-6 janvier), on suspendait des branchages et des chandelles au plafond des maisons pour éloigner les mauvais esprits.

Les bougies symbolisent Jésus, « lumière du monde »

LE HOUX

À l'époque romaine, le houx était utilisé dans les saturnales, fêtes que l'on célébrait à la mi-décembre. Il est encore présent comme décoration lors de la fête de Noël.

LE TILLEUL
En Europe, le tilleul représente la joie, l'amitié, la beauté et la féminité. En Allemagne et en Scandinavie, il était censé écarter la foudre et, en cas de contact direct, guérir les maladies.

LE MÛRIER
Ses baies mûrissent en trois temps : blanches, elles symbolisent la jeunesse, rouges l'âge adulte, et noires la sagesse, la vieillesse et la mort. En Chine, le mûrier représente le soleil et c'est l'arbre de vie. Dans la mythologie grecque, c'est l'arbre du malheur.

LE CYPRÈS
Associé à Pluton, dieu omain de la mort, le yprès, arbre persistant, st néanmoins symbole l'immortalité. On pensait u'il avait le pouvoir de rotéger le corps de la orruption. C'est ourquoi on le rencontre ouvent dans les imetières. En Chine, il eprésente la mort mais ussi l'univers féminin.

L'ACACIA
Avec ses fleurs rouges ou blanches, l'acacia était un arbre sacré chez les Égyptiens, pour lesquels il symbolisait la naissance et la mort. Tous leurs dieux étaient nés sous un acacia. Le tabernacle des Hébreux était en bois d'acacia, car cet arbre dur, presque imputrescible, symbolise l'immortalité.

LE PRUNIER
En Chine, le prunier est l'emblème de l'hiver. Au Japon, cet arbre représente la joie simple et innocente de la jeunesse. Sa très belle fleur est le symbole du printemps triomphant de l'hiver, de la vertu et du courage surmontant les difficultés.

LE MYRTE
Plante sacrée de Vénus et de la déesse égyptienne Hathor, le myrte apporte le bonheur aux amoureux. Symbole, dans de nombreuses cultures, d'immortalité, de chance, de bonheur et de paix, il est aussi la fleur des dieux. Dans les rêves, il signifie prospérité et vieillesse heureuse.

LES ARBRES SACRÉS

De par le monde, toutes les civilisations respectent, voire vénèrent les arbres. De nombreuses traditions autour de l'arbre de vie, axe du monde, en témoignent. Cet arbre de vie, dont les racines s'enfoncent dans le sol et dont les branches se dressent vers les airs, relie la terre et le ciel. Il symbolise la quête de la perfection.
L'arbre sacré des Scandinaves est l'Yggdrasil et celui des bouddhistes est l'arbre de la sagesse. On représente parfois le Christ rédempteur au jardin d'Éden, crucifié sur l'arbre de vie.
Les tapis de prière des musulmans sont souvent ornés d'un arbre de vie.

L'YGGDRASIL
L'arbre sacré des Scandinaves est un frêne qui représente l'Univers. Son tronc est l'axe du monde et, sous ses racines, les rivières (eaux de sagesse) prennent naissance.

LE BOUDDHA SOUS L'ARBRE DE LA SAGESSE
Le figuier symbolise l'illumination qu'atteignit le Bouddha en méditant sous son feuillage. On trouve souvent ces arbres dans les monastères pour commémorer cet événement.

LE TAPIS DE PRIÈRE
Sur ce tapis du XIXe siècle, on peut voir un arbre de vie stylisé. Les tapis de prière des musulmans présentent souvent des décors du même type, puissants symboles d'élévation et de salut. Le fidèle s'agenouille et récite ses prières au contact de l'arbre de vie.

LE CHÊNE
Souvent associé aux divinités du tonnerre, le chêne est l'arbre sacré de Junon, de Jupiter et du dieu celte Donar. Pour les druides celtes, le chêne était l'arbre sacré où ils cueillaient le gui. En Chine, il représente la force fragile car, sous le vent, il ne plie pas mais casse. En Europe, le chêne symbolise l'héroïsme et la pérennité.

LE GLAND
Graine du chêne, le gland est le symbole de la vie. En Scandinavie, il est la graine sacrée du dieu Thor, symbole de fertilité et d'immortalité.

VOIR AUSSI

LE HÊTRE ☞ LA FRANC-MAÇONNERIE *109*

LES AUTRES ARBRES ☞ LE LAURIER, LE BONSAÏ *43*

LE SYCOMORE ☞ NUT, DÉESSE DU CIEL *14*

L'YGGDRASIL ☞ DRAGON VIKING *30* ; NEUF *103*

LES VÉGÉTAUX

Les végétaux illustrent parfaitement le cycle naissance-vie-mort. Ils furent, de tout temps, associés aux déesses mères et à la fertilité. Les mythologies parlent souvent d'un dieu ou d'un homme se métamorphosant en une plante ou d'une plante émergeant de la dépouille d'une divinité. Le blé et les herbes, par exemple, sont nés du corps du dieu égyptien Osiris. Souvent, le symbolisme des végétaux est plus direct encore, fondé sur leur forme, leur couleur, leur odeur ou leur habitat. Le fait que le lierre pousse souvent sur les murs de vénérables universités a conduit à désigner sous le nom de *ivy-league* les universités d'Amérique du Nord.

L'ACANTHE
Cette plante, qui ressemble au chardon avec ses feuilles découpées, tient son nom du grec *ake,* qui signifie pointe acérée. Ses feuilles très reconnaissables sont souvent sculptées, comme ici, sur les chapiteaux corinthiens. Dans le monde chrétien, les épines symbolisent la douleur et les épreuves qui seront surmontées.

LE ROSEAU
Le roseau symbolise l'adaptabilité car il plie sous le vent sans se rompre. Les flûtes de Pan étaient taillées dans des roseaux.

LE BAMBOU
Commun en Extrême-Orient, il est symbole de flexibilité, de grâce et de force car il plie sous le vent mais ne rompt pas. Ses pousses étant toujours vertes, il symbolise donc la longévité. Dans la philosophie chinoise, son tronc droit symbolise le chemin vers l'illumination. Il a souvent été représenté en dessin ou peinture.

LA BELLADONE
Aussi appelés baies du diable, les fruits de cette plante semblent comestibles mais sont en réalité extrêmement vénéneux. C'est le symbole de la tromperie et du danger.

Symbole de fertilité et de croissance vitale

LE BLÉ
Pour les Grecs anciens, le blé était un don de Déméter, la déesse de la fécondité. Les Égyptiens l'associaient à la résurrection d'Osiris. Chez les chrétiens, le blé qui sort de la terre, après que les graines ont été enfouies, est un symbole de résurrection.

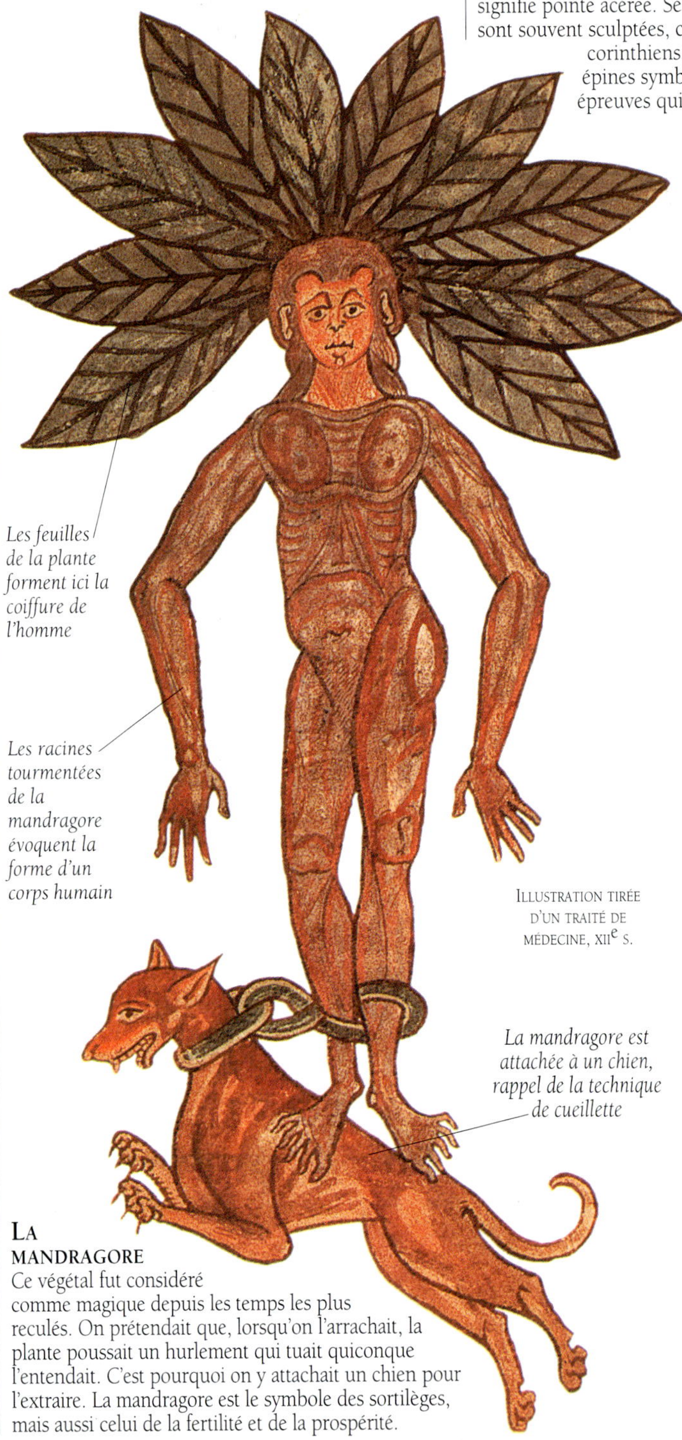

Les feuilles de la plante forment ici la coiffure de l'homme

Les racines tourmentées de la mandragore évoquent la forme d'un corps humain

ILLUSTRATION TIRÉE D'UN TRAITÉ DE MÉDECINE, XIIe S.

La mandragore est attachée à un chien, rappel de la technique de cueillette

LA MANDRAGORE
Ce végétal fut considéré comme magique depuis les temps les plus reculés. On prétendait que, lorsqu'on l'arrachait, la plante poussait un hurlement qui tuait quiconque l'entendait. C'est pourquoi on y attachait un chien pour l'extraire. La mandragore est le symbole des sortilèges, mais aussi celui de la fertilité et de la prospérité.

LE TRÈFLE
Le trèfle fut utilisé dans le monde chrétien pour représenter symboliquement la Trinité : le Père, le Fils, le Saint-Esprit. Cette plante est l'emblème de l'Irlande et de son patron, saint Patrick. On prétend que les trèfles à quatre feuilles, assez rares, portent bonheur.

LE LIERRE
Plante persistante, le lierre est associé à l'immortalité mais c'est aussi une plante de mort car elle tire sa substance vitale des végétaux qu'elle parasite. Plante sacrée de Dionysos, le dieu grec du vin (ci-dessus), elle était censée protéger de l'ivresse si on la portait en guirlande.

LE FENOUIL
La graine de fenouil avait la réputation d'améliorer la vue et de provoquer la mue des serpents. On le prenait donc comme symbole de clairvoyance et de renouveau.

LA CALEBASSE
Avec ses nombreux pépins, la calebasse est un symbole fort répandu de fertilité. En Chine, on l'associe à la longévité tandis qu'en Afrique la calebasse représente le ventre maternel.

LE GUI
Chez les Celtes, le gui était symbole d'immortalité. Aujourd'hui, cette plante a gardé son aura magique puisque s'embrasser sous le gui lors des fêtes de Noël et de nouvel an est un gage de bonheur et de prospérité.

LE CHARDON
L'emblème national de l'Écosse laisse entendre, par ses piquants, que tout ennemi sera impitoyablement repoussé. Il symbolise la défense et la rébellion. Dans certains tableaux, il apparaît au pied de la Croix pour y symboliser la souffrance du Christ.

L'HYSOPE
Cette plante aromatique était employée comme purgatif. Elle symbolise donc la purification et l'innocence recouvrée. Comme cette plante pousse sur des sols pauvres et caillouteux, elle symbolise aussi l'humilité.

LE CHAMPIGNON
En Extrême-Orient, le champignon est un symbole de longévité et, dans la religion taoïste, il est la nourriture des immortels. C'est donc une plante sacrée, et des gravures représentant des champignons se retrouvent sur un grand nombre d'objets précieux tel ce sceptre japonais en buis.

LE LANGAGE DES HERBES

Bien que, pour la plupart d'entre nous, les herbes soient de simples végétaux employés dans la cuisine, elles sont depuis longtemps utilisées dans la pharmacopée. Leurs propriétés curatives ou préventives peuvent être singulièrement efficaces. Certaines étaient bénéfiques tandis que d'autres étaient associées au domaine du mal. Formes et odeurs participaient à la détermination de leurs caractéristiques symboliques.

LA NOIX DE BÉTEL
En Asie du Sud-Est, la noix de bétel est associée à l'amour et au mariage. Pour obtenir un effet sédatif, on mâche des copeaux de bétel associés à du clou de girofle ou à d'autres épices.

LA SAUGE
Cette herbe aromatique était appréciée pour ses propriétés curatives, et son usage régulier était censé assurer l'immortalité. Dans les peintures chrétiennes médiévales, elle apparaît comme symbole de la Vierge Marie.

LE GINGEMBRE
En Chine, il ne fallait pas manger de cette racine en forme de doigt pendant la grossesse, sous peine d'accoucher d'un enfant à six doigts.

LE ROMARIN
Cette plante qui symbolise la fidélité était jadis incluse dans les bouquets de mariage. Si on en frappait son fiancé, on s'assurait alors la constance de son amour. Le romarin est synonyme de mémoire et on le plante souvent sur les tombes.

LE PERSIL
Cette herbe est si lente à germer que l'on pensait jadis qu'elle prenait racine jusque chez le diable. Chez les Grecs anciens, qui l'employaient dans les couronnes funéraires, il était le symbole de la mort.

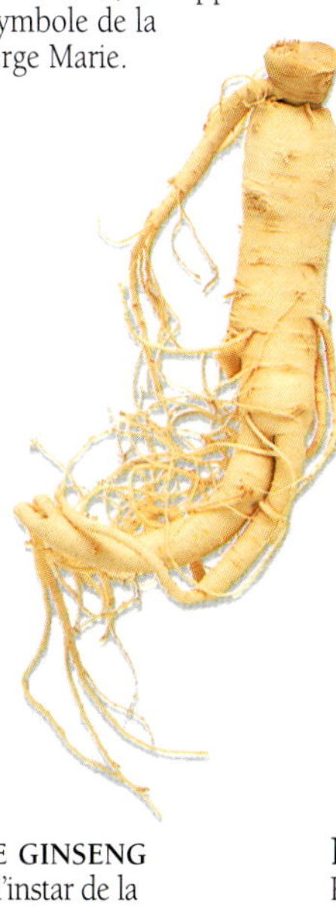

LE GINSENG
À l'instar de la mandragore, la racine fourchue du ginseng représente le corps humain et, pour cette raison, on la considère comme source de vie. Son nom chinois signifie « racine humaine ». Étant yang, principe masculin, elle est censée renforcer la virilité.

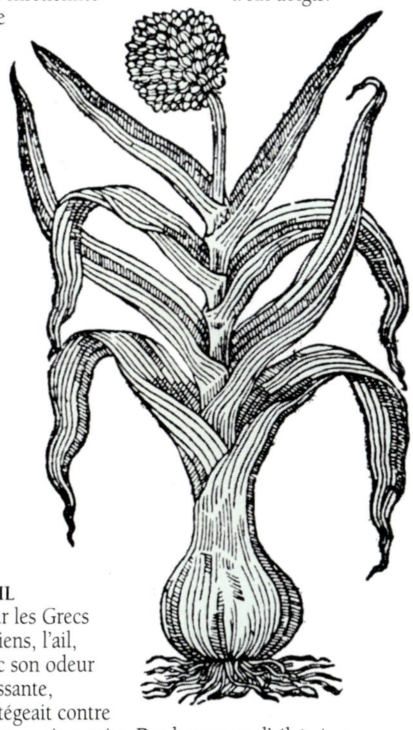

L'AIL
Pour les Grecs anciens, l'ail, avec son odeur puissante, protégeait contre les mauvais esprits. Des bouquets d'ail étaient déposés aux carrefours, en offrande à la terrible Hécate, déesse des enfers. En Europe centrale, il éloignait les vampires. En Chine, l'ail est considéré comme une plante du bonheur qui assurera une nombreuse descendance.

VOIR AUSSI

LE GINSENG ☞ DEUX 102 ; YI-KING 111

LES HERBES ☞ LE PLAT DE PÂQUE 17

LE LIERRE ☞ LE RAISIN 48

LES AUTRES PLANTES ☞ LE COCO DE MER 74

LES PLANTES ☞ LES FLEURS 50-53

LE ROSEAU ☞ LA FLÛTE DE PAN 81

LE TRÈFLE ☞ LE TRÈFLE À QUATRE FEUILLES 79

Les produits de la nature

Nous avons besoin des produits de la nature pour vivre. Aussi l'eau, la terre et le soleil sont-ils indispensables puisqu'ils permettent aux plantes de croître. Les récoltes de blé ou de riz sont liées aux divinités de l'abondance et de la fertilité. L'eau est symbole de vie et de pureté ; quant au lait, il symbolise la nourriture offerte par la terre. Les aliments font partie du cycle vital : tout ce qui vit doit mourir et retourner à la terre pour nourrir de nouvelles récoltes.

Assiette de porcelaine, dynastie Qing

La figue

Avec ses nombreux pépins, le fruit du figuier représente le domaine féminin, la fertilité et la prospérité. Un panier de figues symbolise la femme en tant que déesse et mère. Le symbolisme érotique de la figue est très puissant : ce fruit était l'emblème de Bacchus, dieu du vin et de la végétation. Dans le récit biblique, Adam et Ève, après leur péché, cachèrent leur nudité sous des feuilles de figuier.

La pomme

La pomme, surtout de couleur rouge, symbolise l'amour et la fécondité. Elle est l'emblème de Vénus. Sa forme arrondie évoque l'éternité et la planète Terre. Dans le récit de la tentation d'Adam et Ève, le fruit défendu est celui de la connaissance, mais il est souvent représenté sous la forme d'une pomme.

L'orange

Parfois représentée dans la main de l'Enfant Jésus, l'orange est symbole de chance et de fécondité. Comme la pomme, sa forme symbolise l'éternité et l'immortalité. Sa couleur l'associe au soleil.

Le citron

Symbole de pureté et de fidélité, le citron était censé combattre les mauvais sorts et servir d'antidote aux poisons. Dans le judaïsme, le citron représente le cœur humain.

La pêche

En Chine, la pêche est symbole d'immortalité et protège contre le mauvais œil. On accroche une branche de pêcher sur la porte des maisons pour le nouvel an.

La cerise

Au Japon, la fleur du cerisier symbolise l'art du combat chevaleresque. Les kamikazes de la Seconde Guerre mondiale partaient sous cet emblème pour leur ultime mission. Pour les samouraïs, la cerise était associée au don de soi.

La grenade

Sa couleur l'associe au soleil et au sang. Ses nombreux grains sont symbole de fertilité. Dans la Rome antique, les jeunes mariées portaient des couronnes tressées de branches de grenadier. En Inde, le jus était employé comme remède contre la stérilité.

Le raisin

Pour les Juifs, les grappes de raisin rapportées de la Terre promise symbolisaient l'espérance en une vie nouvelle. Le vin, tiré du raisin, est un symbole évidemment orgiaque, mais il peut aussi représenter le sang, le sacrifice et l'immortalité. Pour l'islam, le vin est la boisson des élus admis au paradis. Pour les chrétiens, le vin représente le sang du Christ.

Raisin doux italien

Vin rouge, signe orgiaque

Bacchus, dieu du vin, porte une couronne de feuilles de vigne

Grenades et pommes mûres symbolisent l'excès

Bacchus adolescent, Le Caravage, v. 1591

La prune

En Extrême-Orient, la prune est le symbole de la plénitude sexuelle chez la femme, mais aussi de la prime jeunesse, car la fleur du prunier apparaît avant les feuilles.

La datte

Dans les régions désertiques du nord de l'Afrique, les régimes de dattes représentent la vie et l'abondance. Sa forme lui confère un puissant symbolisme de fertilité masculine.

L'ananas

L'ananas est un fruit de vie et un symbole de fécondité. Dans certaines régions d'Amérique, l'ananas était utilisé comme marque d'hospitalité et les marins l'accrochaient au portail de leur maison pour indiquer aux voisins qu'ils étaient de retour. À la fin du XIXe siècle, un Écossais, lord Dunmore, reprit cette coutume en faisant construire une résidence d'été en forme d'ananas pour célébrer son retour d'Amérique.

L'Ananas, Dunmore, Écosse

L'ŒUF
L'œuf représente l'origine du monde dans presque toutes les mythologies. Il contient la vie en germe et est donc évidemment l'image du ventre maternel et de l'Univers. Il est aussi un symbole d'espoir et d'immortalité. La couleur blanche de la coquille renvoie également aux notions de pureté et de perfection.

LE SEL
Sa pureté représente l'immortalité. Son nom vient de Salus, dieu romain de la santé. Il était employé dans les cérémonies en son honneur. Un grain de sel dilué dans l'océan symbolise l'union de l'âme et de l'infini. Chez les Grecs anciens, il était symbole d'hospitalité.

LE PAIN
Le pain symbolise les nourritures matérielles et spirituelles. Dans le christianisme, le Christ est appelé le « pain de vie ». Lors de la communion, sa consommation signifie l'union avec le Christ. L'action de rompre le pain évoque la Cène, dernier repas que le Christ partagea avec ses disciples.

LA NOURRITURE DES DIEUX

Les Hébreux purent se nourrir durant leur exode et leur errance dans le désert, après avoir quitté l'Égypte, en récoltant **la manne**, nourriture céleste envoyée par Dieu. Dans l'Ancien Testament, on décrit la manne comme une matière blanche, telle la graine de coriandre, ayant le même goût que les galettes au miel. Elle est un symbole de l'amour divin.

Le nectar était, selon Homère, la boisson des dieux grecs, boisson qui conférait immortalité et beauté.

L'amrita est l'élixir d'immortalité consommé par les dieux du panthéon hindou. Il fut créé durant le barattage de l'océan de lait.

L'ambroisie était la nourriture des dieux de la mythologie grecque.

RÉCOLTE DE LA MANNE, DIERIC BOUTS, V. 1464

Le poireau, symbole du pays de Galles

La couronne royale

LE POIREAU
Le poireau représente la victoire, et il était censé protéger des blessures. Il apparaît sur la pièce britannique de 1 livre. Emblème du pays de Galles, il est l'attribut végétal de saint David, patron de ce pays.

LE MIEL
Le miel est la nourriture des dieux. Il représente l'immortalité, la renaissance et la fertilité. Il est associé à la lune et au féminin. Pour les Grecs anciens, il symbolisait la sagesse. Pour les chrétiens et les juifs, il représentait, avec le lait, la douceur de vivre. La Terre promise était le pays où « coulaient le lait et le miel ».

LE RIZ
Le riz est un aliment essentiel qui représente la vie et les nourritures corporelles et spirituelles. Dans de nombreuses régions d'Asie, on pense qu'il possède une âme. L'esprit du riz est vénéré et chaque étape de sa culture donne lieu à des rituels particuliers. En Occident, on jette du riz sur les jeunes mariés pour leur assurer bonheur et fécondité.

Vase aztèque en forme d'épis de maïs

LE MAÏS
En Amérique, le maïs est symbole de vie, surtout s'il est en épi. Dans l'ancien Mexique, un épi de maïs représenté accompagné d'un colibri symbolisait le Héros-Soleil et la nouvelle moisson. En Europe et autour de la Méditerranée, le maïs représente la paix, l'abondance et la fécondité de la déesse mère.

LE LAIT
Le premier et le plus nourrissant des aliments, le lait, symbolise les nourritures spirituelles et la vie. Sa couleur l'associe souvent à la lune.
Il est également la nourriture des dieux. Vishnu se repose sur un océan de lait d'où toutes choses furent tirées à l'aube du temps. Dans la Bible, il est lié au miel.

L'OIGNON
L'oignon représente l'unité. De par ses multiples enveloppes qui protègent son centre, il symbolise également la révélation.
Sa forme ronde évoque le cosmos et l'immortalité, et son odeur forte éloigne le mal. On prétendait qu'il protégeait des influences néfastes de la lune.

L'OLIVE
Attribut d'Athéna et d'Apollon, l'olive est le symbole de l'immortalité et de l'abondance. Une couronne d'olivier était portée par les vainqueurs dans les stades de la Grèce antique. Dans le récit du Déluge, la colombe revint vers l'arche de Noé, portant un rameau d'olivier dans le bec. C'était le signe envoyé par Dieu de la fin du Déluge. L'olive symbolise la paix et la réconciliation.

L'HUILE D'OLIVE
Dans le judaïsme, l'huile d'olive est sacrée et employée pour alimenter les lampes du sabbat et des autres fêtes rituelles, comme Hanoukka.

VOIR AUSSI

L'ANANAS ☞ LA COUETTE 70
LA CERISE ☞ LE CERISIER 44 ; LE SABRE DE SAMOURAÏ 91
LA FIGUE ☞ L'ARBRE DE LA CONNAISSANCE 44
LA NOURRITURE DES DIEUX ☞ LE CHAMPIGNON 47
LES PRODUITS DE LA NATURE ☞ LE PLAT DE PÂQUE 17 ; LA PIÈCE MONTÉE, CŒUR EN CHOCOLAT 83 ; LES OFFRANDES FUNÉRAIRES 93
LE RIZ ☞ LES VŒUX DE BONHEUR 83

LES FLEURS

De tout temps et dans chaque culture, les fleurs ont tenu une place particulière dans le cœur et la vie des individus. Dans les temps anciens, certaines fleurs étaient considérées comme les formes matérielles des dieux. Les gens les vénéraient, les employaient dans les rituels et leur attribuaient des pouvoirs magiques. Un bouton de fleur était le symbole d'une nouvelle vie, mais les fleurs elles-mêmes accompagnaient presque toujours les morts jusqu'à leur dernière demeure. Les motifs floraux décorent les lieux de culte et sont incorporés dans la bijouterie, les tissus et le mobilier. Le langage des fleurs est également une tradition fortement implantée dans chaque culture.

L'ANÉMONE

Son nom vient du grec *anemos* (« vent »). Elle est le symbole de la nature transitoire de la vie. Dans la mythologie grecque, les anémones naquirent du sang d'Adonis et représentent donc la mort. Fleur couleur de sang, elle symbolise la richesse de la vie ainsi que sa précarité.

LE COQUELICOT

Cette fleur symbolise le dernier sommeil. La légende prétend que les innombrables coquelicots qui ont éclos après la bataille de Waterloo naquirent du sang des soldats tombés au combat.

L'IRIS

Son nom vient de la déesse grecque de l'Arc-en-ciel, qui transportait l'âme des femmes vers l'au-delà. Au Japon, l'iris est la fleur du printemps. Elle possède une valeur protectrice et purificatrice. Des plants d'iris étaient parfois cultivés sur le toit de chaume des maisons.

LE MYOSOTIS

La légende raconte qu'un jeune homme se noya en voulant cueillir cette fleur pour sa bien-aimée. Le surnom de cette fleur, « ne-m'oubliez-pas ! », rappelle ses dernières paroles. Elle est le symbole de l'amour désespéré.

LA VIOLETTE

Une nymphe échappa aux avances d'Apollon en se métamorphosant en violette. Elle est le symbole de l'humilité.

LA PASSIFLORE

Souvent représentée dans les vitraux, cette fleur symbolise la passion du Christ. Les Espagnols pensaient qu'elle poussait au pied de la Croix, d'autres y reconnaissent les blessures de Jésus, d'autres encore voient dans cette fleur l'appel divin à la conversion.

LA PIVOINE

Jadis, cette fleur possédait des pouvoirs magiques. Les Grecs l'employaient pour éloigner les mauvais esprits. Les Japonais l'associaient à la virilité, au bien-être matériel et à la chance. En Chine, symbole d'amour et de printemps, elle était liée au mariage et à la fécondité ; on la retrouve souvent en motif dans les temples.

L'ŒILLET

Dans les portraits de la Renaissance, il est symbole de fiançailles. En Chine, l'œillet est le symbole courant du mariage.

LE CYCLAMEN

Autrefois dédié à la Vierge Marie, le centre de cette fleur symbolisait son cœur ensanglanté. Employé jadis dans les philtres d'amour, il est aujourd'hui symbole de volupté.

LA JACINTHE

Le dieu grec Apollon créa cette fleur à partir du sang de son ami Hyacinthe, qu'il avait accidentellement tué en lançant un disque. Chez les chrétiens, cette fleur est symbole de prudence.

LA PENSÉE

Comme son nom l'indique, cette fleur est liée aux pensées, au souvenir et à l'amour. Placées sur les yeux d'un dormeur, les pensées forceront celui-ci à tomber amoureux de la première personne qu'il (ou elle) verra à son réveil. C'est également la fleur de la Saint-Valentin.

L'ORCHIDÉE

En Chine, l'orchidée est symbole de perfection et de fécondation. En Angleterre, les taches pourpres de ses pétales représentent le sang du Christ.

REPRÉSENTATION FLORALE D'OPHÉLIE

OPHÉLIE, JOHN EVERETT MILLAIS, 1852

Ce tableau est une évocation de la mort d'Ophélie, qui se noya, folle de douleur, après que Hamlet, son amant, eut tué son père. Les guirlandes dans ses cheveux mêlées aux herbes aquatiques sont chargées de symboles. Le saule représente l'amour perdu, l'ortie la douleur et les marguerites près des mains d'Ophélie sont symboles d'innocence. La guirlande de violettes autour de son cou est liée à la fidélité, à la chasteté et à la mort prématurée. Le coquelicot est également symbole de mort. Les autres fleurs flottant sur l'eau symbolisent la peine, et les myosotis, sur la berge, invitent à se souvenir d'Ophélie.

LE LANGAGE DE LA ROSE

Plus que toute autre fleur, la rose et son symbolisme font partie intégrante de l'inconscient de l'humanité. Pour différentes cultures, la rose représente la jeunesse, la pureté, la perfection et l'amour. Elle est la fleur des fiançailles, du mariage mais aussi de la mort. On la distille pour en faire des parfums, des remèdes et des philtres d'amour. En Occident, on disait qu'une rose suspendue au-dessus d'une table indiquait que tout secret devait être gardé, image qui a également inspiré la rosace centrale des plafonds victoriens. Dans le catholicisme, le rosaire était à l'origine composé de fruits de l'églantier, une rose sauvage.

LA ROSE ROUGE

La rose rouge, archétype de la beauté, était consacrée à Vénus. Aujourd'hui encore, on la considère comme une messagère d'amour. Dans les légendes chrétiennes, la rose rouge aurait été teintée par le sang du Christ et la Madone est parfois représentée tenant une rose rouge dans la main. Durant la guerre des Deux-Roses, en Angleterre (1455-1485), la rose rouge était l'emblème de la maison de Lancastre.

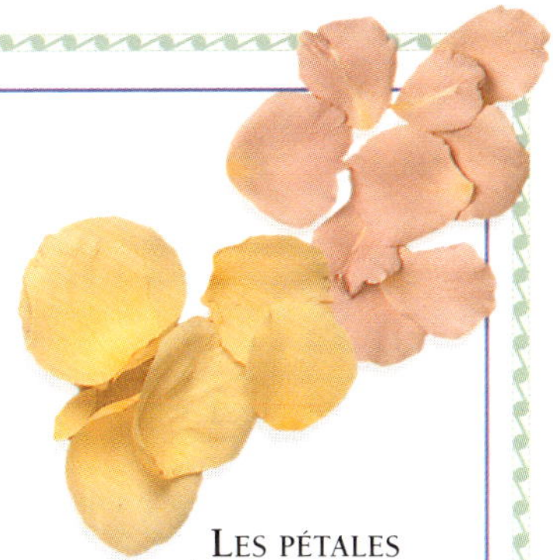

LES PÉTALES

À l'époque romaine, les pétales de rose étaient un bien recherché. Les dames les étalaient sur leur visage dans l'espoir de retarder l'apparition des rides. Lors des banquets, les convives en plongeaient dans leur vin pour éviter l'ivresse et les armées victorieuses rentraient chez elles par des rues jonchées de pétales de rose.

Ce motif complexe représente des roses à l'intérieur de roses

Le point central de la rosace est occupé par une Madone à l'Enfant

LA LITANIE DE LA VIERGE MARIE, ROSACE OUEST, CATHÉDRALE DE REIMS

LA ROSE BLANCHE

Considérée comme la fleur de la lune, la rose blanche est symbole de charme, de virginité et d'intimité. Représentant l'eau, elle s'oppose au feu de la rose rouge. Elle était l'emblème de la maison d'York durant la guerre des Deux-Roses.

DÉTAIL D'UNE ROSE TUDOR

LA ROSACE

La rosace, par sa composition, associe le symbolisme de la rose à celui de la roue. Elle représente à la fois l'aspiration à la plénitude et à l'harmonie et la réalisation de ces sentiments. Les rosaces, qui apparurent en France avec l'art gothique, sont des structures symboles d'éternité. Elles ont été comparées aux mandalas, supports de la méditation en Orient, dans lesquels les innombrables lignes qui mènent à leur centre représentent les voies vers l'illumination.

Cette femme est parée de motifs de rose, depuis la coiffe jusqu'aux bagues des doigts

L'œillet porté derrière l'oreille indique que cette jeune femme est fiancée

LA ROSE JAUNE

Symbole de l'État du Texas, aux États-Unis, la rose jaune est par ailleurs souvent associée à la jalousie et à l'infidélité. En 1759, l'ordre de la Rose d'Or fut créé par décret papal, une distinction destinée principalement aux souveraines catholiques.

LA ROSE TUDOR

Cette noble dame anglaise du XVIe siècle porte une robe brodée de roses Tudor. La rose Tudor, avec ses pétales extérieurs rouges et ses pétales intérieurs blancs, symbolise l'union des deux maisons royales, les York et les Lancastre. Henry Tudor adopta cette rose comme emblème lorsqu'il épousa Élisabeth d'York, en 1485.

PORTRAIT D'UNE NOBLE DAME, ÉCOLE ANGLAISE, 1569

LE LOTUS

Le lotus est l'un des plus anciens symboles, notamment en Asie, où sa longue tige est le cordon ombilical qui relie l'homme à ses origines, et sa fleur harmonieuse la pureté à laquelle aspire l'âme humaine. Le lotus aux mille pétales représente le soleil émergeant du cosmos. Dans la mythologie hindoue, le dieu Brahma naît d'une fleur de lotus qui avait poussé sur le nombril de Vishnu dormant à la surface de l'eau. Il symbolise également le soleil et le cycle naissance-renaissance, car ses pétales s'ouvrent à l'aube et se referment au crépuscule.

LA FLEUR DE LA PERFECTION
Le lotus est une fleur immaculée qui pousse au milieu des marécages. Ses pétales s'ouvrent et se referment avec le jour. Ces images sont devenues des symboles très puissants en Orient.

UN SYMBOLE DE FÉCONDITÉ
Cette figurine indienne du IIIe siècle représente la déesse mère, ici accroupie, en train d'accoucher. Sa tête est un lotus, symbole de fécondité.

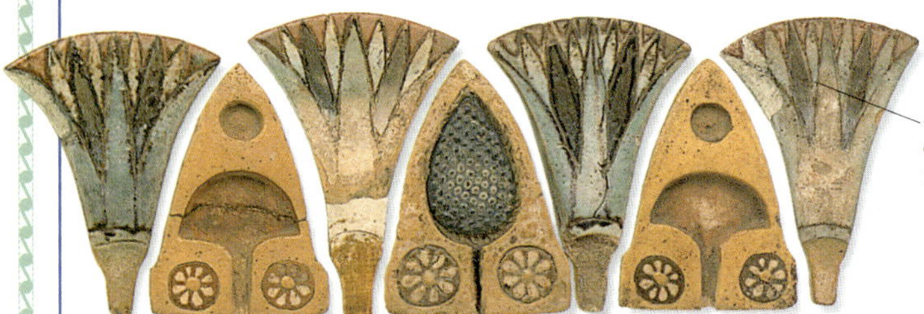

Inserts et bas-reliefs

LA PREMIÈRE FLEUR D'ÉGYPTE
Souvent employé en décoration, le lotus incarne le pouvoir royal. Il fut associé aux dieux Nefertoum et Rê, ce dernier souvent représenté enfant dormant sur un lotus. Les chapiteaux des colonnes égyptiennes présentaient des motifs à lotus, soit en bouton, soit en fleur.

Les dieux He-He se tiennent sur des socles de lotus

DIEUX HE-HE
En Chine, le lotus représente la pureté, la perfection et la grâce spirituelle associées à l'abondance de l'été. Ici, les deux He-He – dieux jumeaux de prospérité – portent chacun un lotus dans une jarre. Leurs vêtements sont également décorés de lotus. Les He-He eux-mêmes symbolisent la concorde et l'harmonie conjugale.

Des fleurs de lotus, protectrices, entourent l'auréole du Bouddha

Les Tibétains représentent le Bouddha avec une parure de bijoux

Le lotus aux mille pétales soutient le Bouddha. L'ensemble est un puissant symbole d'illumination

TANKA TIBÉTAIN OU BANNIÈRE SACRÉE

UN JOYAU SUR UN LOTUS
Dans la cosmologie bouddhiste, le lotus symbolise la pureté et les eaux primales d'où est sortie toute vie. Sa beauté, née de la vase et de l'eau, l'associe aux aspirations et aux potentialités humaines. Çakyamuni, un avatar du Bouddha, est souvent représenté trônant sur un lotus qui indique la vérité de sa nature.

LE CHRYSANTHÈME
En Chine et au Japon, le chrysanthème est l'emblème de l'automne, de la longévité, de l'érudition et de la félicité. Il était censé receler la clé de la vie éternelle. Les Japonais l'ont adopté comme emblème national et comme sceau de la famille impériale.

L'ŒILLET D'INDE
En Chine, l'œillet d'Inde, « fleur de dix mille ans », est symbole de longévité. Les Mexicains disent qu'il est teinté du sang des Aztèques massacrés par les Espagnols en quête de l'or des Indiens.

LE TOURNESOL
Dans la mythologie grecque, Clytie se métamorphosa en tournesol, cette fleur qui est toujours tournée vers le soleil, parce qu'elle vouait un amour fou à Apollon, le dieu du soleil. Les écologistes anglo-saxons ont adopté le tournesol comme symbole car il absorbe les substances polluantes aériennes.

ÉCHO ET NARCISSE (DÉTAIL), J.W. WATERHOUSE, 1903

LE MYTHE GREC DE NARCISSE

Dans la mythologie grecque, le jeune Narcisse repoussa les avances de la belle nymphe Écho, qui ne savait que répéter les derniers mots entendus. Pour punition, les dieux décrétèrent qu'il tomberait amoureux de sa propre image. Lorsque Narcisse se mira dans l'eau d'une fontaine, il fut incapable de se détourner de son reflet, se languit et mourut. Il fut alors changé en une fleur qui prit son nom et pousse sur les terrains humides.

LE LIS

Le lis blanc est le symbole, en Occident, de la pureté et de la perfection. Il est aussi symbole de paix et d'innocence. Le lis serait né du lait de la déesse Junon. Pour les juifs, il est le symbole du peuple élu et, pour les chrétiens, celui de l'abandon en la providence divine. La fleur de lis était l'emblème de la monarchie française.

LE MUGUET

Il est la fleur d'Ostara, déesse nordique du printemps. Dans toute l'Europe, il représente le printemps et la vie nouvelle. Chez nous, on le vend traditionnellement dans les rues, lors de la fête du Travail, le 1er mai. Il représente l'espoir et la fin des peines.

LE MAGNOLIA

Cette fleur est, en Chine, symbole de beauté féminine et de gentillesse. Elle était la propriété exclusive de l'empereur de Chine et le don d'un plant de magnolia était considéré comme une distinction particulièrement remarquable. Le magnolia est également associé à une héroïne de l'opéra chinois qui porte le nom même de la plante : Mu-lan. Mu-lan se déguisa en homme pour combattre sous la bannière de son père.

LE NARCISSE

On disait autrefois que la douce et entêtante odeur du narcisse rendait fou. Le narcissisme est synonyme de vanité et la fleur symbolise ses dangers. Dans la Bible, le narcisse symbolise le printemps et donc l'amour humain ou divin. En Chine, sa floraison lors du nouvel an annonce beaucoup de bonheur.

LE CROCUS

On croyait jadis qu'une guirlande de crocus protégeait de l'ivresse. *Crocus sativus*, communément appelé safran, était hautement prisé dans les temps médiévaux à cause de ses propriétés tinctoriales. Son jaune vif est symbole de lumière.

LE CHÈVREFEUILLE

Offert entre fiancés, en France, le chèvrefeuille symbolise leur union et représente l'amour généreux. Il fut utilisé dans les philtres et charmes divers.

LA PRIMEVÈRE

La primevère annonce le printemps et la fin des rudesses de l'hiver. Elle est associée à la pureté et à la jeunesse. Dans le folklore germanique, celui qui la porte trouvera un trésor caché.

LE JASMIN

Cette fleur particulièrement parfumée est très appréciée en Inde. Elle est symbole d'amour et se retrouve dans les guirlandes nuptiales. En Chine, le jasmin est emblème de beauté.

LA MARGUERITE

Cette fleur, qui représente l'innocence, est souvent un des attributs de la Vierge. Elle est également l'emblème floral de la déesse mère germanique Freya.

L'ANNONCIATION, SIMONE MARTINI ET LIPPO MEMMI, 1333

Un lis, symbole de pureté, est ici représenté dans un vase

LE LIS ET LA CHRÉTIENTÉ

Dans le Nouveau Testament, Jésus parle du lis comme symbole de pureté et d'abandon en la providence divine. La blancheur du lis est signe de pureté, aussi l'a-t-on souvent associé à la Vierge Marie. On le représente généralement dans les peintures de l'Annonciation, soit dans les mains de l'ange Gabriel, soit dans un vase. Le lis est la fleur de Pâques et on le voit souvent associé au glaive dans les représentations du Jugement dernier, symbolisant l'antagonisme entre l'innocence et la culpabilité. Le lis est lié à l'idée de chasteté et se trouve être l'emblème d'un certain nombre de saints : Joseph, Catherine de Sienne, François d'Assise, Thomas d'Aquin et François Xavier.

VOIR AUSSI

LE CHRYSANTHÈME ☞ LA FLEUR IMPÉRIALE 115

LE LIS ☞ LE LIS 93 ; LE BLANC 106

LE LOTUS ☞ BODHISATTVA 23

LA PIVOINE, LA ROSE ☞ LA VIE N'EST QU'UN PASSAGE 57

LA ROSACE ☞ LE YANTRA ET LE MANDALA 104 ; L'ÉCHEVEAU 105

LA FAUNE AQUATIQUE

Symbole important dans toutes les mythologies, le poisson représente l'abondance, la vie et la mort, et il est de bon augure. Il est associé à la lune et à l'eau originelle d'où toute vie est sortie. Dans l'hindouisme, la première incarnation de Vishnu est un grand poisson qui sauva l'humanité du Déluge. Dans la Bible, Jonas vécut trois jours dans le ventre d'un grand poisson. Le poisson fut un des premiers symboles du Christ car, en grec, les initiales des mots « Jésus, fils de Dieu, Sauveur » forment le mot *ichtus*, qui signifie poisson.

CARPE CHINOISE

Symbole de courage et de bonheur

LA CARPE

Elle tient une place importante en Extrême-Orient. En Chine, elle représente la chance, la persévérance et le succès. En général, elle symbolise la patience et la longévité. Ses écailles, semblables à une armure, l'associent à la vaillance et au courage. Au Japon, elle est le symbole du samouraï.

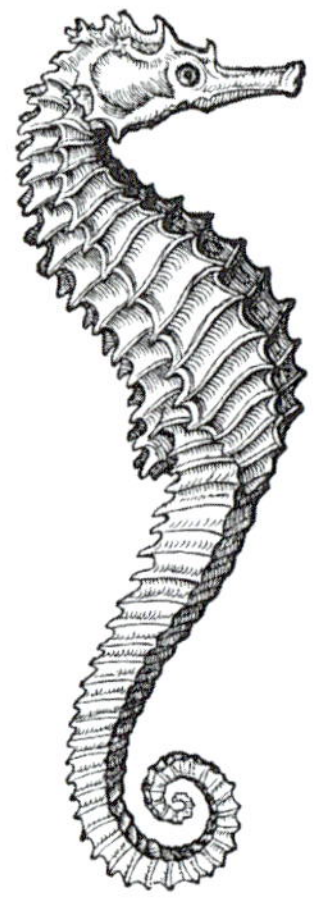

L'HIPPOCAMPE

Le délicat hippocampe est la monture de Poséidon, dieu de la mer chez les Grecs. Il apparaît également en héraldique, symbolisant souvent le courage en mer, et comme emblème du commerce international.

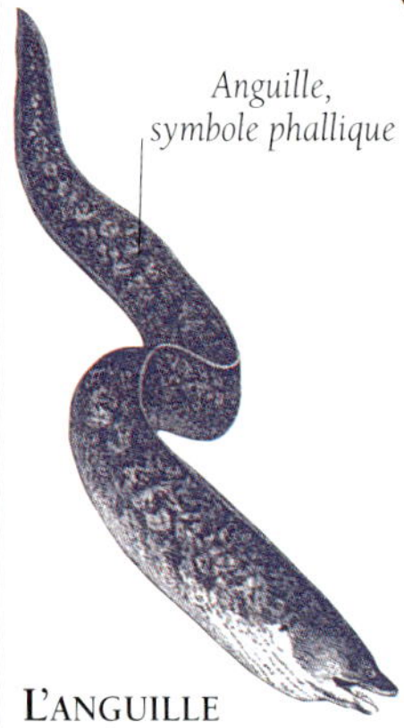

Anguille, symbole phallique

L'ANGUILLE

L'anguille joue un rôle important dans les mythes polynésiens comme symbole sexuel. À Tahiti, elle est une figure d'ancêtre. En Chine, elle symbolise l'amour charnel, tandis qu'en Occident elle représente une personne insaisissable, habile à se sortir d'embarras.

Raisin, attribut de Dionysos, dieu de la vigne

Pirates changés en dauphins

LE DAUPHIN

Dans la mythologie classique, cet animal marin conduit les âmes vers l'au-delà, sauve les naufragés de la noyade et symbolise la sécurité et la vitesse. Associé au dieu solaire grec Apollon, il est également lié à Dionysos, dieu de la vigne. Le dauphin est, un peu partout, symbole de vertu et d'intelligence.

GRAVURE INUIT SUR IVOIRE

LA BALEINE

Dans l'Ancien Testament, Jonas fut avalé par un grand poisson, probablement une baleine, et recraché sain et sauf trois jours plus tard sur la terre ferme. Les Inuits ont une légende similaire. La baleine représente la mort et la résurrection ainsi que les ténèbres précédant la lumière. Dans les mythologies arctique et slave, la Terre est censée reposer sur le dos d'une baleine. Les séismes témoignent de ses mouvements.

LE REQUIN

C'est sans doute le symbole le plus parlant de la terreur. Il est vénéré, en Polynésie, en Mélanésie et dans les îles Salomon, comme l'image d'un ancêtre. À Hawaii, comme dans certaines régions d'Afrique, il est l'objet d'un culte.

LE SAUMON

Comme la carpe, le saumon nage avec détermination à contre-courant jusqu'à sa frayère de naissance. Il représente ainsi la persévérance et le courage. On l'associe à la lune. Il est aussi un symbole de mort et de résurrection.

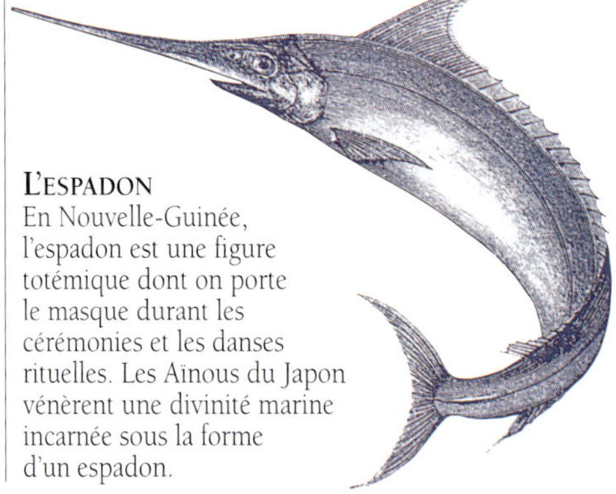

L'ESPADON

En Nouvelle-Guinée, l'espadon est une figure totémique dont on porte le masque durant les cérémonies et les danses rituelles. Les Aïnous du Japon vénèrent une divinité marine incarnée sous la forme d'un espadon.

Décor de pieuvre, très courant dans l'Antiquité classique

VASE MYCÉNIEN, MER ÉGÉE, V. 1400 AV. J.-C.

LA PIEUVRE

Par ses tentacules enveloppants, la pieuvre évoque les tourbillons, les cyclones et le déchaînement des éléments. L'encre noire qu'elle libère est associée aux esprits infernaux.

Le langage des coquillages

Les coquillages rassemblent les symbolismes de l'eau, de la lune, du féminin et du principe yin. Vénus, déesse de l'amour, née de la mer, fut transportée à terre dans un coquillage. En Chine, les coquillages symbolisent les voyages sans problème et le bonheur. Dans le monde chrétien, ils représentent les eaux baptismales, probablement parce qu'on les employait pour verser l'eau. Les coquillages bivalves symbolisent l'intimité sexuelle et les huîtres sont censées être aphrodisiaques.

Armes de Sienne

Conque rituelle bouddhiste

La coquille Saint-Jacques

La coquille Saint-Jacques est l'emblème de Vénus et représente le sexe féminin. Dans le monde chrétien, elle est l'emblème du pèlerin, en particulier celui qui se rend à Saint-Jacques-de-Compostelle : selon la tradition, chaque pèlerin en porte une cousue sur son vêtement. La coquille apparaît sur les armes de la ville de Sienne.

L'huître

Parce qu'elle peut sécréter la perle, l'huître représente le règne féminin ou l'utérus, l'eau féconde et la lune. Avec sa coquille hermétiquement scellée, elle est également symbole de secret.

La conque rituelle

La conque, avec sa structure spiralée, représente le monde souterrain dans la culture maya. Elle est l'emblème de Poséidon et de Vishnu, qui est alors « seigneur des eaux ».

Collier-amulette égyptien

Les Égyptiens croyaient que les cauris avaient des propriétés protectrices car ils ressemblent au sexe féminin. Pour cette raison, ils furent utilisés comme charmes de fécondité et pour protéger les grossesses. Dans ce cas, ils étaient portés sur le bas-ventre des femmes.

Heh, dieu « des millions d'années », symbole de longévité

Boucles d'éternelle jeunesse

Poisson pour échapper à la noyade

Collier égyptien garni de cauris

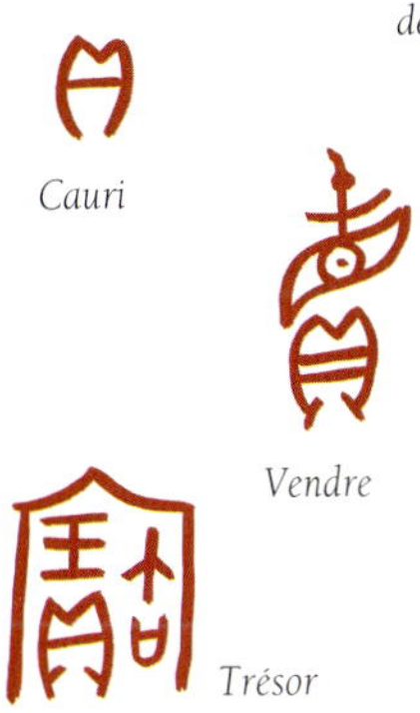

Cauri

Vendre

Trésor

Idéogrammes chinois

Les cauris

Ces petits coquillages servaient de monnaie dans un certain nombre de cultures. En Chine, le pictogramme du cauri servit de symbole à la monnaie dans l'écriture chinoise et fut donc incorporé aux autres idéogrammes liés aux concepts de monnaie d'échange.

Le crabe

Par sa carapace protectrice, le crabe est associé à l'utérus et à la maternité. Il est le symbole zodiacal du Cancer. À cause de sa démarche latérale, il symbolise la fuite et la tromperie. Dans le bouddhisme, il est lié aux nuits cosmiques intercalées entre les ères de Brahma ou encore au sommeil entre deux réincarnations. En Afrique, le crabe est un symbole démoniaque.

L'étoile de mer

Dans la Rome antique, une étoile de mer dessinée sur une porte avec du sang de renard chassait le mauvais œil. Elle était considérée en Europe comme le symbole de l'amour éternel.

L'oursin

Dans le folklore celte, l'oursin est connu sous le nom d'œuf de serpent. Sous sa forme fossilisée, il représente le monde. On disait que, lorsqu'il était solidement fixé à un rocher, une tempête était prévisible. Aveugle et très vulnérable, il est également un symbole des faibles créatures dans les mains de Dieu.

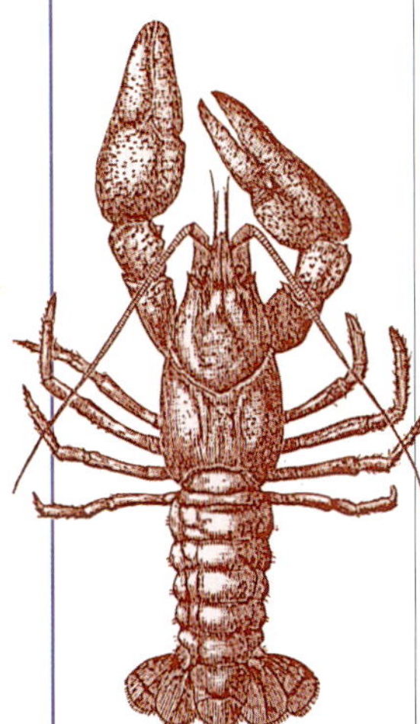

La langouste

En Orient, la langouste est de bon augure et souvent représentée sans ses pinces. Dans la Grèce antique, elle était vénérée car considérée comme sacrée. Dans l'art chinois, on la représente souvent aux pieds du bodhisattva Kuan Yin, et elle symbolise la prospérité et l'harmonie conjugale. Au Japon, où elle constitue un des cadeaux traditionnels du nouvel an, elle est emblème de longévité.

Voir aussi

La carpe ☞ Sabre de samouraï *91*

La conque rituelle ☞ Poséidon *14* ; Vishnu *20* ; L'empreinte de pied *22*

La coquille Saint-Jacques ☞ La naissance de Vénus *15*

Le crabe ☞ Cancer *112*

La faune aquatique ☞ Le poisson *18* ; L'empreinte de pied *22* ; *Mu-yu 80*

La pieuvre ☞ La spirale *105*

L'hippocampe ☞ L'hippocampe *29*

LES INSECTES ET AUTRES PETITS ANIMAUX

Les insectes et les araignées sont considérés généralement comme des « sales bestioles » : toutes créatures de basse condition, méprisées mais aussi craintes. Dans les temps anciens, cependant, elles étaient l'objet d'un grand intérêt. Les Égyptiens vénéraient particulièrement le scarabée et le représentaient souvent dans leur art sacré, leur bijouterie ou les offrandes funéraires. Dans d'autres cultures, l'araignée est particulièrement respectée, en partie à cause de ses talents de tisseuse. L'abeille, quant à elle, réunit le doux – le miel – et l'amer – la brûlure de son venin.

SCARABÉE AILÉ

LE SCARABÉE ÉGYPTIEN
Le scarabée, dont l'exemple type est le bousier, fut le porte-bonheur le plus répandu dans tout le monde égyptien antique. Dans son pénible et héroïque effort pour rouler les boulettes de bouse chargées d'œufs, il représentait, pour les Anciens, la course inéluctable du soleil dans le ciel. Les jeunes scarabées naissaient dans ces boulettes, symboles de la vie issue de la terre nourricière. On enterrait souvent des scarabées-amulettes avec les morts comme garants de leur résurrection.

BOUSIER

LA MOUCHE
La mouche est souvent considérée comme l'incarnation du mal. Elle représente la corruption et parfois la faiblesse ou l'insignifiance. Pourtant, dans certaines régions d'Afrique, il existe un dieu-mouche et, chez les Navajos, la Grande Mouche est un personnage du panthéon héroïque.

LA COCCINELLE
Surnommée « bête à bon Dieu » car elle fait merveille contre les parasites des plantes, la coccinelle est, par ailleurs, symbole de chance.

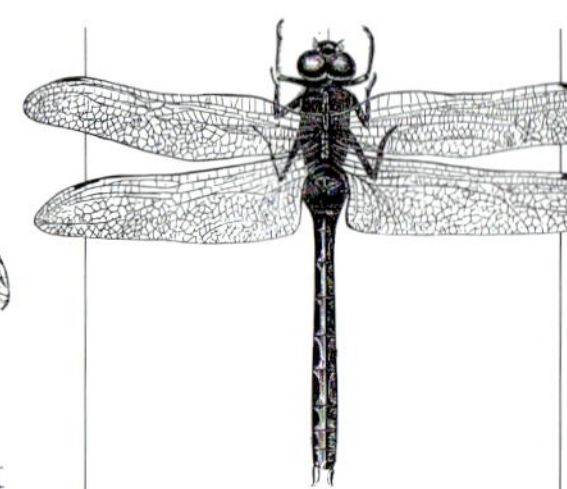

LA LIBELLULE
Ce magnifique insecte représente l'immortalité et le pouvoir de régénération. Il est l'emblème national du Japon, désigné parfois sous le nom d'île de la libellule. Ce serait la forme générale de l'île de Hondô qui aurait valu au Japon cette dénomination. Mais il est également signe de fragilité et d'inconstance, probablement à cause de son corps gracile et de ses mouvements imprévisibles. En Chine, la libellule est le symbole de l'été. Pour les Amérindiens, elle symbolise le changement et l'illusion mais aussi la vitesse, l'activité.

L'ABEILLE

L'abeille est généralement considérée comme un symbole d'immortalité, de résurrection, de diligence et d'organisation sociale. Elle est l'emblème de plusieurs divinités grecques, romaines et indiennes (Cupidon et Kama, tous deux dieux de l'amour). Kama est parfois escorté d'un essaim d'abeilles, représentant les doux tourments de l'amour. L'abeille et le bourdon, en raison de leur rôle pollinisateur, sont aussi symboles de fécondité.

BOURDON

LA RUCHE
La ruche est parfois donnée comme un symbole de l'Église, mais le plus souvent elle est l'image d'une collectivité travailleuse et organisée.

Butineuses en pleine activité

Abeilles des Barberini
ARMOIRIES

LES ARMES DU PAPE URBAIN VIII
Les armoiries d'Urbain VIII présentent les clés du royaume des cieux et les abeilles des Barberini, emblèmes de sa famille. Ces mêmes abeilles ornent la *Fontana delle Api*, à Rome, réalisée par le Bernin en l'honneur du pape.

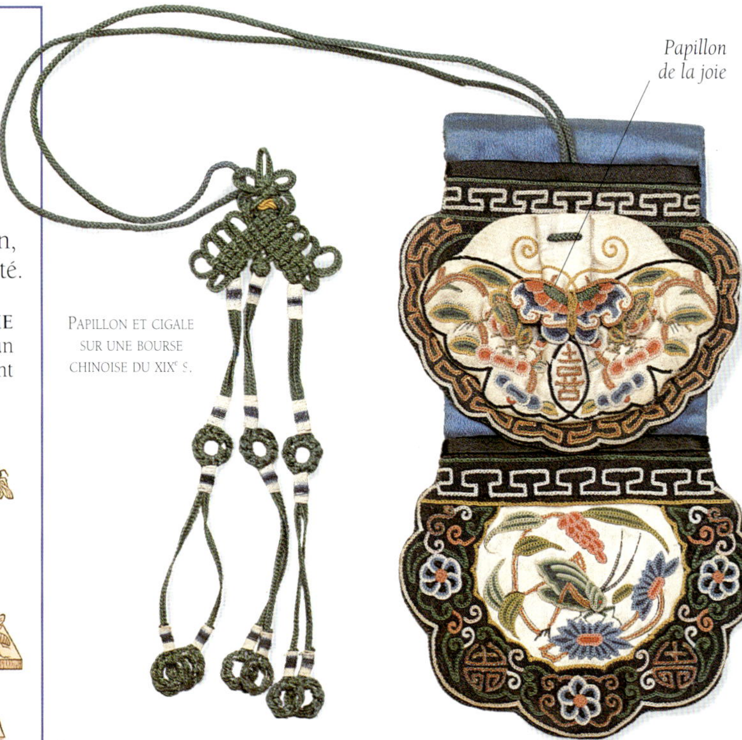
PAPILLON ET CIGALE SUR UNE BOURSE CHINOISE DU XIXe S.
Papillon de la joie

LE PAPILLON
Ses métamorphoses successives lui confèrent presque naturellement le pouvoir d'évoquer la renaissance et la résurrection. L'état de chrysalide symbolise l'âme s'échappant du corps. Pour les Grecs, il représentait l'âme. Pour les Chinois et les Japonais, il est immortalité et bonheur. Dans l'art chinois, le papillon associé à la fleur de prunier symbolise la longévité et deux papillons ensemble représentent un mariage heureux.

SIGNATURE DANS LE STYL JAPONAIS DU PEINTRE WHISTLE

La vie n'est qu'un passage

Vase de fleurs, Jacob van Walscapelle, v. 1670

Dans ce tableau hollandais, les symbolismes des fleurs et des insectes se conjuguent. Roses, pivoines, tulipes, entre autres fleurs, illustrent le caractère transitoire des joies terrestres : la beauté de la jeunesse ne tarde pas à faner ; l'amour perd son innocence ; les richesses ne protègent pas de la mort. La fragile mouche qui escalade la rose blanche, au centre, symbolise l'éphémère ; le mille-pattes et la punaise parmi les pétales de rose font songer à la corruption et à la pourriture. Les papillons, toutefois, symbolisent le bonheur éternel et annoncent espérance et renouveau.

Mouche et mille-pattes

L'escargot

Parce qu'il entre et sort de sa coquille, parce qu'il montre et cache ses cornes, parce que sa coquille est spiralée, l'escargot est associé à la lune croissante ou décroissante et symbolise la régénération périodique. Il est généralement porteur de chance.

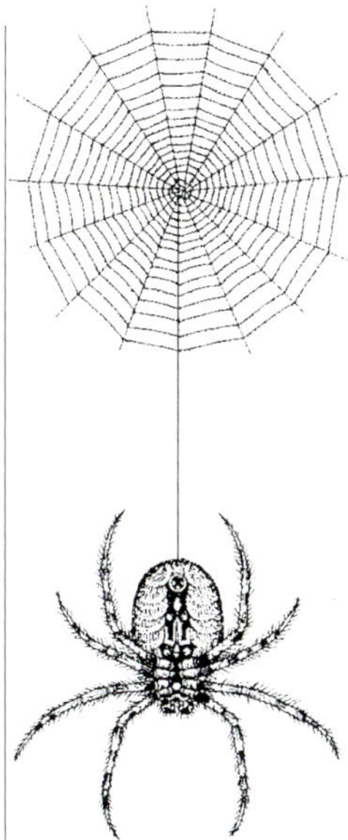

L'araignée

Les araignées mythiques apparaissent dans de nombreuses cultures. En Chine, une araignée filant annonce un bonheur venant des cieux. En général, elle représente la Mère, tisseuse de destin. L'araignée tisse une toile rayonnante comme le soleil rayonne à partir de son centre. La femme-araignée, mère et fille du soleil, est un des mythes des Amérindiens. Au Japon, la femme-araignée prend au piège les voyageurs imprudents.

Le lombric

De tout temps, le lombric a souffert de connotations négatives. Dans la Bible, du fait qu'il est sans pattes, il fait partie, comme le serpent, des créatures vivantes émergeant des profondeurs de la terre et des ténèbres, et a donc un aspect démoniaque et naturellement repoussant.

Amulette-scorpion ashanti

Le papillon de nuit

À l'instar du papillon de nuit, qui est attiré par la lumière, l'âme est attirée par la vérité divine. Le papillon de nuit est ainsi devenu un symbole de la quête de la vérité.
Il représente aussi la fragilité car il meurt souvent dans sa recherche irrésistible de la lumière.

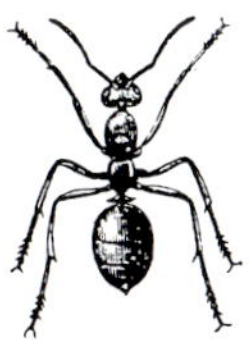

La fourmi

Comme l'abeille, la fourmi est très souvent considérée comme le symbole de l'effort, du travail acharné et de la vie communautaire. Pour les Chinois, elle représente le patriotisme, la vertu et la discipline. Pour les hindouistes, elle est le symbole de l'éphémère et de l'agitation absurde des hommes.

La guêpe

La guêpe représente l'ordre communautaire. Pourtant, les anciens Égyptiens et les zoroastriens, tout comme les Romains et les Grecs, associaient la guêpe au diable. Selon une légende polonaise, les abeilles furent créées par Dieu. Lorsque le diable tenta de l'imiter, il ne réussit qu'à créer des guêpes.

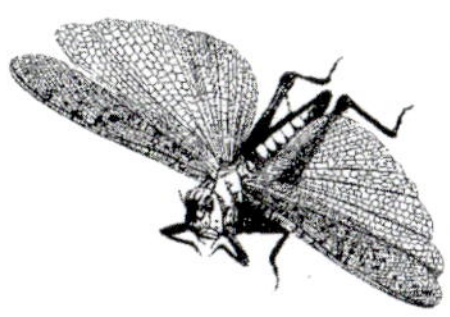

La sauterelle

Par son appétit vorace et sa capacité à dévaster de grandes étendues de végétation, la sauterelle est très souvent associée à la calamité, à la destruction et à l'avidité. Dans l'Ancien Testament, elle est l'outil du châtiment envoyé par Dieu sur la Terre. Elle est l'image même du fléau dévastateur.

Le scorpion

Généralement associé au diable et à la mort, le scorpion symbolise l'envie, la haine et l'obscurité car il vit caché sous les pierres. Les anciens Égyptiens vénéraient la déesse Selket, qui prenait la forme d'un scorpion. Les Ashantis portent des bagues-scorpions comme amulette contre leurs morsures.

Voir aussi

Le scarabée égyptien ☞ Le scarabée 35

Le scorpion ☞ Scorpion 112

Les abeilles ☞ Le miel 49 ; Vénus et Cupidon 82

La vie n'est qu'un passage ☞ Fleurs 50-53

LES REPTILES ET LES AMPHIBIENS

Les amphibiens, c'est-à-dire les animaux qui vivent aussi bien sur la terre que dans l'eau, donnent lieu à des associations symboliques avec le thème de l'eau, source de toute vie. Les reptiles, eux, sont la plupart du temps associés au thème de la terre et donc chargés du symbolisme de la fertilité terrienne, malgré une apparence souvent terrifiante et repoussante. Certains reptiles tiennent une place particulière dans l'imagination populaire : ce sont les dinosaures, anciens occupants de notre planète. Leur symbolisme est ambivalent : ils sont à la fois monstrueux et fascinants.

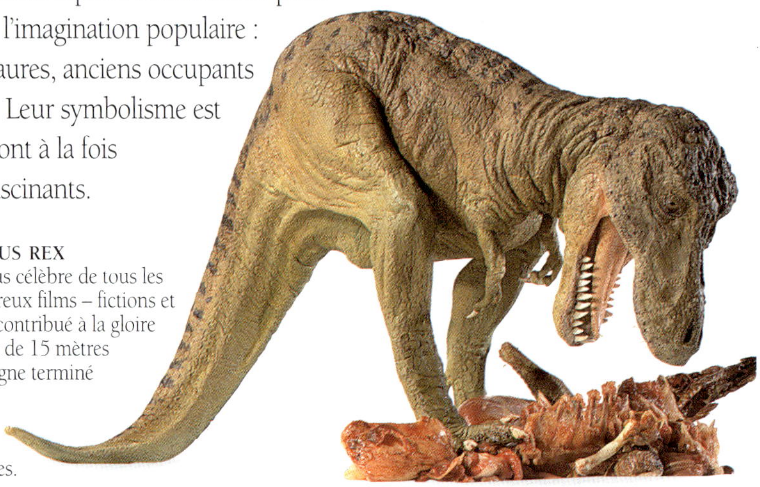

LE TYRANNOSAURUS REX

C'est sans doute le plus célèbre de tous les dinosaures. De nombreux films – fictions et dessins animés – ont contribué à la gloire posthume de ce géant de 15 mètres de haut. Malgré un règne terminé depuis plusieurs millions d'années, il est bien vivant dans l'imagination des foules.

FIGURINE ASHANTI

LE CROCODILE

Le crocodile a longtemps été à la fois craint et vénéré. Vivant sur la terre et dans l'eau, il est chargé très puissamment des deux symbolismes mêlés. Les « larmes de crocodile » sont des larmes hypocrites car la croyance veut que cet animal pleure en dévorant ses victimes.

LA SALAMANDRE

Elle est généralement accusée d'être une créature maléfique.

Dans *Macbeth*, Shakespeare incorpore des « yeux de salamandre » dans une potion destinée à conjurer les esprits malins et à favoriser la lecture de l'avenir. La salamandre est réputée vivre dans le feu, comme la pierre philosophale, et y trouver sa force.

LES GRENOUILLES ET LES CRAPAUDS

Grenouilles et crapauds sont associés au monde aquatique et à la lune et, par conséquent, à la fécondité et au monde féminin. Tous deux subissent le processus de la métamorphose à partir de la forme du têtard et sont donc le symbole de la renaissance. La grenouille fut l'emblème d'Aphrodite, et Heket, la déesse égyptienne de la naissance, prenait l'apparence de cet amphibien. Dans la tradition de la sorcellerie européenne, le crapaud était souvent symbole du démon.

Motif de grenouille sur un bol zuñi

VASE-GRENOUILLE

Les grenouilles représentées sur ce vase indien zuñi indiquent l'intérêt que leur portent les Amérindiens. Elles étaient vénérées en tant qu'annonciatrices de pluie et pour leurs supposées vertus purificatrices.

GRENOUILLE QING

En Chine, la grenouille représente le yin, principe féminin et lunaire, et on vénère l'esprit de la grenouille, porteur de guérison et de prospérité.

Incrustations de turquoises

GRENOUILLE ANASAZI

Le lien de la grenouille avec la fertilité était particulièrement fort chez les Amérindiens. L'ancien peuple des Anasazis, qui vivait entre l'Arizona et le Nouveau-Mexique, employait le jais et la précieuse turquoise dans la confection d'ornements illustrant l'importance de la grenouille dans leur culture.

LE CAMÉLÉON

Le caméléon change de couleur, aussi symbolise-t-il l'inconstance. En Afrique, ce pouvoir en fait un intermédiaire entre le ciel et la terre, comme l'arc-en-ciel. Ses yeux, qui tournent en tous sens, voient à la fois le passé et le futur.

SYMBOLE JAPONAIS DE LONGÉVITÉ

LA TORTUE

Liée à la lune et à l'eau, la tortue symbolise la fécondité et la longévité. Dans un mythe hindou de la création, la tortue est un avatar de Vishnu supportant le monde pendant le barattage de la Mer de lait. Dans les fables d'Ésope et de La Fontaine, la tortue représente la ténacité et la réussite en dépit de la lenteur.

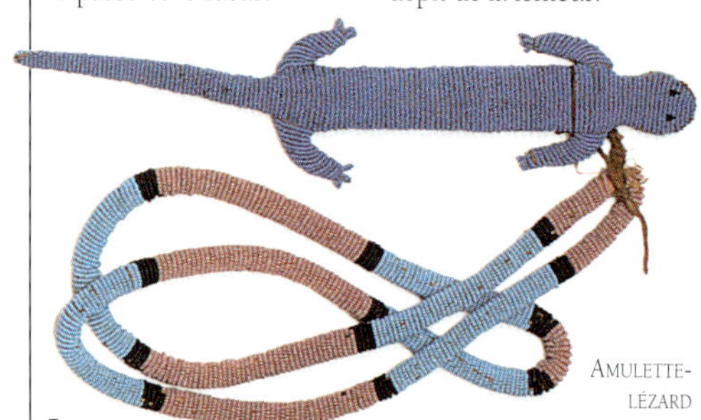

AMULETTE-LÉZARD

LE LÉZARD

Pour les Romains, le lézard représentait la mort et la résurrection. Pour les Amérindiens, les lézards sont porteurs de magie. Ses habitudes de farniente au soleil symbolisent la quête de la conscience. Elles évoquent aussi la paresse.

VOIR AUSSI

LE CADUCÉE ☞ LE DIAMANT *40* ; LE CADUCÉE *108*

LA CHUTE ☞ L'ARBRE DE LA CONNAISSANCE *44*

LES GRENOUILLES ET LES CRAPAUDS ☞ L'AMI DES SORCIÈRES *79*

LES SERPENTS ☞ L'HYDRE, LE SERPENT À DEUX TÊTES *28*

LES SERPENTS

Le serpent est probablement la plus représentée de toutes les créatures car il évoque un nombre infini de significations. Son nid souterrain le relie au monde d'en bas. Il est également associé aux eaux primitives, d'où toute vie est issue. Son symbole était surtout répandu dans les civilisations agricoles, où il représentait la fertilité du sol.

BÂTON-SERPENT PUEBLO

BÂTON-SERPENT
Chez les Indiens Pueblos, le serpent est associé au tonnerre et à la foudre. Les bâtons-serpents comme celui-ci furent utilisés dans les cérémonies rituelles pour appeler la pluie, annonciatrice de bonnes récoltes. Ces bâtons ont la forme de l'éclair.

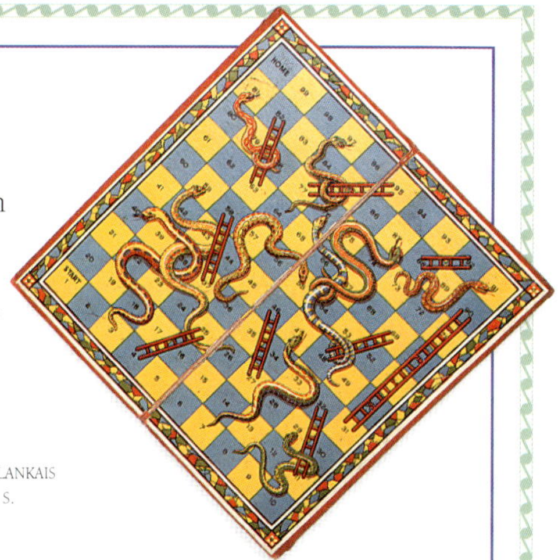

SERPENTS ET ÉCHELLES
Ce jeu de société représente le voyage de la vie. Les échelles sont des symboles positifs du succès et de l'accomplissement tandis que les serpents représentent les aléas de la fortune.

MASQUE SRI LANKAIS DU XIXe S.

Serpents sacrés qui éloignent les mauvais esprits

MASQUE DE DÉMON-SERPENT
Ce masque sri lankais est porté durant les danses rituelles destinées à chasser les mauvais esprits qui apportent les maladies. Les nagas, créatures sacrées mi-hommes, mi-serpents, ont le double pouvoir de protéger et de détruire.

ÉGYPTE
En Égypte, le serpent était tout à la fois craint et vénéré. Plusieurs divinités sont représentées sous les traits d'un serpent, et, sur cette peinture funéraire, un adorateur se prosterne devant Meretseger, la déesse-serpent, gardienne de la Vallée des Rois.

PEINTURE FUNÉRAIRE ÉGYPTIENNE

LA CHUTE
La déchéance d'Adam et Ève est inextricablement liée au serpent. C'est en effet un serpent, ici à tête de femme, qui proposa à Ève de goûter au fruit défendu. Dès lors, le serpent est considéré comme le symbole de la duplicité et du mensonge et comme l'incarnation de la tentation et du péché.

LA TENTATION D'ADAM ET ÈVE, TOMMASO MASOLINO, V. 1427

LE CADUCÉE
Un serpent enroulé autour d'un bâton est à la fois l'emblème et le symbole d'Esculape, le dieu romain de la médecine. Cette association avec la guérison vient de la mue du serpent, qui en fait un symbole de renouvellement et de régénération. En alchimie, le caducée représente la domination du mercure.

EMBLÈME NAVAL

MÉDUSE
Avec sa chevelure de serpents, Méduse était si terrifiante qu'elle statufiait quiconque la regardait. Outre la terreur, elle personnifie les sortilèges et la ruse.

Les mammifères

Les animaux ont toujours joué un rôle éminent dans notre imagination et dans les mythes. Nombre d'entre eux, en particulier les prédateurs, furent vénérés et investis de pouvoirs de guérison. Le système totémique permettait même de se réclamer de leur descendance, et des noms d'animaux furent attribués aux constellations. Certains animaux sont traditionnellement associés par paires, par exemple le lion et la licorne, respectivement associés au soleil et à la lune. Cela représentait peut-être l'équilibre, dans la nature, entre les forces antagonistes, d'où résulte la fertilité du sol.

Lièvre, psautier médiéval

Le lièvre

Animal nocturne, le lièvre est souvent associé à la lune mais aussi à la luxure et à la fécondité. Pour les Amérindiens, le Grand Lièvre représente un caractère ambivalent, mi-paysan, mi-dieu : c'est un créateur capable de sublimer notre part animale. En Chine, il est yin, symbole du principe féminin. Le lien du lièvre avec la fécondité se retrouve dans le lapin de Pâques, qui représente le printemps et la croissance nouvelle.

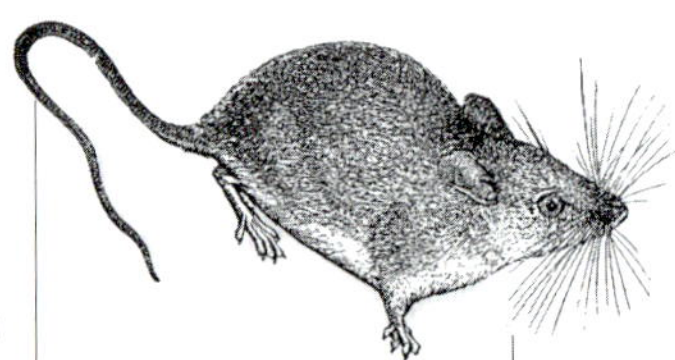

La souris

En Occident, la souris est un animal ambivalent. Elle est souvent tenue pour impure et malfaisante comme dans la Bible, parfois pour bienfaisante : on la donne alors comme un exemple d'ordre et de propreté.

Système de bandelettes très complexe

Momie égyptienne de chat

Le chat égyptien

L'Égypte ancienne vénérait le chat, qui était symbole du soleil. La déesse Bastet a une tête de chat. Elle représente la puissance de maturation de l'astre solaire. Les chats étaient vénérés au point que des milliers d'entre eux furent momifiés post mortem puis enterrés dans des sépultures spéciales.

Le chat noir

Animal principalement nocturne, le chat est lié à la lune et possède des pouvoirs à la fois bénéfiques et maléfiques. Il est le fidèle compagnon des sorcières. Dans les pays nordiques, croiser un chat noir signifie que le diable pense à vous. En Occident, cela annonce un malheur. Au Japon, en revanche, c'est un heureux présage.

Tableau de sir Edwin Landseer représentant un chien pleurant son maître, v. 1837

Le chien, protecteur et ami fidèle

Dans la mythologie grecque, Cerbère était un chien à trois têtes qui gardait les portes du royaume des morts. Dans les traditions juive et musulmane, le chien est considéré comme impur tandis que, chez les zoroastriens, il est vénéré. Partout, cependant, le chien est symbole de fidélité, de protection, d'amour aveugle et d'obéissance. Il est le onzième signe du zodiaque chinois.

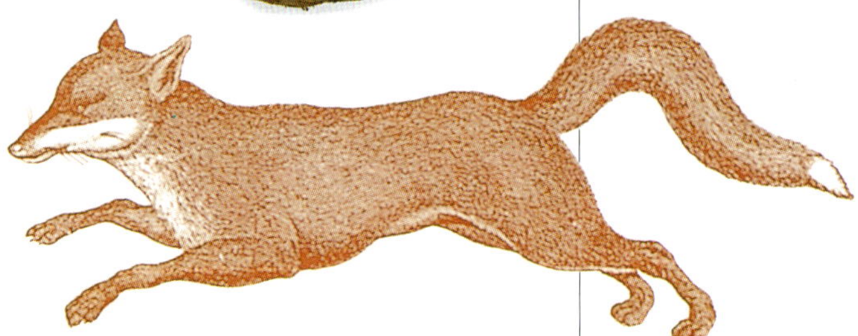

L'âne

Bête de bât, l'âne est symbole de pauvreté et de fécondité. Les auteurs grecs s'en servaient pour représenter l'inconséquence. Il passe souvent pour stupide, comme en témoignent les expressions « âne bâté » ou « bonnet d'âne ». Pour les Égyptiens, l'âne sauvage symbolise la solitude. Pour les chrétiens, son humilité est bénie car non seulement il porta Marie à Bethléem et Jésus à Jérusalem, mais il figure avec le bœuf parmi les animaux de la crèche.

« Le plus stupide des quadrupèdes, pitoyable et misérable », selon un auteur romain

Âne en train de braire

Le renard

Partout, ou presque, le renard représente la ruse et la tromperie. Il est capable de se métamorphoser ou de se déguiser pour profiter d'une bonne affaire, à l'instar du loup du *Petit Chaperon rouge*. En Orient, le renard peut devenir une belle jeune fille qui sème la zizanie. En Amérique du Nord, certains clans indiens ont le renard pour totem, notamment en Californie, où le renard argenté est un héros créateur.

RÉCIPIENT ÉGYPTIEN

LE HÉRISSON

Dans l'Antiquité, on disait du hérisson qu'il se roulait dans les vignes pour récolter les grains de raisin et les ramener chez lui, plantés sur ses piquants. Au Moyen Âge, il était lié au diable et au mal. Il était parfois synonyme de sorcellerie car on prétendait que les sorcières se transformaient en hérissons pour téter le pis des vaches.

LE BÉLIER

Le bélier incarne la virilité, la force masculine et l'énergie créatrice. Il est lié à de nombreuses divinités. Il est l'animal sacrificiel par excellence et son sang retourne à la terre pour la fertiliser. La trompe rituelle des cérémonies juives – le chofar – est une corne de bélier.

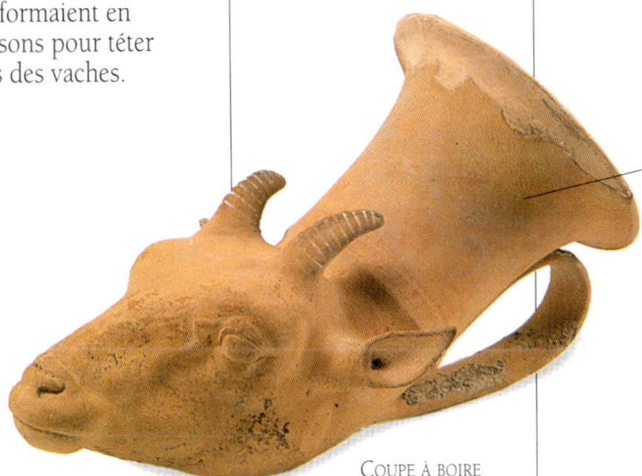

COUPE À BOIRE GRECQUE

LA CHÈVRE

Son agilité et son appétence pour l'escalade confèrent à la chèvre le symbolisme de la quête incessante de la vérité. Mais la chèvre et surtout le bouc avaient la réputation d'être des créatures sans foi ni loi, démoniaques et luxurieuses. Les satyres étaient des êtres mi-humains, mi-caprins.

COCHON D'ARGILE ROMAIN

LE COCHON

Le sanglier est, au Japon, symbole de courage (on mangeait sa tête pour se protéger du danger) et la truie était liée, dans de nombreuses cultures, à la fécondité et aux déesses mères. Pour les juifs et les musulmans, le cochon est l'animal impur par excellence. Dans l'iconographie chrétienne, il est lié à Satan et symbolise la gloutonnerie.

LES CHEVAUX

Le cheval représente la vitesse, la grâce et la noblesse d'esprit. Il est à la fois symbole solaire et lunaire. Le char solaire d'Apollon et celui du dieu indien Surya sont tirés par de magnifiques chevaux blancs, tout comme le char marin de Neptune.

LE CHEVAL SAUVAGE

Aux États-Unis, les cow-boys participent à des rodéos. Cela consiste à monter un cheval sauvage sans tomber de selle. Cette compétition ajoute à la réputation de liberté et de noblesse du cheval sauvage.

AQUARELLE, XXe S.

CAVALIER MONGOL

CAVALIER MONGOL

Les pasteurs mongols ont de tout temps été d'excellents cavaliers ; ils peuvent aller au galop sans tenir les rênes. Cette coutume vient probablement de leurs ancêtres guerriers, qui devaient combattre à cheval en gardant les mains libres.

LE BŒUF

Le symbolisme du bœuf est très semblable à celui du taureau et du bison. Symbolisant en premier lieu la force, ces trois animaux ont une connotation lunaire (par leurs cornes en croissant) et donc féminine.
Pour les hindouistes, le taureau est le mont de Shiva et, dans le taoïsme, le sage Lao-Tseu chevauche un bœuf, représentant ainsi la maîtrise du soi.

ZÉBU,
MINIATURE INDIENNE DU XVIIIe S.

LE LION, ROI DES ANIMAUX

Dans la plupart des civilisations, le lion est le roi des animaux. Sa crinière fauve, flamboyante, et sa force en font un partenaire symbolique du soleil. Pour sa part, la lionne est liée à la lune et à la déesse mère. Les lions sont souvent représentés sur les portiques et les trônes. Ils en sont les gardiens fidèles.

FAMILLE DE LIONS, MANUSCRIT ARABE, XIIIe S.

LES LIONS D'ORIENT

Dans l'Antiquité, les lions vivaient non seulement en Afrique mais encore au Moyen-Orient et en Inde. Les souverains en gardaient dans des ménageries comme signe de leur pouvoir royal. Ils étaient employés pour la chasse.

GARGOUILLE

Gueule évacuant l'eau

LE LION GARDIEN

L'image du lion apparaît souvent sur les édifices, probablement comme marque de protection. Comme gargouille, il évacuait les eaux pluviales des toits. Sa nature solaire combinée à l'eau en fait un puissant symbole de fertilité.

EMBLÈME DE LA FAMILLE CHURCHILL

Lion assis, une patte dressée

HÉRALDIQUE

Le lion est l'animal le plus important en héraldique, probablement parce que la noblesse souhaitait être associée à sa force et à sa valeur. Il est représenté debout, les pattes antérieures dressées, ou bien assis.

SAINT JÉRÔME ET LE LION

Plusieurs récits relatent l'histoire d'un lion furieux qui, aidé par un saint homme, devint son ami. Comme Androclès dans la fable d'Ésope, on dit que saint Jérôme ôta une épine de la patte d'un lion lequel, dès lors, renonça à sa vie de tueries et vécut paisiblement aux côtés du saint. Nous avons là un exemple de la maîtrise de la nature sauvage par la sagesse ou la sainteté.

Saint Jérôme ôtant l'épine de la patte du lion

SAINT JÉRÔME ET LE LION, NICCOLO COLANTONIO, 1450

TIGRE CHINOIS, XIIIe S.

LE TIGRE

Comme le lion, le tigre symbolise la royauté, le courage et la force, mais aussi la cruauté. En Extrême-Orient, il remplace le lion comme roi des animaux. En Chine, il s'oppose au dragon. Suivant les cas, il est malfaisant ou bienfaisant.

CANOPE À TÊTE DE CHACAL

LE CHACAL

Les chacals étaient censés hanter les cimetières et voir aussi bien la nuit que le jour. Anubis, dieu égyptien à tête de chacal, était une créature psychopompe : il conduisait les âmes vers l'au-delà. Les canopes, urnes qui renfermaient les organes embaumés des morts, étaient fermés par des bouchons à tête de chacal.

MASQUE D'AFRIQUE DE L'OUEST, XVIe S.

LE LÉOPARD

Symbole de courage, de cruauté et d'instinct sauvage, le léopard est partout vénéré en Afrique, où il représente également la lumière du soleil levant. Sur ce continent, la peau de léopard est l'emblème d'un rang royal. On la porte pour éloigner les dangers. Parce que les taches de son pelage ressemblent à des yeux, il passe parfois pour le Grand Guetteur.

CERF HÉRALDIQUE

LE CERF

Lié à la chasse, le cerf est un animal solaire et l'ennemi du serpent. La forme de ses andouillers rappelle l'arbre de vie. Renouvelés tous les ans, ceux-ci confèrent au cerf un pouvoir symbolique de régénération. Dans les mythes européens et asiatiques, la chasse au cerf conduit bien souvent à une rencontre surnaturelle.

PLAT ISLAMIQUE

LA GAZELLE

La rapide gazelle est symbole de beauté et elle est associée à l'âme, en particulier dans la littérature arabe. La Bible en parle dans le même sens. Elle est également employée comme métaphore de la bien-aimée.

ÉLÉPHANT CHINOIS EN ÉMAIL, XVIIIe S.

Décor impérial en émail cloisonné

L'ÉLÉPHANT

En Asie, l'éléphant, de par sa masse et sa puissance, est symbole de pouvoir. Il signifie également patience, sagesse et chasteté – peut-être parce que, selon Aristote, un mâle restait fidèle à sa compagne durant les deux années de la gestation. Le dieu hindou Ganesa a une tête d'éléphant représentant le macrocosme et son énorme ventre symbolise la prospérité et la bienveillance. L'éléphant blanc, lié au Bouddha, est symbole de royauté.

TROIS SINGES, JAPON

LE SINGE

Le singe, en Afrique de l'Ouest, est sacré pour certaines tribus dont il est, en outre, l'ancêtre totémique. Ailleurs, il représente généralement la méchanceté et la curiosité, mais le dieu-singe Hanuman est vénéré par les hindous. La triade mystique des singes nous vient du Japon : le premier ne voit rien, le deuxième ne dit rien et le troisième n'entend rien.

PLAT DE FÊTE, CULTURE AMÉRINDIENNE

L'OURS

Dans les pays nordiques, l'ours occupe la place du lion en tant que roi des animaux. Il est l'ancêtre totémique des Lapons, qui l'appellent grand-père. Parce qu'il hiberne et se réveille au printemps, il symbolise la résurrection. L'ours représente également le pouvoir et, pour les Celtes, la guerre. Il est l'emblème de la ville de Berne.

PEINTURE SUR ÉCORCE, AUSTRALIE

LE KANGOUROU

Le kangourou est l'ancêtre totémique de certains aborigènes d'Australie. Son esprit les protège, les guide et joue un rôle essentiel dans leurs mythes. Chaque clan aborigène possède son propre ancêtre animal et noue des liens très étroits avec lui. L'ancêtre kangourou a laissé de nombreuses traces de son passage mythique dans le paysage australien.

COIFFURE AMÉRINDIENNE, CANADA

LE CASTOR

Selon les Amérindiens, le castor rapporta de la boue du fond de l'océan pour créer la Terre. Les clans à l'emblème du castor, comme figure ancestrale, sont très nombreux. En Europe, ces animaux sont symboles d'énergie et d'activité industrieuse.

DROMADAIRE D'ARGILE, ALGÉRIE

CHAUVES-SOURIS, CHINE

LA CHAUVE-SOURIS

En Occident, la chauve-souris était une forme animale du diable. Une espèce de chauve-souris, le vampire, a prêté ses traits à une série de monstres, tel Dracula. Au contraire, pour les Chinois, les chauves-souris sont signes de chance et de bonheur.

Plante d'eau dénotant l'habitat aquatique de l'hippopotame

STATUETTE ÉGYPTIENNE

L'HIPPOPOTAME

Son environnement naturel à la fois aquatique et terrestre lui vaut d'être un symbole de fertilité. Connu des Grecs et des Romains comme la « bête du Nil », il jouait un rôle particulièrement important dans la mythologie égyptienne : Thouéris, la déesse de la fertilité, était représentée avec une tête d'hippopotame.

LE CHAMEAU

Le « vaisseau du désert » est très estimé dans toutes les cultures moyen-orientales. En Arabie, on dit qu'il fut anobli par Dieu. Le prophète Mahomet, quand il entra dans Médine, en 622, laissa sa chamelle choisir l'endroit de la future demeure, qui devint le lieu de rassemblement des fidèles pour la prière et l'un des lieux saints de l'islam. Animal de bât, le chameau représente l'énergie, l'obéissance et la sobriété. En outre, comme il se met à genoux, il est symbole d'humilité.

VOIR AUSSI

LE BÉLIER ☞ LE CHOFAR *16*
LE BŒUF ☞ BŒUF *113*
LE CHACAL ☞ ANUBIS *14*
LES CHEVAUX ☞ SLEIPNIR *28* ; PÉGASE *31* ; CHEVAL *113*
LE CHIEN ☞ LA MANDRAGORE *46* ; LA DANSE DE GUERRE *76* ; CHIEN *113* ; LE CHIEN *114*
L'ÉLÉPHANT ☞ GANESA *20*
LE LION ☞ LA LICORNE *28* ; LE GRIFFON, LE SPHINX *31* ; LION *112* ; LE LION *114*
L'OURS ☞ L'OURS *114*
LE SINGE ☞ HANUMAN *20*
LE TIGRE ☞ TIGRE *113*
AUTRES ANIMAUX ☞ LA VACHE SACRÉE *21* ; LAPIN, RAT *113*

Les oiseaux

Dans de nombreuses représentations, l'âme quittant le corps au moment de la mort est figurée sous la forme d'un oiseau. En effet, l'oiseau est symbole de l'esprit. Il peut être médiateur entre les hommes et les dieux et ainsi servir de véhicule aux dieux. De nombreuses religions parlent d'êtres ailés : anges, chérubins et séraphins, par exemple. Les oiseaux sont parfois représentés luttant contre un serpent ou l'emportant dans leurs serres, image de la lutte entre le soleil (oiseau) et l'eau (serpent).

Pectoral en forme de faucon

Le coucou

Parce que la femelle va pondre ses œufs dans le nid d'autres oiseaux, le coucou est symbole d'infidélité conjugale (il a donné son nom au cocu) et, au Japon, d'amour non récompensé ; il possède pourtant des connotations positives, liées à la fertilité et à la pluie. Le premier chant du coucou annonce le printemps et le temps des semailles. S'il est entendu trop tôt, il annonce des gelées et de maigres récoltes.

Le moineau

Dans l'Ancien Testament, le moineau est considéré comme un symbole de solitude. Dans les Évangiles, Jésus donne les moineaux en exemple d'abandon à la Providence. Cet oiseau est également lié à la luxure et à la fécondité et, dans les mythes grecs, à Aphrodite, déesse de l'amour. Au Japon, le moineau est un symbole traditionnel de loyauté, peut-être parce qu'il s'agit d'un oiseau assez sociable.

Le martinet

Retournant dans le Nord après avoir pris ses quartiers d'hiver dans les pays chauds, le martinet symbolise le printemps, le renouveau et la fécondité. Il ne se pose presque jamais durant toute sa vie. Aussi, en Afrique, symbolise-t-il la pureté car il ne salit pas ses plumes en marchant sur le sol. En Chine, deux martinets volant de conserve symbolisent un mariage heureux.

Le pélican

Une ancienne légende raconte qu'un pélican tua ses petits ou qu'ils furent tués par un serpent. La mère les pleura durant trois jours. Après quoi, elle se transperça la poitrine avec son bec et les ressuscita avec son propre sang.
Cette légende évoque le sacrifice de soi et le dévouement. Pour les chrétiens, le pélican représente le Christ, qui mourut en répandant son sang pour l'humanité et ressuscita trois jours après sa mort. On trouve souvent dans les églises un pélican, les ailes déployées, sculpté sur les lutrins.

Le faucon

En général, le faucon est un symbole solaire et marque la virilité. Il est particulièrement présent dans la mythologie égyptienne, où il fut consacré à Rê, dieu du soleil. Il était aussi une forme très connue du dieu Horus. Comme l'aigle, le faucon, qui vole haut et loin, représente la liberté de l'âme, ce qui explique peut-être le succès de la fauconnerie dans l'Europe médiévale et renaissante. En Chine, le faucon possède à la fois le pouvoir guérisseur du soleil et la puissance destructrice de la guerre.

Les coqs et les poules

De tout temps, les coqs et les poules ont servi dans les cérémonies rituelles. On pensait qu'ils possédaient des pouvoirs protecteurs et permettaient d'éloigner les dangers. Parfois, du sang de coq était répandu sur le sol pour le fertiliser. Les augures lisaient l'avenir dans leurs entrailles. Les poules étaient utilisées dans les pratiques de sorcellerie.

Mosaïque romaine, Ier s. av. J.-C.

Le coq

Le coq est lié au courage, au combat, à la virilité et au soleil. Son cri annonce la venue du jour et symbolise la victoire de la lumière sur les ténèbres. On l'associe à la fécondité et le sacrifice du coq fait partie d'un grand nombre de rituels des moissons. Chez les chrétiens, le coq est symbole de résurrection et, en haut du clocher, il symbolise la vigilance.

La poule

La poule est le symbole de la protection maternelle. Dans l'Évangile, Jésus veut rassembler les hommes comme une poule ses poussins.

Totem amérindien

Le corbeau

Bien que souvent considéré comme oiseau de mauvais augure et signe de guerre, de maladie ou de mort, en Chine, au Japon et en Perse, le corbeau était considéré comme messager des dieux et symbole solaire. Dans les légendes nordiques, le dieu Odin est accompagné de deux corbeaux. Selon les Amérindiens, la Terre fut créée par un corbeau qui laissa tomber des cailloux dans l'océan.

La grue

En Chine, entre autres, la grue est un oiseau bénéfique, messagère des dieux et porteuse d'amour maternel et de bonheur. Elle est un symbole de longévité, de haute position sociale, d'illumination spirituelle et d'immortalité. En Afrique et en Amérique du Nord, la grue est liée à la sagesse.

Les serres tiennent le shenu, symbole d'éternité

La grande corneille

L'oiseau noir est généralement considéré comme un mauvais augure. Pour de nombreux Amérindiens, une plume de grande corneille annonce à un ennemi sa mort prochaine. Pour les Chinois, le couple corneille/héron blanc représente les principes yin/yang, mâle/femelle. Dans le shintoïsme, c'est la messagère des dieux.

Le perroquet

Le perroquet symbolise le printemps et la fertilité mais aussi la moquerie, surtout à cause de ses talents d'imitateur. Il est sacré pour les Indiens Hopis. Dans la religion hindouiste, cet oiseau est lié à la prophétie et à la pluie, ainsi qu'à Kama, le dieu de l'amour.

Le martin-pêcheur

En Orient, les plumes du martin-pêcheur sont très recherchées pour leurs couleurs et leurs prétendues propriétés magiques. Selon la légende, après le Déluge, le martin-pêcheur vola trop près du soleil : sa poitrine devint rouge et son dos prit la couleur du ciel.

Le kiwi

Selon la légende, le kiwi, qui ne sait pas voler, fut créé à partir d'une calebasse par Tane, un ancêtre divin. Cet oiseau est l'emblème de la Nouvelle-Zélande.

La pie

La pie est, en Occident, un oiseau de mauvais augure ; son jacassement annonce des problèmes entre mari et femme. En Orient et surtout en Chine, au contraire, elle apporte la joie et son cri annonce l'arrivée attendue de visiteurs. Un couple de pies symbolise le bonheur conjugal.

Le paon

Cet oiseau royal avec son immense queue en éventail est un symbole solaire. Sa queue représente la voûte céleste, et ses « yeux » les étoiles. Pour les bouddhistes, les yeux symbolisent la vigilance mais ses plumes sont souvent considérées comme maléfiques, porteuses du mauvais œil. Pour les hindouistes, le paon est la monture de Karttikeya, dieu de la guerre. Le mâle courtise sa compagne avec de telles démonstrations de fierté qu'il est devenu synonyme de vanité.

La colombe de la paix

La colombe est le symbole de l'esprit, de la paix, de l'innocence, de la douceur et de la pureté. Un couple de colombes représente le bonheur conjugal et la fidélité. Dans de nombreux pays, les colombes sont sacrées. Dans les légendes grecques, la colombe était l'oiseau sacré d'Aphrodite, puis elle devint celui d'Adonis et d'Éros.

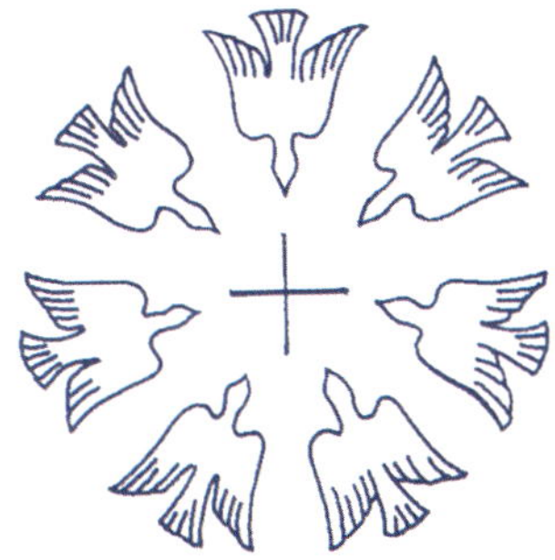

Les sept dons de l'Esprit

Chez les chrétiens, la colombe blanche est le symbole du Saint-Esprit et parfois du martyre. Sept colombes entourant une croix représentent les sept dons du Saint-Esprit : sagesse, raison, bon conseil, force, savoir, piété et crainte du Seigneur.

Greenpeace

Ce mouvement international de protection de l'environnement a adopté comme emblème la colombe à la branche d'olivier, annonciatrice de la fin du Déluge. Elle est le symbole de la paix et de l'espoir.

Le condor

Pour les Incas, le condor incarnait les dieux des airs et, de ce fait, était sacré. L'on employait ses plumes dans les ornements cérémoniels.

L'oie

L'oie est un oiseau solaire. Liée à de nombreuses divinités grecques et romaines, elle gardait les temples, ce qui lui valait d'être le symbole de la vigilance et de l'amour. Chez les hindouistes, l'oie est la monture du dieu Brahma. En Chine et au Japon, elle est liée à la lune d'automne et est porteuse de bonnes nouvelles.

Le cygne

Dans la mythologie grecque, Zeus prit la forme d'un cygne pour séduire la nymphe Léda. Cet oiseau est aussi lié à Aphrodite : son char céleste est tiré par des cygnes. Dans le folklore amérindien, le cygne est le symbole de la confiance et de la soumission. Le chant du cygne mourant est censé être un cri de joie à l'idée d'entrer dans l'autre monde.

Le canard

Dans la mythologie amérindienne, le canard est un médiateur entre le ciel et l'eau. Selon la tradition juive, le canard symbolise l'immortalité, tandis qu'en Chine, en Corée et au Japon il représente le bonheur conjugal et la fidélité.

La cigogne

Dans l'Égypte ancienne et en Grèce, les jeunes cigognes étaient censées respecter leurs aînés ; elles symbolisent donc la piété filiale. En Europe, la cigogne est liée au printemps et à la naissance ; on dit, en Alsace notamment, que ce sont elles qui apportent les bébés dans chaque foyer.

LES AIGLES

Symbole du pouvoir et de la force

DÉCORATION DE TRÔNE ASHANTI

Universellement considéré comme le roi des oiseaux, l'aigle est le symbole du soleil, de la royauté et des divinités du ciel. Il représente l'autorité, la force, la victoire et la fierté. En Chine, il illustre le principe yang (mâle), la juste vision et l'intrépidité. L'aigle est souvent identifié à Garuda, oiseau de la mythologie hindoue. Comme le faucon, l'aigle est censé pouvoir regarder le soleil en face pendant son essor ; c'est pourquoi, dans l'Europe médiévale, il était associé à la prière montant vers Dieu et aussi à l'ascension du Christ. Dans le folklore australien, l'aigle ramène les âmes des morts dans le territoire du Rêve.

AIGLE NAPOLÉONIENNE

Sans doute par imitation de la tradition romaine, chaque régiment de l'armée napoléonienne possédait un étendard à figure d'aigle. La figure ci-contre, emblème du 105e régiment français, fut prise à Waterloo. Dans ses griffes, l'aigle enserre la foudre, emblème de Jupiter.

AIGLE NAPOLÉONIENNE

Foudre de Jupiter

L'AIGLE D'AMÉRIQUE

En 1782, les États-Unis adoptèrent le pygargue à tête blanche comme emblème national. Il est présent sur les billets et les pièces de monnaie. Il est symbole de force et de pouvoir. Il se tient sur une branche d'olivier (la paix), ses ailes déployées illustrant sa puissance.

Plumes d'aigle représentant le succès à la chasse et à la guerre

BIJOU AZTÈQUE

Pour les Aztèques, l'aigle symbolisait le soleil levant et le pouvoir céleste. Il était lié aux clans guerriers. Cette tête d'aigle possédait un pouvoir protecteur.

PLUMES D'AIGLE

Pour les Sioux, l'aigle impérial représente l'essence de toute vie. Les plumes d'aigle symbolisent les rayons du soleil et la fameuse coiffure indienne en plumes représente l'Oiseau-Tonnerre ou le Grand Esprit universel. En la coiffant avant la bataille, le guerrier s'approprie la force du dieu-aigle.

LE GEAI

Bien que souvent considéré comme un caqueteur impénitent et signe de mauvais augure, le geai est, pour les Amérindiens, l'oiseau qui aida à recréer le monde, après le Déluge. Il est l'esprit protecteur de certaines tribus et avertit de l'approche de l'ennemi.

LE CHARDONNERET

Le chardonneret aime se nourrir de chardons et de ronces ; il fut donc naturellement associé à la souffrance du Christ sur la croix.

L'OISEAU DE PARADIS

Les plumes de ce magnifique oiseau originaire de Nouvelle-Guinée sont si belles qu'on le disait venir directement du paradis. On disait aussi que ces oiseaux se nourrissent de rosée et qu'ils gémissent à fendre l'âme si on les retient prisonniers. Jusqu'à une époque récente, leurs plumes furent très à la mode.

LE COLIBRI

Le colibri est un symbole de gaieté communicative. Dans la mythologie amérindienne, cet oiseau représente la beauté, l'harmonie et la réjouissance. Huitzilopochtli, le dieu de la guerre aztèque, et Quetzalcóatl, le serpent à plumes, portaient tous deux des plumes de colibri, censées posséder des pouvoirs magiques.

L'IBIS

Dans l'Égypte ancienne, l'ibis était le symbole de l'âme. Il était l'oiseau des divinités lunaires Isis et Thot et représentait la lune. Toutefois, l'ibis avait également une signification solaire lorsqu'on le représentait en lutte avec des serpents, emblèmes de l'eau. Dans l'Ancien Testament, l'ibis est symbole de sagesse car il annonce la crue du Nil.

LE MERLE

Son chant mélodieux rendait le merle sacré pour les Grecs ; mais ce chant semble si attirant que l'oiseau est aussi un symbole de la tentation charnelle. Dans certains écrits chrétiens, la noirceur de son plumage en fait un symbole maléfique.

LE ROSSIGNOL

Le chant du rossignol, à la fois doux et plaintif, était particulièrement apprécié en Perse, où il était le symbole de l'amour, du désir et des tourments. Son chant annonce l'aube, aussi disait-on, chez les chrétiens, qu'il représentait la plainte de l'âme en quête du Christ.

LE ROUGE-GORGE

Le rouge-gorge est le symbole de la compassion. Sa poitrine rouge vient, disait-on, de ce qu'il se piqua en essayant d'ôter les clous de la croix du Christ.

LE ROITELET

En irlandais, son nom signifie « druide des oiseaux ». Un vieux proverbe gallois menaçait de l'enfer quiconque en détruisait le nid. Bien que cette croyance ne soit pas universelle, on dit que tuer un roitelet apporte le malheur.

LA HUPPE

Le symbolisme de la huppe est ambivalent. En Égypte, on la surnommait l'oiseau-médecin et, dans la littérature arabe, elle est décrite comme la messagère de l'amour. Ailleurs, on l'accuse de trahir les secrets et, en Europe, elle est le symbole du diable et de la sorcellerie.

LE HÉRON

Le héron, tout comme la cigogne et la grue, représente le soleil et l'eau. On dit qu'il prédit les changements de climat. Dans l'Égypte ancienne, le héron était lié au renouveau et au retour des crues du Nil mais, en Grèce, il était le symbole de la traîtrise, car son habitat dans les eaux peu profondes indiquait à l'ennemi les gués possibles.

LE DODO

Le dodo, un oiseau dont l'espèce, originaire de l'île Maurice, a complètement disparu au siècle dernier, est devenu l'emblème de cet État.

L'ÉPERVIER

Cet oiseau de proie est l'un des grands symboles solaires, avec l'aigle, entre autres. Dans l'Égypte ancienne, il était l'oiseau de Rê, le dieu-soleil, et représentait l'âme. Pour les Grecs et les Romains, il était le messager d'Apollon.
Dans la mythologie amérindienne, il aida à rallumer le soleil et à recréer le monde, après le Déluge. L'épervier est un totem pour les aborigènes d'Australie.

LA CAILLE

Dans le folklore russe, la caille symbolise le soleil. Elle fut un symbole des tsars. Pour les Chinois comme pour les Romains, elle était un symbole de courage et de victoire. Mise en cage, elle représentait l'âme prisonnière du corps. Ailleurs, elle était associée à la chance et au printemps. On dit d'elle qu'elle a une nature très langoureuse, d'où parfois certaines connotations sexuelles.

LA CHOUETTE

Dans la Grèce antique, la chouette était l'oiseau d'Athéna. De ce fait, l'oiseau devint l'emblème de la cité d'Athènes et le symbole de la sagesse. Elle est présente sur de nombreuses monnaies grecques, mais bien d'autres pays – Italie, Égypte et Turquie, entre autres – frappèrent également de la monnaie à son effigie.

L'OISEAU DE LA NUIT

Animal de la nuit, la chouette a la réputation d'être de mauvais augure. Son cri était censé annoncer la mort et les malheurs. Pour les Celtes, la chouette était une « sorcière de la nuit » attirée par les cadavres. En Afrique, elle est associée à la magie et sa tête était utilisée dans la confection de gris-gris.

L'ALBATROS

Par sa capacité à voler sur de très longs parcours en mer, l'albatros est le symbole de l'océan et des très longs voyages. Lorsqu'il vole en cercle au-dessus d'un bateau, on prétend qu'il annonce une tempête ou du mauvais temps. En Occident, on pensait que les albatros accueillaient l'âme des marins morts en mer, aussi était-il vivement déconseillé de les tuer.

LE PIC-VERT

Généralement investi de pouvoirs magiques, il apportait du bonheur. Il était l'oiseau consacré à Mars, le dieu romain de la guerre. Les Germains le considéraient comme le symbole de l'éclair et du feu. Les Aïnous du Japon lui attribuaient le mauvais œil mais croyaient également qu'il était envoyé par les dieux pour leur enseigner l'art de travailler le bois pour en faire des bateaux.

L'AUTRUCHE

L'autruche avait la réputation d'abandonner ses œufs au soleil, attitude considérée, dans certaines cultures, comme un indice de cruauté et, dans certaines autres, comme la confiance en la puissance céleste. Parce qu'elle se cache la tête dans le sable, l'autruche représente le manque de courage face à la réalité. Un œuf d'autruche est le symbole de la renaissance.

LE VAUTOUR

Étroitement lié à diverses divinités égyptiennes, le vautour est féminin et représente l'instinct maternel. On dit qu'en cas de besoin il nourrit ses petits avec son propre sang. Les Parsis laissaient rituellement leurs morts sur les Tours du Silence pour que les vautours les dévorent. Par ailleurs, le vautour est craint pour ses appétits carnivores.

VOIR AUSSI

LES AIGLES ☞ GARUDA, LE GRIFFON *31* ; L'AIGLE, LA CRETE À L'AIGLE *114*

LA COLOMBE DE LA PAIX ☞ LA COLOMBE *18*

LE COQ ☞ COQ *113*

LE CORBEAU ☞ LE CORBEAU *92*

LE VAUTOUR ☞ LES HARPIES *31*

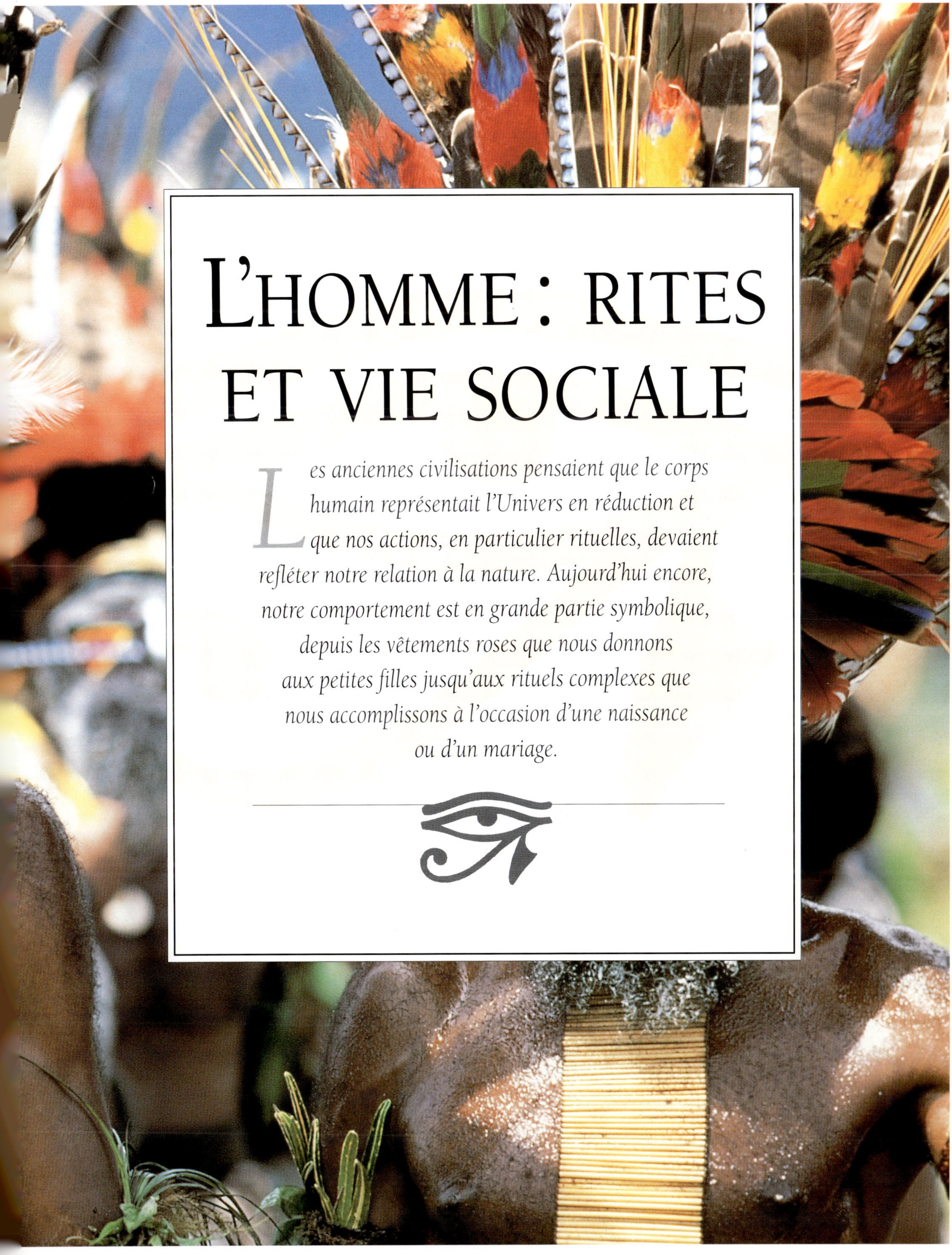

L'HOMME : RITES ET VIE SOCIALE

Les anciennes civilisations pensaient que le corps humain représentait l'Univers en réduction et que nos actions, en particulier rituelles, devaient refléter notre relation à la nature. Aujourd'hui encore, notre comportement est en grande partie symbolique, depuis les vêtements roses que nous donnons aux petites filles jusqu'aux rituels complexes que nous accomplissons à l'occasion d'une naissance ou d'un mariage.

SEXE ET FERTILITÉ

Pour de nombreuses personnes aujourd'hui, et surtout pour les citadins, la fertilité du sol n'est pas une question essentielle. Mais durant des milliers d'années, elle a constitué, en même temps que la fécondité humaine, la préoccupation centrale de l'humanité luttant pour sa survie. Aussi toutes les sociétés humaines ont-elles vénéré des divinités de la fertilité. Pour ces cultes, de nombreuses représentations, sous forme de statuettes, de dessins ou d'objets courants, ont été créées, évoquant les richesses de la nature ou la sexualité.

CHARMES
Cet ornement de ceinture richement décoré comprend de nombreux objets liés à la fertilité. Il s'agit probablement d'un cadeau à une jeune mariée. On y reconnaît des clés d'argent, un poisson, des grenades, des raisins et un tambourin.

LINGA ET YONI
Le linga est la forme de Shiva la plus couramment vénérée, avec son pilier en forme de phallus représentant le principe créateur mâle. Ci-dessus, il est présenté planté dans la yoni, élément féminin en forme de vulve. Ensemble, ils constituent la dualité fécondation-création.

POUPÉES DE FÉCONDITÉ
Les femmes et les jeunes filles angolaises portent des poupées de fécondité comme celles-ci. Elles sont confectionnées à partir d'épis de maïs (symbole de fertilité), de bâtons fourchus et de cire d'abeille.

LA COURTEPOINTE
Cette couette de mariage est ornée d'ananas, symboles de vie et de fertilité, et de fleurs des champs, symboles d'amour. Selon une tradition américaine, les courtepointes font partie des trousseaux et présentent donc souvent des décors liés à la prospérité.

SYMBOLES SEXUELS ACTUELS

Le symbolisme sexuel varie en fonction du style de vie, des conventions sociales et des tabous des groupes culturels. En Occident, les symboles sexuels classiques font généralement appel à la jeunesse et à la sensualité. Les symboles sexuels mâles sont le plus souvent associés à des formes phalliques tandis que la sexualité féminine est liée aux formes rondes, symbolisant la réceptivité et l'abondance.

LA FUSÉE
La fusée est un classique de la symbolique phallique. C'est un vigoureux instrument de puissance et de pénétration. Elle symbolise une préoccupation essentiellement masculine : le chasseur primitif se lance sur la piste de l'ultime frontière, l'espace.

ELVIS
Le roi du rock fut adoré autant pour son physique et ses déhanchements suggestifs (*Elvis the Pelvis*) que pour sa voix mélodieuse.

MARILYN
Idole de millions de fans, Marilyn Monroe était le sex-symbol hollywoodien par excellence.

LES TALONS AIGUILLES
Les talons hauts portés par les femmes allongent et mettent en valeur la jambe, un élément essentiel de l'érotisme occidental. Leur forme pointue suggère également une forte relation de domination.

Feuilles luxuriantes

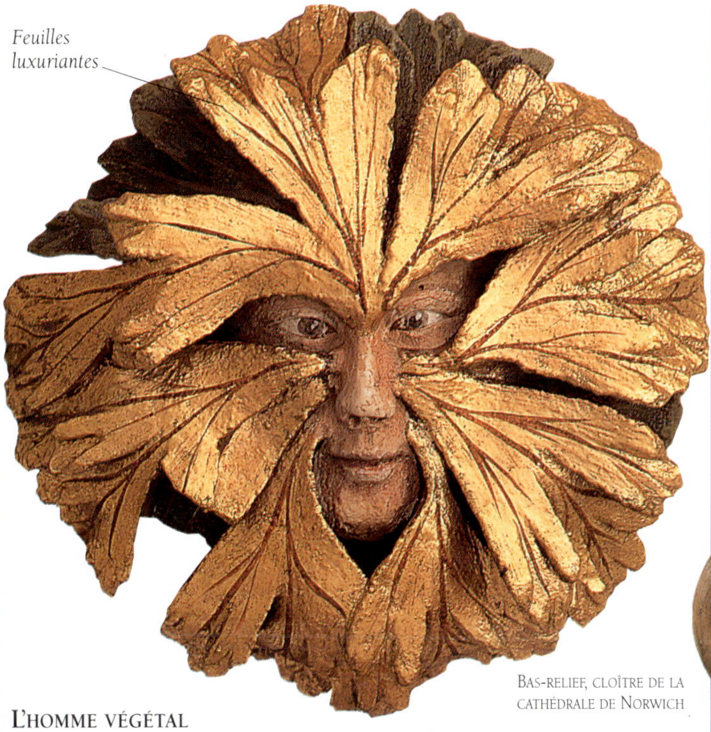

BAS-RELIEF, CLOÎTRE DE LA CATHÉDRALE DE NORWICH

L'HOMME VÉGÉTAL
La tête végétale constitue un symbole de vie et de fertilité depuis les débuts de l'ère chrétienne. Dans l'architecture religieuse, elle représente la force régénératrice du Christ. Plus près de nous, elle a été adoptée comme symbole écologique pour la défense et la protection de la nature.

LA NAISSANCE

La maternité est la plus belle image de la Création et, en tant que telle, elle est la plus répandue dans les mythologies des peuples. En Occident, en Alsace notamment, on raconte que les bébés apparaissent par miracle, apportés par les cigognes. Dans d'autres régions du monde, la naissance est directement associée à l'union d'un homme et d'une femme.

PLAT DE NAISSANCE
Sur ce plat commémoratif, une cigogne dépose un bébé dans son berceau. Les cigognes furent associées à la naissance à cause de leur amour bien connu pour leurs petits.

Femme accouchant avec l'aide de deux sages-femmes

NAISSANCE AU PÉROU
La naissance, symbole de l'ensemble de la création dans l'Univers, est considérée comme un moment de grande vulnérabilité ; elle est donc entourée d'un grand nombre de rituels. Le cordon ombilical est traité avec respect, car il est le lien entre les différents mondes. Au Pérou, la famille le conservait dans une urne.

LA POMME DE PIN
Cette énorme pomme de pin en bronze fait partie d'une ancienne fontaine romaine. C'est un puissant symbole de vie et de fécondité. Les Romains l'associaient à Vénus, déesse de l'amour, et elle est l'un de ses emblèmes.

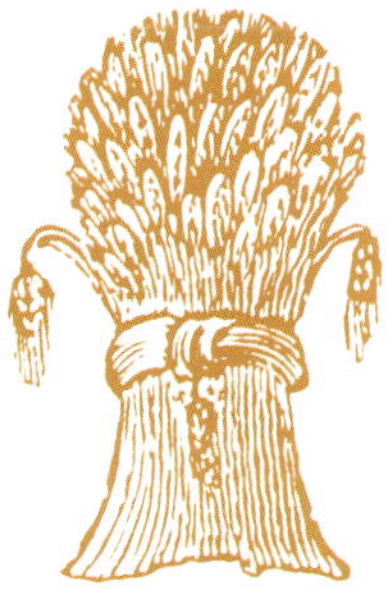

LA GERBE DE BLÉ
La gerbe est l'un des grands symboles de fertilité du sol, de croissance et d'abondance. Elle représente l'union florissante du soleil et de la terre.

LA CORNE D'ABONDANCE
La corne d'abondance, regorgeant des fruits de la terre, est peut-être le plus connu de tous les symboles de fertilité. Creuse et de forme allongée, elle est à la fois femelle et mâle.

DÉESSE DE LA FERTILITÉ
Cette figure d'or représente Astarté, la déesse cananéenne de la fertilité ; elle date du XVIe siècle avant J.-C. Dans cette représentation, pourtant très stylisée, où le triangle pubien s'inscrit à l'intérieur d'un triangle plus important, les organes sexuels sont clairement indiqués.

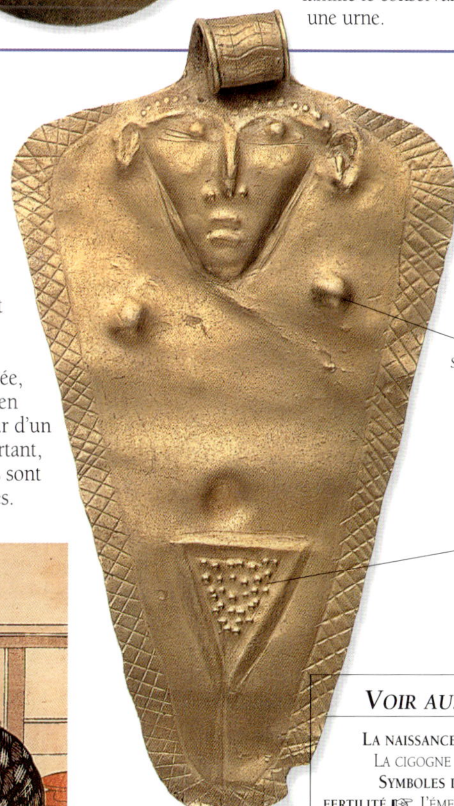

Les seins sont mis en évidence

Triangle pubien stylisé

ÉROTISME
Cette estampe illustre un « poème de l'oreiller » du XVIIIe siècle. Elle fait partie des fameuses estampes érotiques japonaises, qui représentent soit l'acte sexuel lui-même, soit des allégories plus symboliques combinant divers principes mâles et femelles. À cette époque, de telles estampes montrant des hommes prenant leur plaisir avec des courtisanes étaient extrêmement populaires.

LE POÈME DE L'OREILLER, UTAMARO, 1788

VOIR AUSSI

LA NAISSANCE ☞ La cigogne 65
SYMBOLES DE FERTILITÉ ☞ L'émeraude 40 ; Le gland, 45 ; La pomme, La datte, La figue, L'orange, L'ananas, La grenade 48 ; Le coco de mer, Les seins 74 ; Le panier 96
SYMBOLES PHALLIQUES ☞ La guitare électrique 80 ; Le sceptre 89 ; La charrue 90 ; La lance, Le revolver 91 ; Les gratte-ciel 94

LE CORPS HUMAIN

Le corps humain est considéré par de nombreuses civilisations comme un microcosme. Dans certaines régions du monde, on construit les maisons en fonction de cette idée fondamentale. Une maison du Sud-Est asiatique, par exemple, possède différentes parties correspondant respectivement à la tête (la plus sacrée), au tronc et aux membres. Ailleurs, le corps est le « temple de l'âme ». En Occident, il est composé métaphoriquement des quatre éléments (terre, eau, air, feu). Il peut représenter la vie et lier les domaines du divin et de l'humain. Les dieux apparaissent le plus souvent sous forme humaine et la Bible nous apprend que « Dieu façonna l'homme à son image ».

HAMLET ET LE CRÂNE DE YORICK

LES YEUX

L'œil symbolise le soleil, l'omniscience divine et la vigilance absolue en même temps que le pouvoir du mal. Il est la fenêtre de l'esprit et la lumière du corps. Les yeux des sanctuaires bouddhiques symbolisent la sagesse et l'omniscience, tandis que la croyance en un « mauvais œil » (et par conséquent en son contraire, le « bon œil ») reflète la crainte que l'on puisse jeter un sort par un simple regard.

SANCTUAIRE DE CLAIRVOYANCE

Quatre paires d'yeux décorent ce stupa bouddhique du Népal. Ils représentent les yeux du Bouddha, qui voit tout et dans toutes les directions. Le nez en point d'interrogation est le symbole de l'unité. Un peu au-dessus de chaque paire d'yeux se trouve un troisième œil représentant la clairvoyance du Bouddha.

ŒIL LUNAIRE

Dans l'Égypte ancienne, l'œil droit d'Horus, le dieu du ciel, était solaire et l'œil gauche, lunaire. Cet œil (*wadjet*) symbolise le pouvoir de la lumière ; c'était l'une des amulettes les plus puissantes de la magie égyptienne.

ŒIL DE SAGESSE

Cet œil du XVe siècle est une illustration islamique. Il a la forme d'une amande et son centre fait penser à un mandala, support de méditation. Il représente la porte spirituelle de l'âme et de l'ultime vérité. À l'intérieur de l'iris se trouve un autre cercle qui représente le centre spirituel de l'individu, le plus intime.

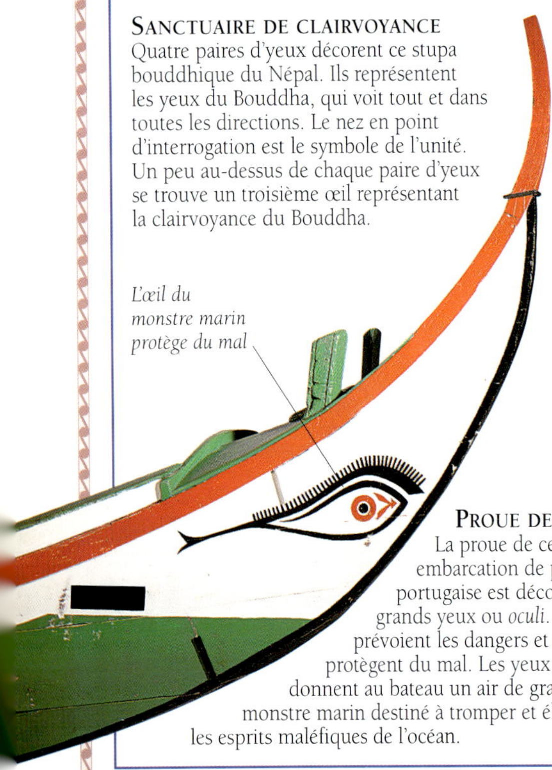

PROUE DE NAVIRE

La proue de cette embarcation de pêche portugaise est décorée de grands yeux ou *oculi*. Ils prévoient les dangers et protègent du mal. Les yeux donnent au bateau un air de grand monstre marin destiné à tromper et éloigner les esprits maléfiques de l'océan.

ŒIL-IDOLE

Cette figurine d'albâtre aux yeux disproportionnés (3500-3000 avant notre ère) est l'une des milliers d'idoles semblables découvertes dans le temple de l'Œil de Tell Brak, en Syrie. Le temple tire son nom d'une salle renfermant ces figurines représentant des yeux.

LE CRÂNE

Dans cette célèbre scène shakespearienne, le prince Hamlet tient dans ses mains le crâne de Yorick, son serviteur défunt. La scène souligne la nature transitoire de la vie et la vanité des choses terrestres, toutes deux symbolisées par le crâne.

PAVILLON NOIR

Au XVIIe siècle, les pirates prirent comme emblème un pavillon portant un crâne et des tibias entrecroisés pour annoncer clairement leurs sinistres intentions. Son apparition terrorisait marins et voyageurs, car il signifiait l'abordage et le massacre.

LA LANGUE

Par sa couleur et ses mouvements, la langue ressemble à une flamme. Symbole de fertilité, elle représente également la voix de la divinité. Pour les chrétiens, l'Esprit-Saint est représenté par une langue de feu. Ici, la langue tendue de la déesse hindoue Kali est un symbole de son énergie créatrice et destructrice.

Tête en or d'un roi-dieu

TÊTE TROPHÉE ASHANTI

LES OREILLES

En Orient, les rois et les princes portaient de grandes boucles d'oreille. Le Bouddha est généralement représenté avec de longues oreilles, probablement distendues par les bijoux portés dans son enfance. Les longs lobes signifient à la fois la royauté et l'autorité spirituelle.

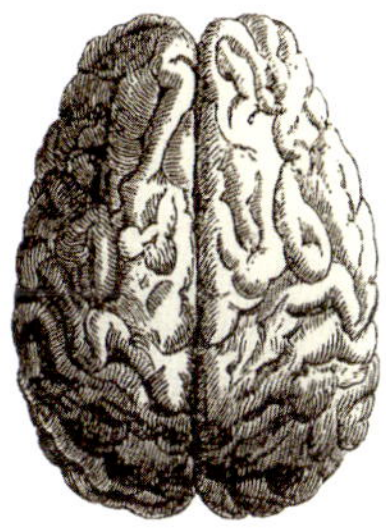

LE CERVEAU

Le cerveau est le siège de l'intellect. Le crâne, qui le renferme, serait donc, en Occident, l'« enveloppe » de l'intelligence.

LE NEZ

Le nez, s'il est dressé ou froncé, peut signifier l'arrogance. Il est souvent lié au phallus : sa taille était censée dévoiler les prouesses sexuelles cachées de son propriétaire. Dans *Pinocchio*, où le nez de la marionnette grandit lorsqu'elle ment, il symbolise le mensonge.

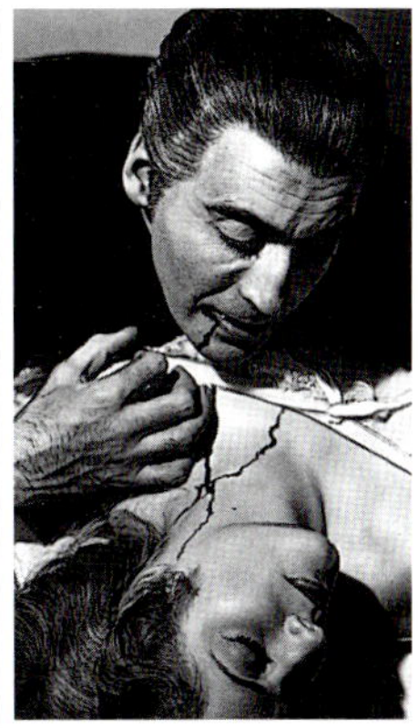

LES DENTS

Dans certaines régions du monde, les dents sont rituellement limées à la puberté. Dans le monde animal, montrer les dents indique la crainte ou l'agressivité. Dans la légende de Dracula, le vampire mord ses victimes pour sucer leur sang.

ENTRÉE DE GROTTE

LA TÊTE

Chez beaucoup de peuples, la tête est considérée comme le siège de la force vitale qui anime l'homme et donc la partie la plus sacrée de l'individu. Les chasseurs de têtes cherchaient à récupérer cette force chez leurs ennemis, et, au Japon, on courbe encore la tête en signe de bienvenue et de respect. Les personnes de grande érudition sont surnommées des « têtes ». Cette tête d'or est le masque mortuaire d'un roi ashanti (Afrique de l'Ouest) mort au combat.

LA BOUCHE

La bouche délivre la parole et symbolise donc le langage. Elle peut représenter la Terre dévorant ses enfants ou la porte du domaine de l'inconscient. Le monstre du jardin baroque italien (ci-dessus) invite les promeneurs à visiter sa caverne intérieure.

SAMSON ET DALILA (DÉTAIL), MANTEGNA, V. 1500

LES CHEVEUX

Les cheveux sont souvent considérés comme le siège de l'énergie corporelle ; ils poussent de la tête, siège de l'énergie spirituelle. Dans les contes populaires, les cheveux non coiffés dénotent un esprit libre, voire une certaine désinvolture. Dans le monde chrétien, la tonsure des moines représente la pénitence ou la chasteté. Souvent, les cheveux sont couverts par respect pour Dieu. Dans certains ordres, les nonnes catholiques se rasent encore le crâne et le couvrent d'un voile, par renoncement aux vanités du monde.

SAMSON ET DALILA

Dans l'Ancien Testament, Samson est un homme d'une force exceptionnelle. Dalila découvre que sa force réside dans sa chevelure et réussit à lui couper les cheveux pendant son sommeil. Affaibli par cette trahison, il sera victime de ses ennemis.

DREADLOCKS

Les dreadlocks, nattes rastas, sont le signe d'appartenance à la communauté des Rastafariens qui, bien que vivant aux Caraïbes, se réfèrent à des ancêtres éthiopiens. Ceux qui portent cette coiffure marquent leur différence à l'égard du conformisme ambiant.

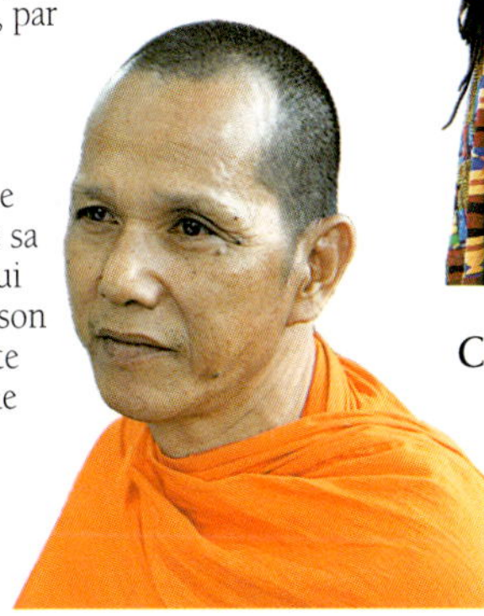

CRÂNE RASÉ

Les moines et moniales bouddhistes se rasent la tête en signe de renoncement à la vie en société. En cela, ils imitent le Bouddha, qui coupa ses cheveux lorsqu'il décida de vivre en ascète.

Le cœur

Pour les chrétiens, le cœur est le siège de l'amour, de la joie, des peines et de la compassion. De nombreux saints chrétiens ont un cœur comme attribut, parfois percé de flèches ou couronné d'épines. Dans la Grèce antique, le cœur était le centre de la pensée, des sentiments et de la volonté, tandis que l'Islam en fait le centre de la spiritualité.

Le Sacré Cœur

Cette carte de vœux représente le Sacré Cœur de Jésus sur une croix stylisée. Le cœur flamboyant est entouré, entre autres, de couronnes d'épines.

L'amour

Voici le grand symbole de l'amour : un cœur transpercé par la flèche de Cupidon. La victime de cette flèche, frappée d'un désir irrépressible, tombe immédiatement amoureuse.

Les cartes à jouer

Le cœur est l'une des quatre couleurs des cartes à jouer. Il représente la chaleur et la cordialité. La reine de cœur est maîtresse de l'amour. Le roi de cœur est, en principe, plus puissant qu'elle.

Le sacrifice humain

En Amérique centrale, on pratiquait les sacrifices humains rituels pour communier avec les dieux. Ces divinités étaient périodiquement « nourries » en vue de maintenir l'ordre cosmique. Pour les Aztèques, le cœur était le centre de la force vitale et c'est pourquoi il convenait de l'offrir aux dieux pour assurer la fertilité du sol et le renouvellement des récoltes.

La rate

Dans les pays arabes et européens, la rate est le siège de diverses émotions : gaieté, colère, mauvaise humeur, mélancolie, etc. Avoir le spleen (« rate » en anglais) signifie être mélancolique.

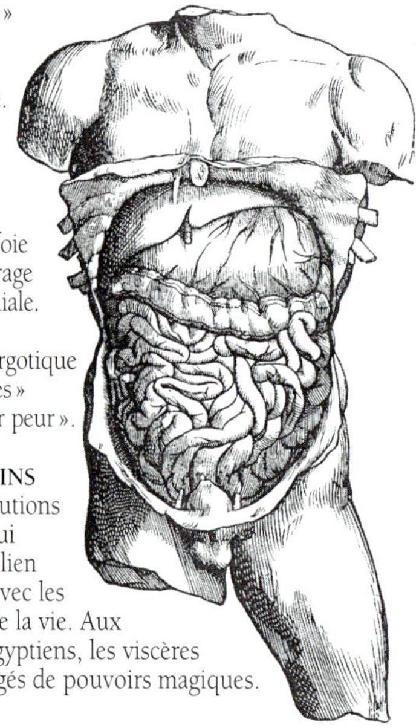

Le foie

En Chine, le foie est lié au courage et à la piété filiale. Chez nous, l'expression argotique « avoir les foies » signifie « avoir peur ».

Les intestins

Les circonvolutions de l'intestin lui confèrent un lien symbolique avec les méandres de la vie. Aux yeux des Égyptiens, les viscères étaient chargés de pouvoirs magiques.

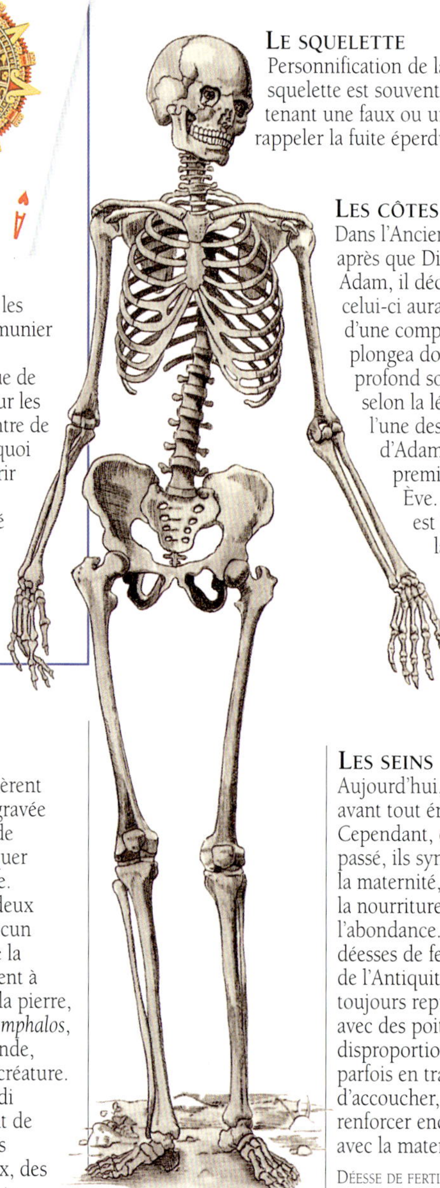

Le squelette

Personnification de la mort, le squelette est souvent représenté tenant une faux ou un sablier pour rappeler la fuite éperdue du temps.

Les côtes

Dans l'Ancien Testament, après que Dieu eut créé Adam, il décida que celui-ci aurait besoin d'une compagne. Il le plongea donc dans un profond sommeil et, selon la légende, prit l'une des côtes d'Adam et en fit la première femme : Ève. Ainsi, la côte est le symbole de la femme née du corps de l'homme.

Homme de craie, Angleterre

Le phallus

Symbole de fertilité, le sexe mâle représente les forces génitrices naturelles. Un phallus en érection est, dans de nombreuses civilisations, le puissant symbole de la régénération et du renouveau. Ce chasseur en érection, gravé dans la craie, mesure 55 mètres de haut.

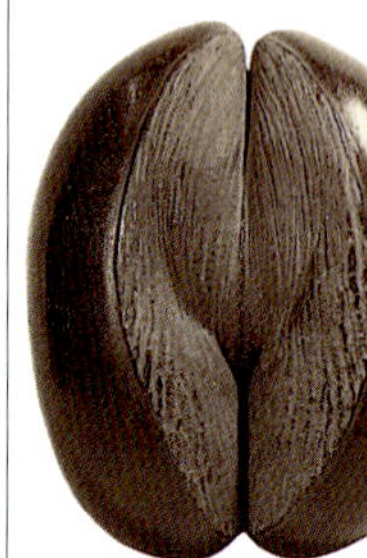

Coco de mer, Seychelles

Le coco de mer

Cet étrange fruit du palmier, connu sous le nom de coco de mer, symbolise les parties génitales de la femme et donc la fertilité et la création. Aux Seychelles, on vénérait ce fruit comme la vulve de la déesse de la Terre – et, partant, de toute énergie créatrice.

Le nombril

Les anciens Grecs placèrent cette énorme pierre gravée dans la ville sacrée de Delphes pour marquer le centre du monde. Ils pensaient que deux oiseaux volant chacun d'une extrémité de la Terre se rejoindraient à l'emplacement de la pierre, qui représentait l'*omphalos*, ou nombril du monde, d'où est née toute créature. Son sommet arrondi symbolisait le point de connexion entre les royaumes des dieux, des humains et des morts.

Les seins

Aujourd'hui, les seins sont avant tout érotiques. Cependant, dans le passé, ils symbolisaient la maternité, la nourriture et l'abondance. Les déesses de fertilité de l'Antiquité sont toujours représentées avec des poitrines disproportionnées, parfois en train d'accoucher, pour renforcer encore le lien avec la maternité.

Déesse de fertilité, Âge de la pierre, Autriche

LES MAINS

Elles peuvent exprimer la bénédiction, la justice et l'autorité. Les guérisseurs travaillent souvent par imposition des mains. Tenir quelqu'un par la main révèle amour ou affection. La coutume de se serrer la main vient d'un geste que chacun faisait autrefois pour montrer à l'autre qu'il ne cachait pas d'arme.

MAIN DU FUTUR
Cette main romaine était utilisée pour la divination. Elle porte des symboles comme une tête de coq et une pomme de pin. Ces éléments étaient liés au culte de Bacchus et aux visions émergeant de l'ivresse sacrée.

EMPREINTES DE STARS
À Hollywood, les vedettes laissent les empreintes de leurs mains – et de leurs pieds – dans le ciment frais comme un témoignage de leur célébrité. Des milliers de fans comparent leurs empreintes à celles des stars.

MAINS JOINTES
En 1973, une pièce britannique de 50 pence fut frappée pour fêter l'entrée de la Grande-Bretagne dans la Communauté européenne. Elle représente une série continue de mains entrelacées célébrant l'amitié.

LA MAIN DE DIEU
Ce symbole juif de force et de pouvoir est porté comme amulette contre les mauvais sorts.

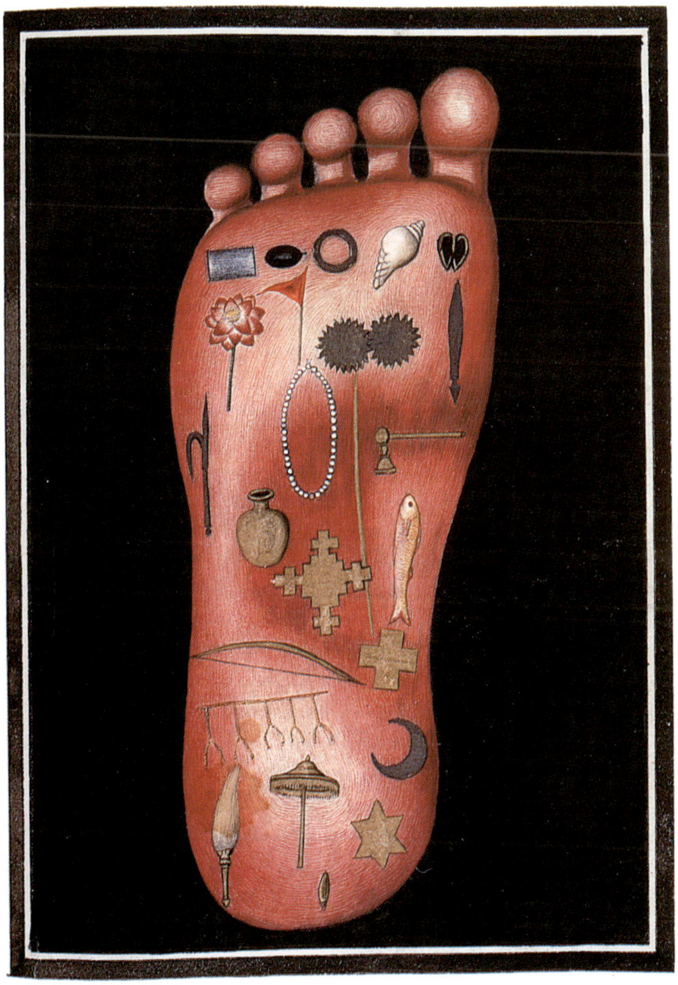

LES PIEDS
En Occident, les pieds nus sont signe d'humilité et de pauvreté. Les pèlerins allaient souvent pieds nus. En Asie, le pied étant la partie la plus basse de l'individu, il est impoli de s'asseoir en pointant un pied vers son interlocuteur. Ci-dessus, sur cette empreinte de pied de Vishnu, les symboles sont liés à sa réincarnation. Les empreintes du Bouddha portent les symboles bénéfiques de l'Univers, illustrant ainsi à quel point il a su se soustraire aux considérations de ce bas monde.

LES JAMBES
Ce tripode possède diverses significations. Il représente le soleil aux pieds légers, qui se lève et se couche chaque jour. C'est aussi un symbole de chance, au même titre que le svastika, symbole de fertilité et de régénération, comme un cycle ou une course sans fin. Le tripode est l'emblème de la Sicile et de l'île de Man – dont la devise, *Quocunque jeceris, stabit*, pourrait se traduire par : « Quoi qu'il arrive, je reste debout ».

LES BRAS
Dressés, les bras peuvent indiquer la prière mais, armés, ils signifieront plutôt l'attaque, ou encore, paumes ouvertes vers le ciel, la soumission si le sort de la bataille est contraire. Généralement, ils symbolisent l'action. Le « bras de la justice » est une métaphore courante pour représenter la rigueur de la loi. En Orient, le bras représente le pouvoir et les nombreux bras d'une divinité l'infinité de ses pouvoirs.

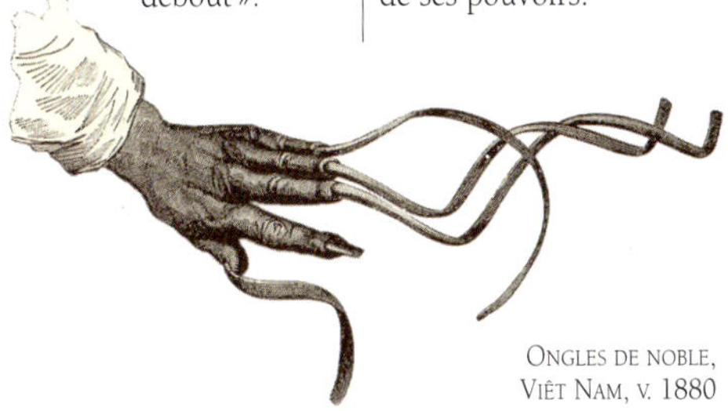

ONGLES DE NOBLE, VIÊT NAM, V. 1880

LES ONGLES
Au XIXe siècle, en Asie, les ongles longs étaient la marque de l'aisance, car ils impliquaient une absence de travail manuel. Certaines civilisations africaines partagent cette coutume tout en la réservant à l'ongle de l'auriculaire.

L'ÉPINE DORSALE
Ce pilier égyptien représente l'épine dorsale d'Osiris et symbolise la stabilité, tant du pouvoir du pharaon que des cieux, soutenus par le pilier. La colonne vertébrale, en tant que support principal du corps humain, est le symbole de l'axe du monde.

VOIR AUSSI

LES DENTS ☞ DENTS DE LAIT *79*
LES JAMBES ☞ LE TRISCÈLE *105*
LES MAINS ☞
LA MAIN DE DIEU *24* ;
LE CORAIL *38* ; LES BIJOUX DE DEUIL, SYMBOLE DE L'AMOUR *87*
LES PIEDS ☞
L'EMPREINTE DE PIED *22*
LES YEUX ☞ ŒIL MAGIQUE *79* ;
LA FENÊTRE *94* ;
L'ŒIL DE LA CHANCE *100*

LA DANSE ET LE THÉÂTRE

La danse est mouvement, énergie, exaltation. Par elle, on éprouve plaisir et désir. Dans de nombreuses civilisations, elle accompagne les cérémonies d'initiation, les rites de fécondité, de pluie, de guerre et de mort. On la pratique dans les fêtes des moissons pour favoriser la récolte et dans les cérémonies guerrières pour parvenir à un état de transe. De nombreuses danses contemporaines ont pour origine des rites très anciens : la danse du mât, célèbre en Grande-Bretagne, remonte aux danses du printemps grecques et romaines. Le théâtre classique, avec ses conventions et ses expressions très strictes, offre une représentation du monde dans lequel vivaient les Anciens.

LA DANSE DE GUERRE
Les guerriers amérindiens des Grandes Plaines se regroupaient en « clans du Chien ». Deux-Corbeaux, le danseur-chien ci-contre, accomplit une danse de guerre pour préparer les guerriers au combat et invoquer l'aide des esprits.

LES DERVICHES TOURNEURS
Dans leurs danses extatiques, les derviches tourneurs de Turquie miment la course de la terre autour du soleil. Par cette danse, le derviche (« saint ») transforme en une réalité tangible la rotation des galaxies dans l'Univers.

LA DANSE DES ÉPÉES
Ces danses prennent leur origine dans le besoin de chasser les mauvais esprits ou de renforcer les pouvoirs de l'arme avant la bataille. Certaines de ces danses se terminent par la simulation d'une décapitation, suggérant un lien étroit avec d'anciens rites sacrificiels.

LE SEIGNEUR DE LA DANSE
Entouré d'un cercle de feu, juché sur le dos du nain de l'ignorance, le dieu hindou Shiva danse la fin d'une ère et le début d'une nouvelle. Il mime la mort et la renaissance en une danse frénétique. Sur son tambourin, Shiva rythme le pouls de l'Univers et le battement du cœur.

LES MARIONNETTES

Les marionnettes sont des modèles réduits d'êtres humains ou de leurs dieux. Elles permettent le plus souvent de mettre en scène le comportement des hommes. Les pièces pour marionnettes sont généralement hautement symboliques.

MARIONNETTES À FILS
En Birmanie, les marionnettes à fils sont utilisées pour jouer des épopées où s'affrontent princes et démons. Ces fables servent à inculquer de nobles sentiments au commun des mortels.

MARIONNETTE JAVANAISE

OMBRES CHINOISES
Les célèbres théâtres d'ombres de Java et de Bali représentent les épopées de l'hindouisme. Les ombres vacillantes et fragiles projetées sur un drap blanc créent tout un monde symbolique et mystérieux dans lequel s'agitent dieux et héros.

LA DANSE DU MÂT
La danse autour du mât se pratiquait déjà dans la Grèce antique pour célébrer l'arrivée du printemps. En Grande-Bretagne, elle est souvent liée aux festivités du 1er mai. Le mât, axe de la Terre, est sans doute également un symbole de fécondité virile.

La tragédie grecque

Dans la Grèce antique, le drame présentait un ensemble d'archétypes de comportements et d'émotions puissamment symboliques. En traitant de sujets aussi importants que la jalousie, l'amour et l'inceste, ces représentations permettaient à l'auditoire de s'identifier aux personnages et de se libérer de leurs angoisses.

Le mime

Le mime est une forme d'autant plus symbolique du drame théâtral qu'il est muet. Il emploie gestes et mimiques pour transmettre clairement un discours complexe.

Les masques

Masque de la comédie grecque

Par leur capacité à représenter, de manière simple, tout visage et toute réalité, les masques sont utilisés partout dans le monde. Dans les rituels sacrés, ils sont portés pour représenter les dieux ou les ancêtres. Dans le théâtre nô japonais, les acteurs sont masqués et ils dansent les passages de grande intensité.

Masque de la tragédie grecque

Ficelles qui maintiennent la tête d'aigle

Masque transformable kwakiutl

Changer de visage

Les danseurs amérindiens kwakiutl peuvent, grâce au « masque de métamorphose », assumer successivement plusieurs personnalités. Lorsque le danseur tire certains leviers ou ficelles, le masque extérieur s'ouvre pour en dévoiler un second.

Les danseuses thaïes

Les costumes des danseuses thaïes les font ressembler à des créatures célestes. Leurs mouvements stylisés renforcent cette impression.

L'anneau de feu symbolise la purification et la destruction des illusions

Shiva danse sur le dos du nain de l'ignorance

Masque nô

Le théâtre japonais nô est caractérisé par ses masques de bois peints. Ils représentent cinq grands groupes de personnages (l'homme, la femme, le vieillard, les divinités et les monstres) ainsi que diverses émotions.

Masque de paille

Durant leurs cérémonies d'hiver, les danseurs iroquois portaient des masques de paille de maïs pour que les récoltes à venir soient abondantes.

Les gestes de la danse indienne classique

La position des mains est un élément très important de la danse indienne classique, ainsi que de danses d'Asie du Sud-Est. Extrêmement variées et précises, ces positions représentent les états d'âme, les actes et les créatures. Chaque mouvement de la danseuse a une signification symbolique.

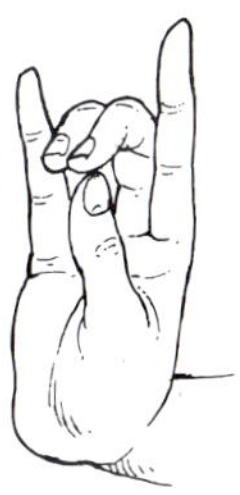

Entendre

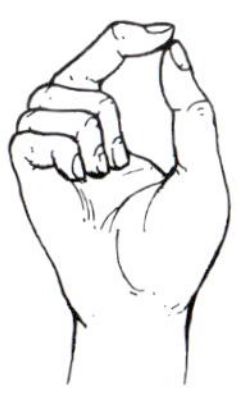

Parler

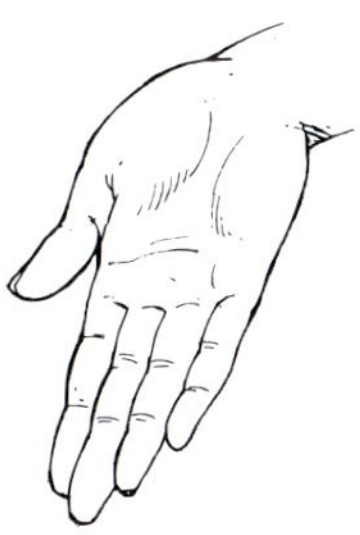

Beauté

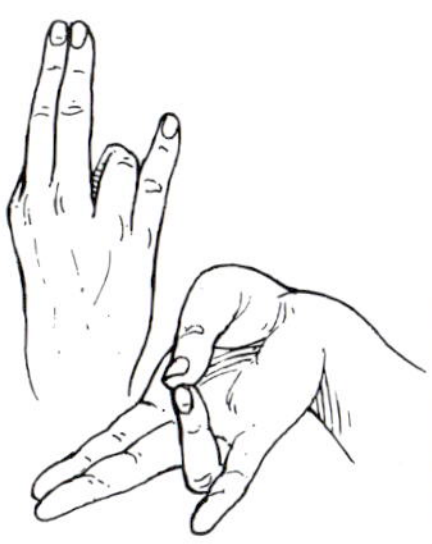

Tristesse

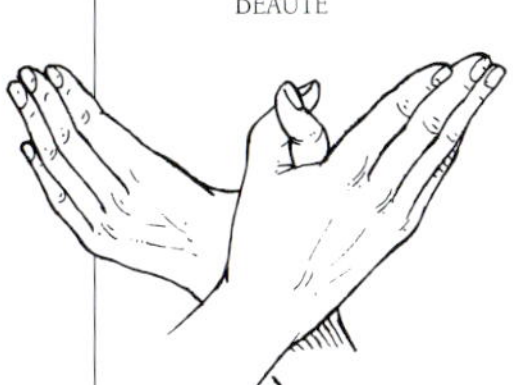

Oiseaux

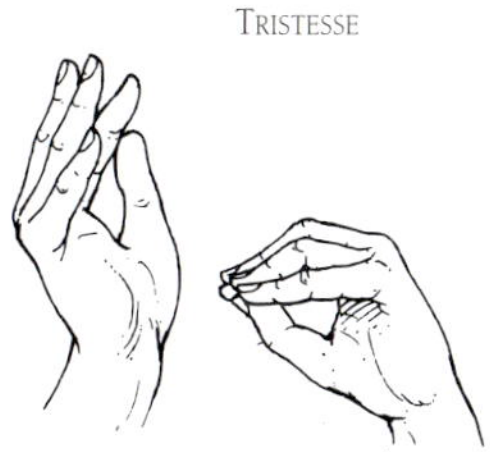

Fleur

La mort du cygne

Le ballet

Comme les autres formes de danse, le ballet emploie les costumes et les attitudes pour transmettre des significations. Une ballerine tournoyant dans son tutu blanc, par exemple, peut aisément suggérer les affres de la mort d'un cygne.

Voir aussi

La danse des épées ☞ Les épées *91* ; Le sacrifice humain *74*
La danse du mât ☞ Sexe et fertilité *70*
Les gestes de la danse indienne ☞ Le Bouddha *22* ; Les mains *118*
Les masques ☞ Masque solaire *35* ; Masque de démon-serpent *59* ; Le léopard *62*
Le seigneur de la danse ☞ Shiva *20* ; Les tambours *80* ; La trinité hindoue *102*

LA MAGIE ET LES SORTS

Par le biais des contes de fées, nous faisons très tôt connaissance avec le monde de la magie et du rituel. Adultes, face au mystère ou confrontés à l'adversité, nous nous tournons parfois vers la magie. De nombreuses personnes font encore appel aux charmes pour se soigner, pour envoûter leurs ennemis ou ensorceler un amoureux. Les plus sceptiques d'entre nous portent sur eux, souvent de manière inconsciente, des amulettes, évitent de passer sous une échelle ou consultent des voyantes. Les rituels magiques, considérés par certains comme pure superstition, sont encore largement pratiqués de par le monde.

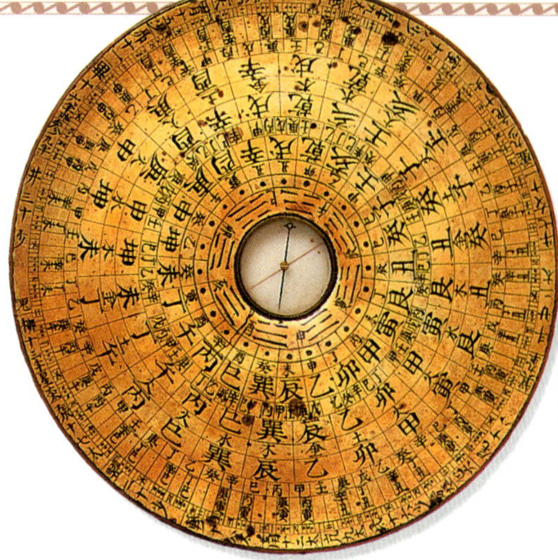

LA SORCIÈRE

Selon la légende, les sorcières pouvaient jeter des sorts et, les nuits de sabbat, volaient sur leur balai. On disait alors qu'elles avaient commerce avec le diable. Elles incarnaient le mal. En Europe, des dizaines de milliers de guérisseuses furent brûlées vives sous l'accusation de sorcellerie jusqu'à la fin du XVIIe siècle.

LE PENTAGRAMME

L'étoile à cinq branches renversée était un signe du diable. Pointe en haut, comme ci-dessus, elle symbolisait la lumière et la spiritualité. On en peignait sur les façades pour éloigner les sorcières.

MIROIR DE VÉRITÉ

LE MIROIR

Le miroir symbolise la vérité divine et la sagesse universelle. La sagesse populaire prétend que, lorsqu'un miroir se brise, il s'ensuivra sept années de malheur.

LES PHILTRES D'AMOUR

LE PHILTRE D'AMOUR, EVELYN DE MORGAN, 1903

Quand tout le reste a échoué, les cœurs malheureux en appellent souvent à la magie pour obtenir l'objet de leur désir. Les philtres d'amour sont généralement confectionnés à partir d'ingrédients de forme plus ou moins phallique tels que racines de mandragore, de ginseng ou de gingembre, le tout assaisonné d'une formule magique. En outre, de nombreux aliments réputés aphrodisiaques sont employés comme tels dans l'art culinaire.

LES DEUX AMOUREUX (DÉTAIL)

BOUSSOLE *FENG SHUI*

Le *feng shui* est un très ancien art divinatoire chinois fondé sur les forces harmoniques régnant dans la nature. Avec cette boussole, les devins chinois localisent les points d'équilibre entre différentes composantes (temps, vent, cours d'eau, etc.) afin de déterminer le lieu idéal de construction des temples, des maisons ou des cimetières.

ARGENT PROTECTEUR

L'argent est le symbole du pouvoir et, par extension, il est investi de vertus spirituelles et pratiques. En Chine, un sabre fait de pièces d'argent était suspendu au-dessus du lit des malades afin d'écarter les esprits à l'origine de la maladie.

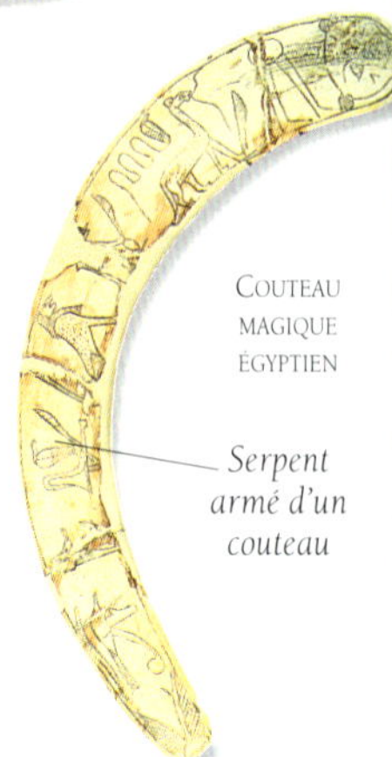

COUTEAU ÉGYPTIEN

Ce couteau courbe en os était employé dans l'Égypte ancienne pour renforcer les parties faibles d'une maison. Il servait de barrière protectrice symbolique. Les animaux et les motifs de décoration investissent ce couteau de leurs pouvoirs propres.

POUPÉES D'AMOUR AMÉRINDIENNES

POUPÉES MAGIQUES

Ces deux poupées mâle (à droite) et femelle (à gauche) sont employées par les sorciers amérindiens. Dans la tribu des Menominees, pour s'assurer de la fidélité d'un couple, on attribuait aux poupées les deux noms du couple et on les ligotait ensemble. Dans la tribu des Potawatomis, on les employait comme charmes d'amour pour attirer deux personnes l'une vers l'autre.

LE TRÈFLE À QUATRE FEUILLES

La découverte d'un trèfle à quatre feuilles est si rare qu'on le considère comme un puissant porte-bonheur. Les quatre feuilles sont censées représenter la gloire, la prospérité, un compagnon fidèle et une bonne santé, tous éléments constitutifs du bonheur.

LE FER À CHEVAL

On attribue au fer à cheval la vertu de protéger contre le mauvais œil. Il porte bonheur si on le suspend au-dessus d'une porte. Ses extrémités, dirigées vers le haut, sauront accrocher les basques des démons et les retenir prisonniers. Accroché en sens inverse, le fer à cheval n'apportera que des malheurs.

LES DÉS

Les dés représentent le hasard et toute l'imprévisibilité de l'existence. L'expression « Les dés sont jetés » signifie que le destin de quelqu'un est dorénavant décidé. Les dés rappellent par ailleurs qu'après la Crucifixion les soldats romains jouèrent aux dés le manteau du Christ.

ŒIL MAGIQUE

Le fait de croire au mauvais œil est extrêmement répandu dans le monde méditerranéen. Les amulettes en forme d'œil sont censées éloigner le mauvais œil ou détourner les sorts jetés par des gens malveillants. De telles amulettes sont généralement en verre, matière rappelant la limpidité de l'œil.

TAPIS VOLANT

Dans notre sommeil, nous rêvons souvent de voler. Le vol symbolise la libération spirituelle et le détachement des contingences terrestres. Le roi Salomon possédait un tapis volant qui le transportait avec son trône, sa suite et son armée où il le désirait. Dans *les Mille et Une Nuits*, Aladin volait, lui aussi, sur un tapis semblable.

TAPIS VOLANT D'ALADIN

LES AMULETTES

Nombreux sont ceux – depuis les nourrissons au berceau jusqu'aux soldats en guerre – qui portent des amulettes pour se protéger des dangers et des maladies. Certains objets sont censés « manger » la maladie et débarrasser ainsi la personne atteinte des germes délétères.

JAMBE EX-VOTO

EX-VOTO

Les ex-voto sont offerts aux divinités en remerciement d'une faveur : bonne fortune ou guérison. Cette jambe de bronze fut offerte par un Romain du nom de Caledus, probablement en remerciement de la guérison d'une infection ou d'une blessure.

CRISTAL GUÉRISSEUR

LE CRISTAL QUI SOIGNE

Le cristal réfléchit la lumière dans toutes les directions. Certains pensent que, s'ils placent le cristal contre leur corps, son énergie sera absorbée et aura un effet bénéfique.

FÉE DES DENTS

DENTS DE LAIT

Les fées, généralement gentilles, peuplent les contes pour enfants ainsi que leur imagination. Ici, une « fée des dents » britannique monte la garde près d'une dent de lait. Au matin, un cadeau aura remplacé la dent perdue. Chez nous, la « petite souris » tient lieu de fée des dents.

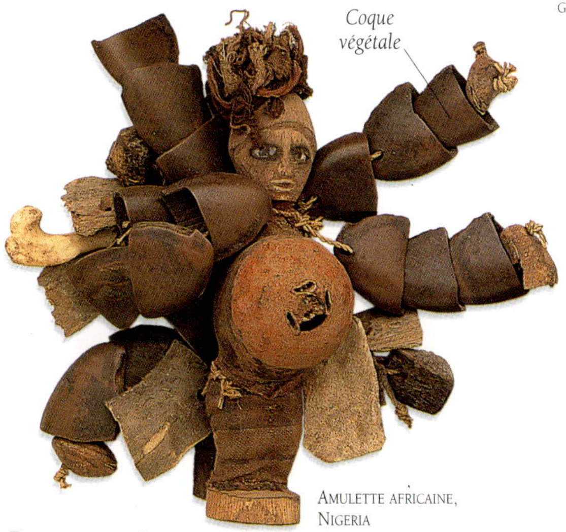

Coque végétale

AMULETTE AFRICAINE, NIGERIA

BONNE SANTÉ

Les Ntevas, tribu du haut Congo, utilisent des petites figurines comme celle-ci, faite de chiffons, d'os, de bouts de cuir et de bois, pour « veiller sur son corps », en d'autres termes, contre les maladies.

ESPRIT DE LA VARIOLE

STATUETTE-MALADIE

Cette figurine nigériane, couverte de points, est la représentation symbolique d'une maladie, sans doute la variole. Traitée par sortilèges et incantations, la statuette peut, à volonté, guérir ou transmettre le mal.

CAMISOLE-AMULETTE

Cette camisole birmane est couverte de charmes, de sorts et d'horoscopes. Elle est réputée protéger celui qui la porte – probablement un guerrier. Jadis, de nombreux Birmans portaient des tatouages protecteurs avec des marques similaires.

L'AMI DES SORCIÈRES

Les crapauds gobent les araignées, aussi ont-ils la réputation de combattre le venin et, par extension, le mal. Des morceaux de crapaud entraient souvent dans la composition des potions magiques.

VOIR AUSSI

LES AMULETTES ☞ LE CORAIL *38* ; LES PIERRES PRÉCIEUSES *40-41* ; LA MOUCHE *56* ; AMULETTE OCÉANIENNE *86*
LE PENTAGRAMME ☞ L'ÉTOILE DE DAVID *16* ; L'ÉTOILE ET LE CROISSANT *24* ; ISRAËL *115*
LA SORCIÈRE ☞ LES GRENOUILLES ET LES CRAPAUDS *58* ; LE CHAT NOIR *60* ;
LE TRÈFLE À QUATRE FEUILLES ☞ LE TRÈFLE *46*

LES INSTRUMENTS DE MUSIQUE

CERCLE DE PERCUSSIONS BIRMANES

Les instruments de musique, dont le rythme évoque la pulsion de vie, symbolisent l'harmonie et l'union avec la nature. Ils nous donnent du plaisir mais peuvent aussi être annonciateurs de malheurs car ils ont la réputation de conduire les auditeurs à leur perte. Les instruments à cordes nous offrent la musique céleste tandis que les percussions sont associées à la révélation et à l'extase.

Les dragons symbolisent la puissance céleste

LE GONG

Les gongs sont utilisés dans les temples bouddhiques pour marquer les différentes phases du service religieux et éloigner les esprits malins. Ce sont des objets rituels essentiels en Orient. Ils sont généralement richement décorés, comme ce gong de Bornéo. Mais dans la vie courante, on utilise aussi le gong pour appeler les convives à table.

LA GUITARE ÉLECTRIQUE

Depuis les années 1950, la guitare électrique est devenue le symbole de la jeunesse et de la rébellion. La guitare elle-même est liée à la masculinité, et certains musiciens l'emploient sur scène comme un symbole phallique particulièrement explicite.

LES TAMBOURS

Le tambour symbolise le son primordial, la vérité divine et la parole. Il est associé au symbolisme du tonnerre et de l'éclair et, pour les Amérindiens, il représente le cœur de l'Univers. Dans le monde entier, les tambours accompagnent traditionnellement les danses rituelles ou profanes et sont un élément central des danses de possession.

La devise Celer et audax signifie « vitesse et courage »

TAMBOUR MILITAIRE

Utilisé pour entraîner les soldats au combat, son battement régulier et obsessionnel est intimement lié à la guerre. On le trouve dans toutes les fanfares et cliques militaires.

TAMBOUR AFRICAIN

En Afrique, le tambour est hautement symbolique ; il rythme les danses rituelles ou les danses de possession. Il bat comme le cœur humain. On le frappe pour convoquer les puissances magiques.

TABLAS INDIENS

Avec le tambour, qui est un de ses attributs, le dieu indien Shiva rythme l'Univers tandis qu'il accomplit la grande danse cosmique de naissance, de mort et de purification.

LES CYMBALES

Les cymbales remontent à 3000 avant J.-C. et sont encore largement employées aujourd'hui. Dans les rituels, elles symbolisent le contact avec les cieux et, dans les temples tibétains, on les frappe pour invoquer les divinités bouddhiques.

MU-YU

Ce terme chinois signifie « poisson de bois ». Ces instruments sont utilisés dans les temples et symbolisent la prière perpétuelle car, comme les poissons, ils semblent ne jamais dormir.

Coiffe de moine bouddhiste

LA CLOCHE

La cloche symbolise le contact entre le ciel et la terre. Elle fait retentir la voix du divin et l'harmonie du cosmos. En Occident, la cloche des églises appelle à la prière mais peut aussi alerter la population (tocsin). Le son de la clochette, à l'autel, annonce aux fidèles les temps forts de la messe. Dans les pays bouddhistes, de petites cloches sonnent dans le vent, après les dévotions, pour symboliser la douce musique des cieux.

LA CITHARE CHINOISE

Tout érudit chinois doit maîtriser quatre domaines artistiques : la littérature, la calligraphie, les échecs et la musique. Dans ce pays, la cithare, ou *qin*, est le symbole de la musique. Selon le folklore chinois, la cithare a le pouvoir de révéler la vérité essentielle à celui qui en joue. Les points de nacre marquent les positions des doigts.

LA LYRE D'ORPHÉE
Orphée, musicien des dieux, ravissait tous les animaux qui entendaient le son de sa lyre. Il pouvait même calmer les colères de l'océan. Sous ses doigts, la lyre apaisait et fascinait tous les êtres vivants. Les sept cordes de la lyre correspondent aux sept planètes alors connues et ses flancs lient le ciel et la terre.

LUTH
Populaire en France dès le milieu du XVe siècle, le luth est l'emblème de l'inspiration musicale ou poétique. Il est également symbole de pureté et de fidélité. En Occident, lorsqu'il est représenté avec une corde cassée, il symbolise la discorde.

LES TROMPETTES

La trompette servait à appeler les soldats dans les armées romaines. Dès lors, elle fut associée à la guerre ou à la gloire. Traditionnellement, c'est au son de la trompette qu'on annonçait l'arrivée d'un personnage royal ou princier. Quant à la corne, elle annonçait l'approche de la malle-poste.

Bannière des Royal Horse Guards

LE CLAIRON
Dans les casernes, le clairon salue le début et la fin du jour. Lors de cérémonies funèbres militaires, on joue au clairon la *Sonnerie aux morts,* mais bien d'autres événements sont salués ainsi par le son du clairon.

LE JUGEMENT DERNIER
La Bible et le Coran affirment que la résurrection des morts, lors du Jugement dernier, sera saluée par le son de trompettes célestes.

LE JUGEMENT DERNIER (DÉTAIL), MICHEL-ANGE, 1536-1541

LA TROMPETTE D'APPARAT
Cette trompette, à la symbolique masculine évidente, est utilisée dans les cérémonies et les grandes occasions dans de nombreux pays.

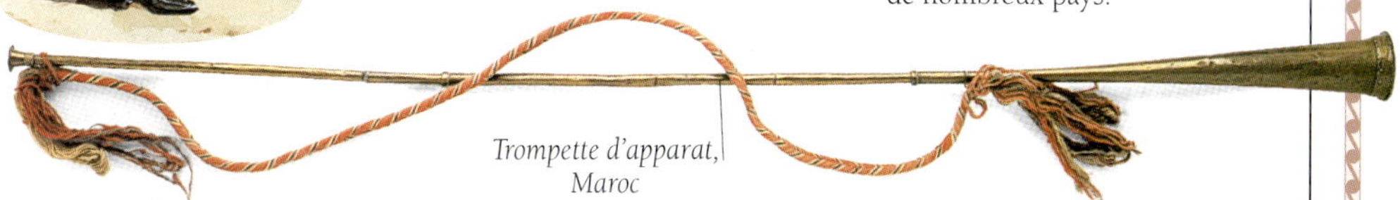

Trompette d'apparat, Maroc

Trèfle sur fond vert, couleur nationale irlandaise

HARPE IRLANDAISE

LA HARPE
Attribut du roi David selon l'Ancien Testament, la harpe symbolise la musique sacrée tant juive que chrétienne. Les anges sont souvent représentés en train de jouer de la harpe. Saint Augustin, parlant des dix commandements, fait référence aux dix cordes de la harpe de David. Dans le folklore celte, elle est l'attribut de Dagda, dieu du feu. Cet instrument est le symbole de l'Irlande et du pays de Galles.

L'ORGUE À BOUCHE
L'orgue à bouche chinois (*sheng*) remonte à environ 1 000 ans avant notre ère. Il est constitué de dix-sept tuyaux de bambou reliés entre eux et maintenus solidaires par une embouchure. C'est un très ancien symbole du phénix, auquel il est censé ressembler. On joue du sheng lors des mariages et des funérailles.

Flûte de Krishna

LA FLÛTE
La forme de la flûte lui confère une symbolique phallique tandis que sa musique, très douce, est plutôt féminine. Dans l'hindouisme, on dit que la flûte de Krishna est la voix divine appelant à elle les êtres vivants. Plus généralement, la flûte est souvent liée aux émotions extrêmes. Dans la musique sacrée, elle symbolise l'âme humaine invoquant Dieu.

L'ORGUE
Instrument essentiellement religieux, l'orgue est consacré à la glorification de Dieu dans les églises. Les plus belles pièces pour orgue ont été créées pour la musique religieuse.

LA FLÛTE DE PAN
Dans la mythologie grecque, le dieu Pan et ses satyres en jouaient. Leur musique avait le pouvoir de mettre en transe quiconque l'entendait. De nos jours, elle est surtout jouée dans les Andes. Elle représente l'harmonie de la nature.

VOIR AUSSI
LA CLOCHE ☞
LA PIÈCE MONTÉE *83*
LA FLÛTE ☞ KRISHNA *20* ;
L'AMOUR DE KRISHNA *82* ;
DIEU À PEAU BLEUE *107*
LE GONG ☞
LE BOUDDHISME *22-23*
LES TAMBOURS ☞
LE SEIGNEUR DE LA DANSE *76*

L'AMOUR ET LE MARIAGE

On dit généralement de l'amour qu'il fait tourner le monde. Il est, en effet, un élément central de la vie et il a inspiré, depuis que le monde est monde, des générations de poètes, d'écrivains et d'artistes. L'amour lie l'homme à la femme, la mère à l'enfant. Il peut être sexuel, attirant irrésistiblement les deux sexes, ou platonique, reliant deux êtres en une profonde et puissante émotion commune. Dans un registre plus symbolique, l'acte sexuel passe pour être le reflet d'une attirance pour une vérité transcendante et exprime la soif de l'âme de se fondre dans le cosmos.

LES LÈVRES
Les lèvres réunies pour un baiser sont le symbole classique de l'amour ou, tout au moins, de l'attirance sexuelle. D'innombrables lettres d'amour ont été scellées par des baisers de papier.

ASSIETTE CHINOISE À MOTIF DE SAULE

PORCELAINE CHINOISE
Cette assiette illustre l'histoire de Koung-si et de son amant Tchang. Le père de la jeune fille s'opposait à leur mariage et les amants s'enfuirent au moment où le saule perdait ses feuilles. Les soldats se lancèrent à leur poursuite et tuèrent Tchang. Koung-si, le cœur brisé, se brûla vive. Les amants se transformèrent alors en deux tourterelles, emblèmes de leur fidélité.

LES DEUX FACETTES DE L'AMOUR

VÉNUS ET CUPIDON, LUCAS CRANACH L'ANCIEN, 1545

Cette peinture montre Cupidon en pleurs, à côté de sa mère, car il a été piqué par des abeilles. Vénus le réprimande en lui faisant remarquer qu'il inflige lui-même des blessures bien plus douloureuses aux victimes de ses flèches. Les deux personnages représentent les deux aspects de l'amour : le plaisir et la douleur.

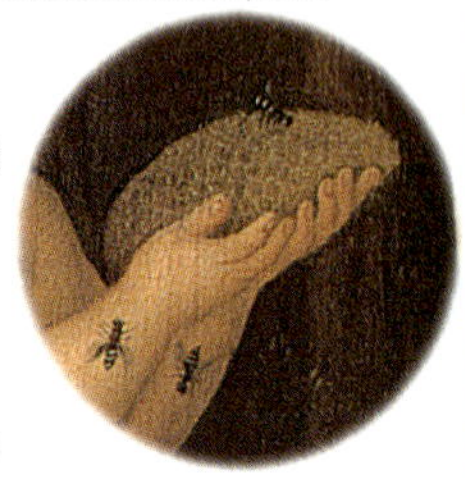

MIEL DE PURETÉ ET DE DOUCEUR

CARTE D'ÉPOQUE VICTORIENNE

LA SAINT-VALENTIN
La carte de la Saint-Valentin apparut pour la première fois en Angleterre au XVe siècle. Échangées à la Saint-Valentin, le 14 février, ces cartes utilisent toutes sortes de symboles de l'amour : cœurs, tourterelles, cupidons, etc. Cette fête fut tout d'abord connue comme « la fête du mariage des oiseaux » car, selon une ancienne croyance, les oiseaux choisissaient leur partenaire ce jour-là. Après eux, les amoureux adoptèrent cette date pour se déclarer.

KRISHNA ET RADHA, MINIATURE KANGRA, V. 1785

L'AMOUR DE KRISHNA
Dans cette scène, Krishna est assis sous un arbre avec Radha, sa bergère favorite. Toutes les bergères, les gopis, sont amoureuses de Krishna, mais c'est Radha qui a ravi son cœur. L'amour des gopis pour Krishna illustre le profond désir de l'âme de se fondre en Dieu.

LE MARIAGE

Sous une forme ou sous une autre, le rituel du mariage existe dans toutes les sociétés humaines. Traditionnellement, c'est un contrat qui unit deux familles. Dans certains cas, un homme peut épouser plusieurs femmes et ailleurs, au Népal et au Tibet par exemple, une femme peut épouser plusieurs frères. Quoi qu'il en soit, cette cérémonie symbolise l'union du dieu et de la déesse, du ciel et de la terre, de l'homme et de la femme et l'association de forces antagonistes qui, réunies, formeront un tout.

Les costumes brillants augurent bonheur et fécondité

LE MARIAGE CHINOIS

Une légende chinoise raconte comment l'« homme de la lune » tisse d'invisibles liens autour des jambes des nouveau-nés, filles et garçons, pour sceller leur destin. Lorsqu'ils grandissent, ils sont irrésistiblement attirés l'un par l'autre et le mariage est inévitable.

BAGUE DE FIANÇAILLES ET ALLIANCE

LES ALLIANCES

La coutume de porter des alliances remonte au temps des Romains, et celle du solitaire date du XVe siècle. L'anneau d'or de l'alliance symbolise la promesse de fidélité, mais aussi le cercle, sans commencement ni fin, de l'éternité.

CONFETTIS

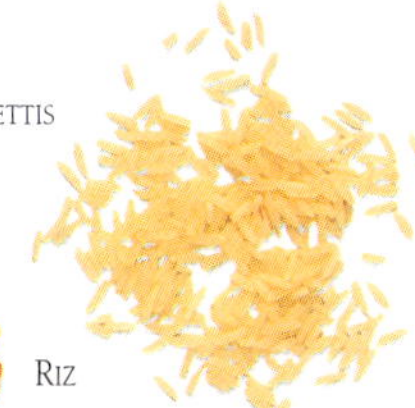

RIZ

LES VŒUX DE BONHEUR

La pratique qui consiste à jeter des confettis ou du riz sur les jeunes mariés remonte à une ancienne tradition asiatique selon laquelle le riz, symbole de fertilité, assurait une nombreuse descendance. Chez les anciens Saxons, on jetait des pétales de roses blanches et rouges sur les époux pour symboliser l'union et la passion.

LA PIÈCE MONTÉE

La coutume du gâteau de mariage date de l'époque romaine. Les jeunes mariés doivent couper, d'une même main, la première part du gâteau ; ainsi, l'harmonie du couple sera assurée. Le fait de déguster ensemble la même part renferme une connotation sexuelle évidente. Le partage du gâteau met aussi l'accent sur l'union des familles.

Le jeune couple uni sur le gâteau comme dans la vie

Cloches d'argent pour éloigner les esprits malins

Fer à cheval, porte-bonheur

Un ramoneur, porte-bonheur particulièrement efficace

Roses rouges, symboles d'amour et de passion

Porte-bonheur attaché au pare-chocs de la voiture des jeunes mariés, dans les pays anglo-saxons

LE MARIAGE EN INDE

Le sari rouge de la mariée indienne est garant de fécondité. Ici, le jeune couple est littéralement submergé de vœux de bonheur. Les guirlandes odoriférantes représentent la beauté et le bonheur tandis que les billets de banque sont symbole de prospérité.

Main ornée d'arabesques de couleur

LES MAINS AU HENNÉ

Au Moyen-Orient et en Inde, les mains des épouses sont ornées de motifs compliqués, peints en rouge. La couleur rouge est tirée d'une plante tinctoriale, le henné. Sans cette décoration, gage de bonheur conjugal, l'épousée ne serait pas parfaite.

ÉCRIN

ÉCRIN D'ARGENT

Le cœur est le symbole classique de l'amour, de la sincérité et de la compassion.
Les amoureux s'offrent parfois de petits cœurs en argent, contenant une photographie ou une mèche de cheveux appartenant à l'être aimé.

CŒUR AILÉ

CŒUR AILÉ

Ce symbole réunit le cœur, emblème de l'amour, et les ailes de Cupidon ou d'Éros, petit dieu de l'amour. Images à la puissance dédoublée, les deux ailes représentent l'amour qui guette et investit, d'une manière impromptue, le cœur de chacun d'entre nous.

AUTOCOLLANT

MOT-SYMBOLE

Dans l'expression américaine *I love New York* (« J'aime New York »), l'image d'un cœur, symbole universel de l'amour, a été substituée au verbe aimer. C'est une utilisation nouvelle de ce pictogramme. Le slogan est intégralement transcrit et stylisé.

CŒUR EN CHOCOLAT

CŒUR EN CHOCOLAT

Par ses connotations romantiques et aphrodisiaques, le chocolat est depuis longtemps associé à l'amour. En amitié comme en amour, c'est un présent très apprécié.
Ce cœur en chocolat est probablement un joli cadeau de la Saint-Valentin.

CŒUR BRISÉ

CŒUR BRISÉ

L'expression « avoir le cœur brisé » est devenue un cliché de notre langage quotidien.
Le dessin d'un cœur brisé en deux morceaux exprime le désarroi amoureux. Les amants séparés ont le cœur brisé tout comme ceux qui ne s'aiment plus.

VOIR AUSSI

L'AMOUR DE KRISHNA ☞ KRISHNA *20* ; TABLAS INDIENS *80* ; LA FLÛTE *81* ; DIEU À PEAU BLEUE *107*
LES CŒURS ☞ LE CŒUR *74* ; LES ALLIANCES ENTRELACÉES, LES BIJOUX DE DEUIL *87* ; « PURPLE HEART » *107*
LES DEUX FACETTES DE L'AMOUR ☞ ÉROS *14* ; LA NAISSANCE DE VÉNUS *15* ; L'ABEILLE *56*
LES LÈVRES ☞ LE BAISER *119*
LA SAINT-VALENTIN ☞ LE MYOSOTIS, LA PENSÉE *50* ; LA ROSE ROUGE *51* ; LA COLOMBE DE LA PAIX *65*
LES VŒUX DE BONHEUR ☞ LE RIZ *49*

LES VÊTEMENTS

Le vêtement véhicule un grand nombre de significations symboliques. Il permet d'accentuer ou au contraire de gommer la différenciation des sexes. Il révèle le statut social et le niveau de richesse. Il est l'occasion de dévoiler une partie de sa personnalité et de ses goûts. Par les vêtements, il est possible d'afficher toutes sortes d'attitudes comme la frivolité, la séduction ou encore le sérieux. Les jeunes par exemple aiment manifester une tendance à l'anticonformisme même si la plupart d'entre eux sont extrêmement sensibles aux phénomènes de mode.

LA FEUILLE DE FIGUIER

La feuille de figuier,le plus élémentaire des vêtements, symbolise la perte de l'innocence, l'humilité et la honte. Adam et Ève se couvrirent de feuilles de figuier dès qu'ils eurent conscience de leur nudité. On parle aussi de feuille de vigne.

MAILLOT DE MATELOT

MAILLOT MARIN

Le maillot traditionnel du matelot est fait de coton rayé bleu et blanc. Le bleu est nommé bleu marine car, symboliquement, il représente la couleur de la mer.

BOUCLE, XVIIe S.

BOUCLE D'ARGENT REPOUSSÉ

BOUCLES DE CEINTURE

Les boucles de ceinture sont un moyen de manifester sa personnalité. La boucle du bas a appartenu à un gaucho sud-américain.

BLUE JEAN

À l'origine (vers 1850), le jean était un bleu de travail destiné aux gardiens de troupeaux. Il est devenu, vers la moitié du XXe siècle, le vêtement le plus populaire au monde.

LES MATÉRIAUX

Les matériaux que nous choisissons pour nous habiller sont très révélateurs, depuis les tissus synthétiques légers jusqu'aux cuirs épais et rustiques, en passant par les cotonnades et lainages les plus divers. Gandhi tissait lui-même les vêtements qu'il portait pour témoigner de la volonté d'indépendance de l'Inde.

LA SOIE

La soie est un symbole du luxe. Le ver à soie, nourri de feuilles de mûrier, produit un fil très long et très solide.

LA DENTELLE

La dentelle, confectionnée par des ouvrières très spécialisées, était le symbole de la noblesse à l'époque de la monarchie.

LE COTON

Porté par les classes laborieuses, il était autrefois symbole de simplicité. Aujourd'hui, il représente le naturel.

LE TARTAN

Ces motifs à petits carreaux jouent un rôle héraldique très précis. En Écosse, chaque clan a un motif différent.

LA FOURRURE

Pour certains, la fourrure est un luxe, pour d'autres, elle symbolise la souffrance inutile des animaux.

LE CUIR

Le cuir est fonctionnel. De nos jours, il est plutôt associé à la culture rock et à la jeunesse urbaine.

GUERRIER KENYAN

Ce guerrier d'Afrique de l'Est porte un vêtement simple particulièrement bien adapté à sa vie de chasseur. Mais, sans bijoux ni armes, il se sentirait nu et vulnérable. Dans de nombreuses cultures similaires, l'individu s'exprime au travers de parures, plus personnelles que des vêtements.

LES CHAUSSURES

Les styles de chaussures reflètent de manière évidente les attitudes culturelles et sociales. Ôter ses chaussures en entrant dans un temple ou une maison symbolise le détachement des contingences matérielles et le respect du lieu.

LES DOC MARTENS

Les premières Doc Martens (des chaussures de travail) furent fabriquées en 1967. Durant les années 1980 et 1990, elles connaissent auprès des jeunes un succès comparable à celui du jean.

LES SOCQUES

Ces chaussures japonaises permettent de marcher sans se mouiller les pieds. Hautes parfois de 10 centimètres, elles donnent à la marcheuse un maintien délicat.

LA PANTOUFLE DE VAIR

Dans le conte de *Cendrillon*, la pantoufle de vair symbolise l'être aimé que recherche le prince à travers tout le royaume. Quand Cendrillon chausse la pantoufle qu'elle a perdue après le bal, le prince la reconnaît. De pauvresse, elle se transforme en personne de haute condition.

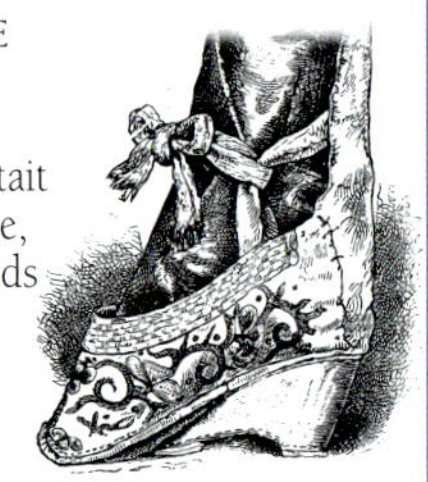

LA CHAUSSURE CHINOISE

Jusqu'au début du XXe siècle, il était courant, en Chine, de bander les pieds des femmes. Les petits pieds renforçaient l'image d'une femme délicate, fragile et entravée dans sa liberté de mouvement.

LES SEMELLES COMPENSÉES

La mode des semelles compensées a connu des fortunes diverses au fil des siècles. Celles-ci datent des années 1970.

LA POULAINE

Cette chaussure du XIVe siècle, portée par les nobles, mesure 46 centimètres de long ! Elle était considérée par le clergé comme l'œuvre du démon.

LA CHAUSSURE DE SPORT

Les chaussures de sport sont devenues un symbole social contemporain, ne serait-ce que par le prix élevé de certaines d'entre elles. Cette mode privilégie le confort et la décontraction.

LES CHAPEAUX

Dans la plupart des civilisations, le fait de se couvrir ou de se découvrir la tête est riche de significations. Selon les religions, on se couvre ou se découvre en entrant dans le lieu de culte. Le chapeau est signe de respectabilité. Il est la marque d'un rang social ou d'un métier.

MARMITON

CHEF DE BRIGADE

CHEF DE CUISINE

LE HAUT-DE-FORME

Immortalisé par le danseur Fred Astaire, le huit-reflets, un haut-de-forme très brillant, apparut vers 1820 et resta, depuis, le signe de l'élégance masculine. Moins porté de nos jours, il complète parfaitement le très chic costume à queue de pie.

LA TOQUE

Le lien entre hauteur et statut social est évident avec les toques de cuisinier, depuis le calot du marmiton jusqu'à la toque de chef.

LE BÉRET

Coiffure circulaire en feutre, le béret est devenu le symbole du « Français moyen ». Il est noir ou bleu marine au Pays basque, bleu ciel pour les Casques bleus, rouge ou vert pour les régiments d'élite.

LA PERRUQUE

Signe de distinction sociale au XVIIIe siècle, la perruque était portée par les hommes et les femmes.

LE FEZ

Le fez fit partie du costume national ottoman jusqu'en 1923, date à laquelle ce couvre-chef fut interdit.

LE TCHADOR ET LE VOILE

Les pays musulmans imposent parfois le port du voile intégral aux femmes hors de chez elles.

LE MORTIER

Tiré d'une coiffe du clergé catholique, il est devenu le symbole du succès universitaire dans les pays anglo-saxons.

LE BIBI

Lors du prix de Diane, à Longchamp, les élégantes font assaut de coiffures, plus extravagantes les unes que les autres.

LE TURBAN

Confectionnés en tissus bariolés, les turbans africains sont portés en toutes occasions mais surtout lors des festivités.

CORSET EN S

LE CORSET

Au début du XXe siècle, les corsets étaient armés avec des fanons de baleine et accentuaient outrageusement les formes féminines. Imposé par la vogue des tailles de guêpe, le corset est devenu le symbole de la femme esclave consentante de la mode.

GANTS

LES GANTS

Les gants étaient, à l'origine, un signe de puissance et de noblesse. Jusqu'à la moitié du XXe siècle, hommes et femmes de condition bourgeoise ou aristocratique devaient porter des gants en public. Dans le langage familier, « prendre des gants », c'est traiter un problème par les moyens les plus délicats. « Jeter le gant », en revanche, dénote le défi.

CRAVATE CLUB

CRAVATE FANTAISIE

LA CRAVATE

Paradoxalement, la cravate est, dans le code vestimentaire masculin assez rigide, un espace de grande fantaisie. L'homme pourra choisir une cravate pour montrer son appartenance à un groupe, par exemple un club sportif, mais il pourra s'évader totalement de ces conventions en faisant son choix parmi des motifs infiniment variés.

LA ROBE DÉBUT DE SIÈCLE

Cette robe illustre parfaitement ce que la mode imposait au corps de la femme : buste poussé en avant et hanches rejetées en arrière. La poitrine était si comprimée qu'il n'était pas rare que les femmes s'évanouissent.

VOIR AUSSI

LES CHAPEAUX ☞ LE LAURIER 44 ; PLUMES D'AIGLE 66 ; LA COURONNE 89

LES CHAUSSURES ☞ LES TALONS AIGUILLES 70

LA FEUILLE DE FIGUIER ☞ L'ARBRE DE CONNAISSANCE 44

LA FOURRURE ☞ LE ROI 88

LES BIJOUX

COLLIER-SERPENT, v. 1870

Traditionnellement, les bijoux marquent les moments importants de l'existence – baptême, mariage, anniversaire, gages d'amour ou d'amitié, etc. Leur importance ne réside pas tant dans leur forme ou leur prix que dans leur représentation symbolique, depuis les alliances de l'union conjugale jusqu'au petit coffret renfermant la photo de l'être aimé. Nos bijoux ont une origine très ancienne : la plupart sont issus d'amulettes protectrices utilisées depuis la nuit des temps.

BOUCLES D'OREILLES THAÏES
Ces boucles d'oreilles sophistiquées à l'extrême (peau animale peinte à l'or fin représentant deux dragons mythiques) sont l'image même de l'amour pour la jeune fille thaïe.

PARURE DE PERLES, COLLIER ET CEINTURE

Les perles blanches symbolisent l'amour

Les perles roses renseignent sur la richesse de la future mariée

PERLES AFRICAINES
En Afrique, les perles sont autant un moyen de communication qu'une décoration. Selon leur couleur et l'ordre dans lequel elles sont enfilées, la signification sera différente. Les jeunes filles confectionnent ainsi des « lettres d'amour » sous forme de colliers qu'elles offrent à leurs soupirants. Après le mariage, les femmes montrent leur statut social par le nombre de colliers qu'elles portent.

GRIFFES D'OURS
Ce collier de griffes d'ours était la propriété d'un chef amérindien. Comme les autres bijoux faits d'éléments animaux (dents, défenses, ongles, serres, etc.), il dénotait un statut social élevé (tuer un ours était un exploit) et conférait au porteur la force même de l'animal.

PIÈCES ÉGYPTIENNES
Dans de nombreuses cultures, les bijoux ne sont pas qu'un symbole : ils *sont* la prospérité. Le jour du mariage, les bijoux (colliers, bracelets, diadèmes, ceintures, etc.) constituent la dot de l'épousée. Plus la famille est riche, plus les pièces ont de valeur.

PARURE DE JAMBE
Dans certaines régions d'Afrique, les bijoux indiquent le degré de fortune d'une femme, tout comme le cheptel indique celui d'un homme. Certaines parures de jambe, superbement travaillées, pèsent jusqu'à 15 kilos. Celle-ci est en argent, métal qui symbolise la pureté ou l'eau purificatrice.

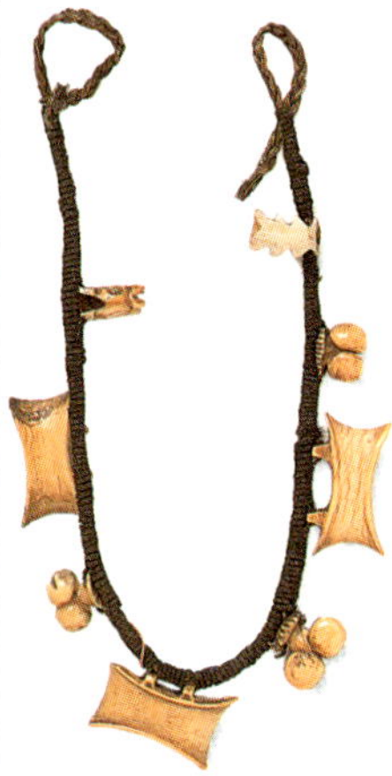

AMULETTE OCÉANIENNE
Ce collier (XVIIe s.) des îles Cook conférait pouvoir et protection à son propriétaire. Les composants d'animaux sont courants dans les amulettes. Celle-ci est intéressante, car au lieu d'être présentés dans leur état naturel, les os et les dents ont été soigneusement travaillés.

L'ABONDANCE

Les symboles de fertilité sont légion dans l'art du bijou et ce, quelle que soit la culture. Le symbolisme féminin peut être évident comme dans les amulettes égyptiennes en cauris ou celles, espagnoles, en forme de poing, les higas. Dans d'autres cas, c'est l'image de la fertilité qui est explicite comme dans l'exemple du bijou ci-contre.

BROCHE DE STYLE VICTORIEN

LE RAISIN D'AMÉTHYSTE
Cette grappe de raisin a peut-être constitué le cadeau de mariage d'un homme à sa jeune épouse puisque le raisin était un antique symbole de fécondité. Par ailleurs, le raisin faisait penser aux plaisirs (et aux excès) du vin.

PENDENTIF, GRÈCE ANTIQUE

LA GRENADE
Presque à coup sûr porté par une jeune mariée, ce pendentif fut réalisé, il y a environ 4 300 ans, par un artisan mycénien. La grenade aux mille grains assemblés est liée à l'idée de fécondité.

LA VIGNE
Daté des années 1850, ce pendentif en or est couvert de feuilles de vigne, symbole de Bacchus, le dieu romain du vin et de l'ivresse.

LES CACHETS
Les anneaux sigillaires pivotants remontent au XVe siècle avant J.-C. Ils étaient à la fois sceau personnel et marque de statut social car, à cette époque, seule une personne fortunée pouvait faire exécuter son portrait dans une pierre dure. En imprimant son effigie sur la cire molle, le propriétaire pouvait marquer ses marchandises.

AMULETTE-BRACELET
Les amulettes en argent étaient censées protéger leur porteur, souvent un enfant. Le bracelet que voici présente un fer à cheval porte-bonheur, un puits aux souhaits, un singe savant, un poisson et une grenouille de fécondité. La vogue de ces bracelets est relativement récente (courant du XXe siècle).

CADENAS CHINOIS
En Chine, ce cadenas était traditionnellement offert par un père à son fils afin de protéger son âme et d'empêcher les esprits malins de la dérober. Une centaine de familles s'associaient pour offrir le cadenas. Elles devenaient ainsi les gardiens de l'enfant tout au long de sa vie.

LES BIJOUX DE DEUIL

La mort d'un être cher est marquée par différents rituels hautement symboliques. En signe de deuil, les gens portent des vêtements et des bijoux de couleur plus sombre. En Occident, le noir est la couleur traditionnelle du deuil, et la plupart des bijoux de deuil sont taillés dans le jais.

BAGUE
Au XVIIe siècle en Angleterre, on offrait couramment ce type de bagues aux membres de la famille, le jour des funérailles.

MÈCHE DE CHEVEUX
La broche ci-dessous peut pivoter afin de présenter ses deux faces. Le dos contient une mèche de cheveux, symbole de l'absence.

MAIN GANTÉE
Cette broche de jais représente une main gantée tenant une couronne mortuaire.

Cette tourterelle porte le cœur de l'être aimé

AMOUR IMMORTEL
Le jais devint populaire en Angleterre durant le règne de la reine Victoria, alors que l'art des bijoux de deuil était à son apogée.

BRACELET VICTORIEN À BOUCLE
Les bijoux à boucle (bagues et bracelets) furent très populaires au XIXe siècle en Angleterre. Ils suggéraient, d'une manière assez subtile, la domination de l'homme sur la femme. L'homme l'offrait à sa bien-aimée et, en bouclant le bijou, la femme, consciemment ou non, faisait acte de soumission.

TRENTE ANS DE MARIAGE
Par sa beauté et sa perfection, la perle a longtemps été, par excellence, le bijou de l'amour. Si le diamant est le « roi des pierres précieuses », la perle en est la reine. On l'offrait aussi à l'occasion du trentième anniversaire de mariage.

LA BAGUE DE FIANÇAILLES
La coutume consistant à offrir une bague de fiançailles remonte à l'époque romaine. Les bagues étaient souvent de simples anneaux de fer, symbolisant le cycle sans commencement ni fin de la vie. Au XVe siècle, les diamants (emblèmes de fidélité) furent ajoutés à cet anneau austère. Les diamants étaient, en outre, censés protéger contre les forces du mal.

LE MYOSOTIS
La joaillerie s'est depuis longtemps emparée des motifs floraux et de leur symbolisme. En offrant cette broche, le soupirant adressait un message à sa bien-aimée puisque le myosotis est surnommé « Ne-m'oubliez-pas ».

PORTE-BONHEUR
À la grande époque de la chasse, les bijoux à motifs de renard, de chien et de cavalier étaient à la mode. Ces objets étaient utilisés comme porte-bonheur et caractérisaient la noblesse terrienne.

SYMBOLE DE L'AMOUR
Ce ruban de cou du XVIIIe siècle était, selon la tradition, un cadeau offert à l'être aimé. Les mains (ici les mains étreintes ornant le fermoir) sont un sujet souvent représenté et ont différents symbolismes selon la position des doigts. Le pouce et l'index réunis, par exemple, sont un talisman contre le mauvais œil, tandis que le poing fermé est symbole de fécondité.

LE MÉDAILLON
Avant la photographie, les personnes aisées commandaient leur portrait sous forme de médaillons émaillés et l'offraient à leur bien-aimé(e). Et la mère pouvait garder sur son cœur l'image de ses enfants.

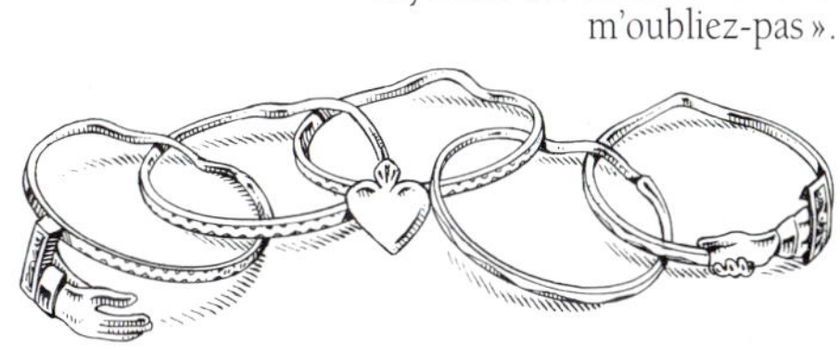

LES ALLIANCES ENTRELACÉES
Ces alliances devinrent à la mode à partir du XVIIIe siècle. Leurs anneaux, une fois imbriqués, étaient scellés par deux mains enlaçant un cœur. Le symbolisme est renforcé par le fait que les anneaux ne peuvent être séparés.

VOIR AUSSI

L'ABONDANCE ☞ LA GRENADE ; LE RAISIN *48*

LES ALLIANCES ENTRELACÉES, LA BAGUE DE FIANÇAILLES ☞ LES ALLIANCES *83*

LES BIJOUX DE DEUIL ☞ LE JAIS *38* ; LE CORBILLARD *92* ; LE NOIR *106*

PARURE DE JAMBE ☞ L'ARGENT *39* ; EX-VOTO *79*

TRENTE ANS DE MARIAGE ☞ LA PERLE *38*

La souveraineté

L'institution monarchique se fonde sur des symboles. De nombreuses cours asiatiques furent conçues comme des modèles réduits de l'Univers – le trône, au centre du palais, représentant la montagne sacrée, axe du monde. Dans ces régions, le roi possède quatre reines et quatre ministres principaux, représentant chacun les quatre points cardinaux. La santé du peuple et du territoire dépendait de la bonne santé de leur souverain. Dans certaines régions d'Afrique et d'Inde, le roi était sacrifié rituellement alors qu'il était encore sain de corps et d'esprit. Son sang répandu renouvelait la fertilité du sol et assurait le bien-être de son peuple. On pensait que le roi gouvernait de droit divin et, dans certaines civilisations, il était d'ailleurs considéré comme un demi-dieu.

La reine
Équivalent féminin du roi, la reine est liée à la déesse mère ou à la reine des cieux. Ensemble, le roi et la reine représentent l'union parfaite des contraires, deux moitiés du tout, le soleil et la lune, le jour et la nuit.

Le roi
Le roi est, par excellence, le symbole du pouvoir. Traditionnellement, le souverain était entouré de courtisans qui avaient, par analogie, la même fonction que les êtres célestes gravitant autour de Dieu. Ses sujets le considéraient donc comme l'image de Dieu sur terre et comme un lien symbolique entre le ciel et la terre. Le roi est également une incarnation de la conscience, qui gouverne nos pulsions inconscientes.

Globe
Symboliquement, le roi tient le monde au creux de sa main

Trône
Le trône est le siège même de l'autorité. Il marque, métaphoriquement, le centre du royaume et celui de l'Univers. Sa décoration dénote le rang du monarque. La Vierge Marie, couronnée dans les cieux, est souvent dépeinte « en majesté », sur un trône

Couronne
La couronne est le symbole de la souveraineté et de l'honneur

Sceptre
Baguette magique à l'origine, le sceptre signifie la responsabilité du roi vis-à-vis de la prospérité de ses sujets

Hermine
Robe hivernale de l'animal du même nom, l'hermine est la parure royale par excellence. Elle symbolise l'incorruptibilité et la justice

Manteau
Le manteau royal indique la protection, le mystère et la transformation

Le pharaon
Le masque célèbre de la momie du jeune pharaon Toutankhamon reflète la gloire de ce souverain. Pour les anciens Égyptiens, le pharaon était bien plus qu'un monarque, il était un dieu. Centre de toute vie, fils de Rê, dieu-soleil, il était l'intermédiaire entre le ciel et la terre.

Les jeux de pouvoir

De nombreux jeux sont fondés sur l'équilibre des pouvoirs et mettent en scène rois, reines, courtisans et armées. L'objet du jeu peut être de battre les autres joueurs, après avoir montré sa maîtrise dans ce qui peut être considéré comme un simulacre de combat.

Les échecs
Ce très ancien jeu est la représentation symbolique d'un conflit armé entre deux souverains. Les cases blanches et noires sont associées aux forces positives et négatives, mâles et femelles, affrontées. Le roi est entouré de pièces qui représentent sa cour et son armée au sein desquelles la reine, ou dame, a une place prépondérante, ses pouvoirs surpassant ceux du roi. Chaque partie est singulière, et chaque mouvement de pièce un choix vital.

Pièces d'échecs d'inspiration chinoise

Cavalier — Fou — Dame — Roi — Tour — Pion

Les cartes
Les cartes à jouer sont partagées en quatre couleurs, chacune conduite par un roi, sa reine et son valet. Dans certains jeux, les jokers (fous) ont plus de pouvoir que ne le laisse supposer leur titre. La plupart des jeux de cartes consistent à rassembler une maison royale, composée d'un roi et de sa suite.

L'EMPEREUR
En Chine et au Japon, l'empereur est le Fils du Ciel, symbole de l'ordre moral et responsable de l'équilibre harmonieux entre le ciel et la terre. Les empereurs moghols de l'Inde avaient un rôle similaire. Ici, Babur, premier empereur moghol, reçoit des ambassadeurs.

LE PRINCE ET LA PRINCESSE
Dans les contes et légendes, le prince est généralement l'incarnation du courage et de l'action, tandis que la princesse est un symbole de bonté et de beauté. Le prince doit endurer de grandes souffrances pour libérer la belle prisonnière. Sa quête représente le chemin de découverte de la vérité, aboutissement traditionnel des combats spirituels.

LE CHEVALIER
Juché sur son destrier, symbole de vitesse, le chevalier représente l'être humain sublimé. Il maintient l'ordre dans le royaume et symbolise le courage moral, le devoir accompli et la noblesse. Vêtu d'une armure étincelante, il incarne l'invincibilité.

LE FOU DU ROI
En tant que simple d'esprit, le fou du roi était dispensé des rigueurs de l'étiquette. Pourtant, il était souvent le plus sage des hommes de cour et le seul à pouvoir dire son fait au roi. Le fou représente l'innocence dans le monde du pouvoir.

L'OMBRELLE
L'ombrelle, ou parasol, représente la voûte céleste et, avec ses rayons, le soleil lui-même. En Asie, elle est souvent le symbole de la royauté.

LE SCEAU
Tous les documents officiels devaient être scellés du sceau même du roi, représentant ainsi son autorité et son pouvoir. Le sceau est par ailleurs une marque de propriété. Il peut également signifier l'appartenance à une confrérie.

LE CHASSE-MOUCHES
Ressemblant étrangement au fléau, qui est un instrument de sujétion, le chasse-mouches est symbole royal en Afrique et en Orient.

LES ATTRIBUTS DU POUVOIR

Les joyaux de la couronne, éléments essentiels de l'apparat royal, ont revêtu une signification presque mystique. Sans ce trésor emblématique, le monarque perdrait toute autorité. La couronne, le globe et le sceptre sont indispensables au moment de la cérémonie du couronnement.

COURONNE IMPÉRIALE RUSSE, XVIIe S.

LA COURONNE
Réalisée en pierres et en métal précieux, la couronne symbolise la souveraineté. Elle orne la partie la plus noble de la personne, la tête, ou encore l'intellect. Jésus reçut une couronne d'épines en signe de dérision. La couronne de laurier consacrait poètes et savants mais aussi guerriers et sportifs triomphants.

LE GLOBE
Le globe est constitué d'une sphère représentant le monde et d'une croix symbolisant l'autorité spirituelle du monarque sur ses sujets, à l'image de celle de Dieu sur l'humanité.

SCEPTRE DE PRUSSE

LE SCEPTRE
Jadis, on pensait que le sceptre avait des pouvoirs surnaturels, à l'instar des baguettes magiques. Il est également un symbole phallique. Ensemble, le globe et le sceptre symbolisent la complétude et la puissance créatrice des principes mâle et femelle.

GLOBE GERMANIQUE

LE COURONNEMENT
La reine d'Angleterre Élisabeth II fut couronnée dans l'abbaye de Westminster, en 1953, lors d'une cérémonie au cours de laquelle elle fut revêtue des insignes de la royauté, qui symbolisent son rôle à la tête de l'État et de l'Église anglicane.

L'AMPOULE ET LA CUILLÈRE
Le nouveau monarque est oint de l'huile sainte à l'aide d'une cuillère d'onction. Ici l'ampoule à huile a la forme d'un aigle.

LE PALAIS
Résidence royale par excellence, le palais est à l'image des cieux ou du cœur du royaume. Tous les contes de fées et les légendes parlent de palais dont certaines salles sont secrètes, renfermant des trésors réels ou imaginaires. Ces images font référence à l'inconscient et aux vérités spirituelles.

VOIR AUSSI

LE CHEVALIER ☞ ADOUBEMENT *91*

LA COURONNE ☞ LA TORAH *17* ; LA COURONNE D'ÉPINES *18* ; LE FEU *35* ; LE LAURIER *44* ; LE SACRÉ CŒUR *74* ; STATUT NOBILIAIRE *114*

LE ROI ☞ PERSONNIFICATION DU SOLEIL *34* ; LE ROI-SOLEIL *39*

Les armes et les outils

Bien qu'il s'agisse d'objets usuels, les outils et les armes ont toujours été de puissants symboles utilisés pour représenter des notions telles que le travail, la guerre, la fertilité ou la mort. Dans de nombreuses religions, les dieux sont souvent représentés dotés d'objets emblématiques, au point que ces objets permettent de les identifier. Les armes signifient généralement la puissance, la protection et la destruction. Aux mains des dieux, elles symbolisent la déroute de l'ignorance et, par extension, la libération. Les armes représentent également les épreuves que doivent surmonter les dieux ou les héros.

L'échelle

L'échelle représente notre impatience à franchir les degrés qui conduisent de l'ignorance à la connaissance. Dans l'Égypte ancienne, l'image d'une échelle était placée près du défunt. Dans la Bible, Jacob fit un rêve dans lequel des anges montaient et descendaient une échelle symbolisant la communication entre Dieu et les hommes.

L'enclume

L'enclume est souvent considérée comme féminine, contrepartie passive du marteau, aux connotations masculines. Ensemble, ils représentent les forces antagonistes mais complémentaires de l'actif et du passif.

La faux

Instrument de la moisson, la faux symbolise la mort qui fauche les vies terrestres. Par là même, elle est l'instrument de libération des âmes. Le personnage de la Mort, porteur de la faux, arpente la planète en quête de sinistres moissons.

Marteau de Thor

Le marteau

Très largement considéré comme le symbole du tonnerre, le marteau est l'attribut du dieu nordique Thor ; il atteint toujours son but et revient à son lanceur. Héphaïstos, le dieu forgeron des Grecs anciens, possédait aussi un marteau. Au Japon, le marteau est l'attribut de Daikoku, dieu de l'abondance.

La faucille et le marteau

Dans l'ex-Union soviétique, la faucille, symbole de moissons abondantes, et le marteau, symbole d'activité industrielle, représentaient à eux deux l'union des forces citadines et rurales, du blé et du métal, des populations ouvrières et paysannes. Les partis communistes ont généralement conservé cet emblème puissant. La déesse grecque de l'agriculture, Déméter, a pour emblème la faucille.

Hache crétoise

La hache

La hache est l'attribut de dieux tels que Zeus. Symbole de pouvoir, elle est associée à de nombreuses divinités, comme Shiva et Agni en Inde ou le dieu de l'orage chez les Yorubas d'Afrique de l'Ouest. En Chine, elle représente la justice, l'autorité et la punition. La hache est aussi symbole de mort ordonnée par une divinité vengeresse. Pour les hindous et les bouddhistes, la hache débarrasse de l'ignorance et interrompt le cycle des morts et des renaissances.

Simon et André, Gabriel Loire, 1975

Le filet

Le filet symbolise le pouvoir des dieux de lier et de tenir les humains prisonniers des rets de la vie. Dans le monde chrétien, saint Pierre (Simon le pêcheur) a été nommé « pêcheur d'hommes » par Jésus et la pêche symbolise l'appel des hommes à entrer dans la barque de l'Église.

La balance

Les deux plateaux d'une balance représentent la justice et le jugement, tant au tribunal qu'après la mort. Chez les anciens Égyptiens, le cœur du défunt était pesé devant Osiris, juge suprême, et était mesuré à l'aune de la plume, le poids de la vérité. Chez les Romains, la justice était représentée tenant un glaive et une balance. Dans l'art chrétien du Moyen Âge, la balance symbolise le jugement des âmes par Dieu.

La corde

La corde représente le lien et la captivité. Ainsi, dans l'art chrétien, Jésus est présenté à la foule les mains ligotées par une corde. Ailleurs, la corde relie le ciel et la terre à la manière d'un cordon ombilical cosmique. Sous forme de nœud coulant, elle est symbole de désespoir et de mort.

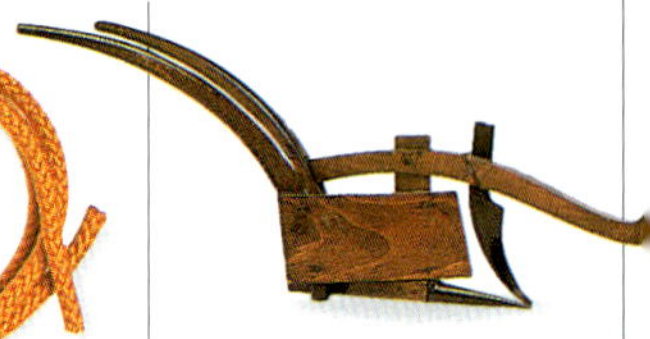

La charrue

La charrue, à l'évidence symbole phallique, représente les travaux du labour et la fécondation de la terre, le sillon prenant alors l'image du sexe féminin. Elle représente aussi l'acte de Création lorsque la matière originelle fut divisée pour donner les différentes formes de la vie.

Le rouet

Le fuseau est l'emblème des Parques, déesses du destin, souvent représentées comme trois fileuses présidant à la naissance, à la vie et à la mort de chacun. La roue est le symbole de l'Univers. Le rouet, entrecroisant les fils masculins actifs et les fils féminins passifs, est une image de la vie à la recherche d'une harmonie finale. Selon le bouddhisme, il n'en sortira qu'un tissu d'illusions.

KRISS MALAIS

LE REVOLVER
Le revolver est le symbole de la puissance et de l'agressivité masculines. La violence d'éjection de ses projectiles en fait un symbole évident de virilité, de même que les autres armes à feu. Dans la symbolique freudienne, les armes à feu sont le symbole phallique par excellence, comme le montrent, à l'évidence, les films noirs ou les westerns.

LE POIGNARD
Instrument de mort, le poignard est aussi un symbole phallique. C'était l'attribut des dieux guerriers comme Mars et Mithra. Poignard malais ondulé en forme de flamme, le kriss est utilisé par les Indonésiens au cours de danses rituelles dont la signification semble être la totale maîtrise du danger par les « possédés de Dieu ». C'est alors une arme sacrée.

EMBLÈME SIKH
L'emblème sikh est celui du khalsa, l'ordre militaire institué par Guru Gobind Singh en 1699. Le khanda symbolise l'inquiétude de Dieu pour la vérité et la justice dans le monde, et les deux sabres entrecroisés représentent les pouvoirs temporel et spirituel de Dieu.

LES ÉPÉES

Dans toutes les cultures, l'épée symbolise pouvoir et puissance. Une épée prise à l'ennemi est symbole de victoire ; lors de l'adoubement, le chevalier est investi d'une autorité au moment où il reçoit l'épée. L'épée partage le bien du mal et déchire le tissu de l'ignorance. De nombreux dieux, héros ou saints portent l'épée.

SABRE ASHANTI
Ce sabre d'apparat (fin XIXe siècle) du royaume ashanti, au Ghana, présente un tranchant volontairement émoussé. Les globes dorés décorant le manche sont des symboles de fécondité et de prospérité.

SABRE DE SAMOURAÏ
Au Japon, le sabre est le symbole du courage, de la force et de l'honneur, notamment pour le samouraï. Il représente la noble cause et le combat pour la vérité et la justice.

ÉPÉES CROISÉES
Les épées entrecroisées du monument aux Martyrs, à Bagdad, réunissent deux points cardinaux – l'est pour la naissance et l'ouest pour le martyre.

ADOUBEMENT
La coutume de l'adoubement est très ancienne. En touchant les deux épaules de son vassal avec la lame d'une épée, le monarque lui transmet une partie de son autorité. L'épée purifie symboliquement l'âme de celui qui va être fait chevalier.

L'EMPEREUR SIGISMOND ADOUBE HENRI D'ULM, 1473

L'ARC ET LES FLÈCHES
Avec sa forme en croissant et sa puissance de jet, l'arc est à la fois masculin et féminin ; il représente la lune et la voûte céleste. Avec la flèche, puissant symbole de pénétration, il est l'attribut de Diane et d'Apollon. Pour les taoïstes chinois, il est la Voie, le Tao.

LE BOUCLIER
Le bouclier protège et symbolise le pouvoir de la femme et la chasteté. Dans certaines cultures, il personnifie la puissance du dieu mâle ou de l'ancêtre, ou encore du héros. C'est un emblème de la déesse Athéna.

Bouclier indien décoré de scènes mythologiques

LA LANCE
La lance représente la guerre, le pouvoir et, en raison de sa forme phallique, la fertilité. Dans l'art chrétien, un animal transpercé représente le vice vaincu et les personnages symbolisant la vertu sont souvent représentés portant une lance. Elle est également associée à la passion du Christ à cause de la blessure qui lui fut infligée sur la Croix. La lance peut aussi être symbole de l'axe du monde.

VOIR AUSSI
LE BOUCLIER ☞ L'HÉRALDIQUE *114*
LA CORDE ☞ LE FIL *97*
L'ÉCHELLE ☞ L'ESCALIER *95* ; LE TABLEAU DE LOGE *109*
LES ÉPÉES ☞ LA DANSE DES ÉPÉES *76* ; ARGENT PROTECTEUR *78*
LE MARTEAU ☞ ODIN, THOR, FREYA *15*
LE ROUET ☞ SAINTE CATHERINE *19* ; LA ROUE DE LA LOI *22* ; LE ZODIAQUE *112* ; LA ROUE *104* ; LES CHAKRAS *103*

LA MORT ET LE DEUIL

JOUR DES MORTS, SCULPTURE

La certitude de la mort nous réunit tous, riches ou pauvres, quelles que soient notre culture ou notre religion. Les innombrables rites entourant la mort et le deuil illustrent les différentes attitudes face à la peur de l'inconnu. D'anciennes croyances parlent du retour du corps au sein de la mère Nature, ou des âmes retrouvant l'océan cosmique ou les prairies célestes. Pour certains, la mort est la porte donnant accès à un monde de félicité pour peu que le défunt ait été un être pieux durant sa vie. Source de joie ou de crainte, le domaine de la mort est surchargé de significations. Les rituels funéraires doivent accompagner l'âme du défunt pendant son passage de la vie à la mort et consoler les proches du mort.

LE JOUR DES MORTS

Le 1er novembre, les Mexicains célèbrent le jour des Morts. Ils confectionnent des têtes de mort et des squelettes en sucre qu'ils déposent dans les cimetières en même temps que des provisions pour accueillir le retour du mort sur terre. Les rituels permettent de conserver un lien symbolique avec le passé.

LE CORBEAU

Malgré un symbolisme de sagesse, de fertilité et de création dans certaines cultures, le corbeau est considéré, dans la tradition chrétienne, comme un oiseau de mauvais augure. Il annonce le mal, la guerre et la mort. C'est probablement sa couleur noire qui lui a valu cette sinistre réputation, liée aux forces de la nuit. On disait que les corbeaux hantaient les cimetières.

DANSE MACABRE, D'APRÈS HOLBEIN, 1786

DANSE MACABRE

La danse macabre illustrait le fait que les hommes sont tous égaux face à la mort. La procession est composée de personnages de toutes les classes sociales. Un squelette tient par la main chacun d'entre eux, et la procession s'achemine vers le cimetière, indiquant ainsi que tout le monde est lié par le même sort. Une autre croyance populaire disait qu'à minuit les morts dansaient dans les cimetières. Ces deux idées furent souvent liées dans le folklore.

PAPIER BRÛLÉ PAR LES CHINOIS LORS DE FUNÉRAILLES

VIATIQUE

En Chine, lors des funérailles, il est de coutume de brûler des papiers de couleur pour porter chance aux âmes des défunts pendant leur voyage vers l'au-delà.

LE CORBILLARD

Ce magnifique corbillard date d'une époque révolue. L'ensemble de l'équipage (voiture, chevaux, cocher et décorations) était en noir, symbole du deuil. Les funérailles modernes sont généralement beaucoup plus discrètes mais la tradition perdure encore dans certains milieux.

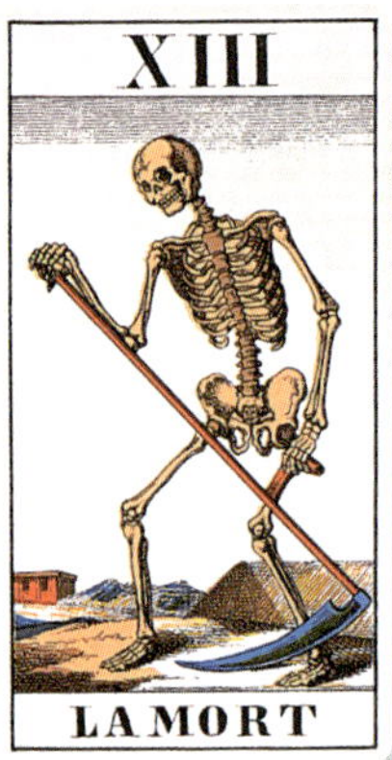

LA MORT

Dans le tarot, la Mort n'est pas la dernière carte mais marque un état de transition. Elle indique la fin d'une phase de l'existence et le début d'une autre, entraînant entre-temps de profonds changements. La Mort porte une faux avec laquelle elle moissonne les êtres vivants.

CORBILLARD TIRÉ PAR DES CHEVAUX

PIERRE TOMBALE, NOUVELLE-ZÉLANDE, 1913

LA PIERRE TOMBALE

On trouve souvent dans les cimetières chrétiens des monuments funéraires sur lesquels figurent différents éléments symboliques : couronne, Bible, anges, etc. En tant qu'intermédiaire entre le ciel et la terre, l'ange symbolise l'entrée de l'âme dans le royaume des cieux.

URNE FUNÉRAIRE ROMAINE

L'URNE FUNÉRAIRE

Après la crémation, les cendres du défunt sont déposées dans une urne. La mise des cendres dans l'urne peut passer pour le symbole du retour au sein maternel. Dans la pensée bouddhiste, l'urne à couvercle est le symbole de l'intelligence suprême qui triomphe de la naissance et de la mort.

LES OFFRANDES FUNÉRAIRES

Dans de nombreuses civilisations, des objets et de la nourriture étaient déposés à côté des défunts comme témoignage de leur notoriété, mais aussi pour les accompagner durant leur voyage dans l'au-delà. Parfois, les épouses, les esclaves et les animaux domestiques étaient enterrés avec le défunt.

OBJET EN OR VIKING

OR VIKING

Les Vikings enterraient des objets d'or dans les tombes de leurs chefs.

OFFRANDES ALIMENTAIRES

Des bols contenant différents aliments constituaient des offrandes funéraires courantes. Elles symbolisaient les nourritures spirituelles des âmes après la mort. Ces bols funéraires japonais datent du IIIe siècle de notre ère.

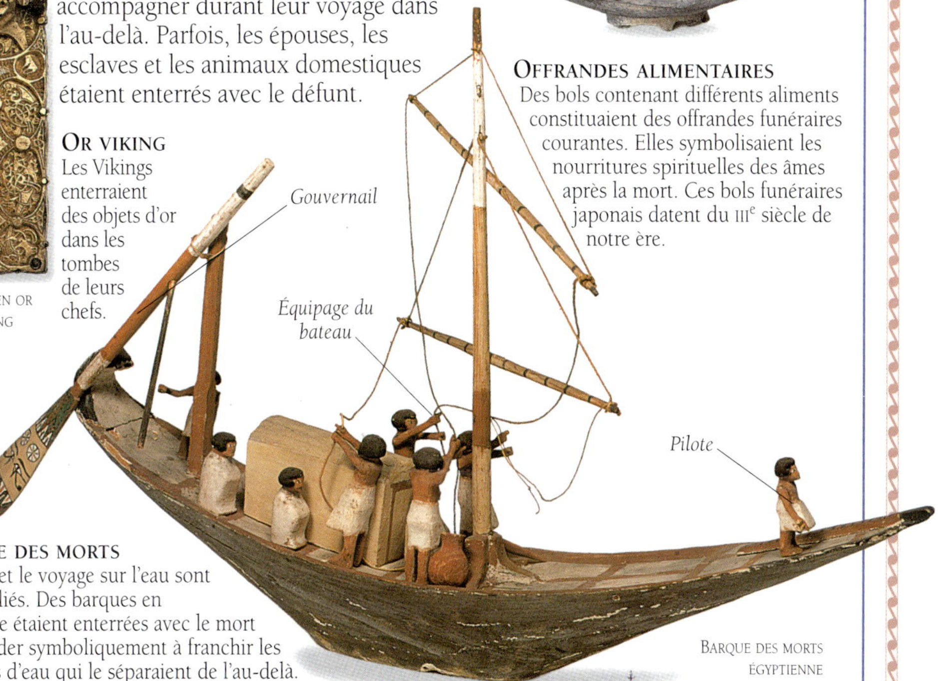

BARQUE DES MORTS ÉGYPTIENNE

BARQUE DES MORTS

La mort et le voyage sur l'eau sont souvent liés. Des barques en miniature étaient enterrées avec le mort pour l'aider symboliquement à franchir les étendues d'eau qui le séparaient de l'au-delà.

LES PLEUREUSES

Dans la province chinoise de Gansu, lors des funérailles taoïstes, les pleureuses sont entièrement couvertes, en signe de respect pour le défunt. Elles sont vêtues de robes blanches, à l'exception de celle, habillée de noir et portant une ceinture verte, qui conduit le deuil. Les voiles sont en toile de jute car les tissus fins seraient trop frivoles. Durant les deux ou trois années suivant le décès, les pleureuses mangent uniquement les nourritures les plus simples.

FLAMME ÉTERNELLE

Une flamme brûle en permanence sur la tombe du soldat inconnu, en témoignage de respect vis-à-vis de ceux qui, anonymes, sont tombés pour défendre la patrie.
Le soldat inconnu représente toutes les victimes, amies ou ennemies, des guerres.

FLAMME ÉTERNELLE, MOSCOU

TADJ MAHALL, AGRA, INDE

MAUSOLÉE

Le Tadj Mahall est le monument funéraire de l'épouse de Chah Djahan, empereur indien du XVIIe siècle. Il devait être le plus beau mémorial du monde en témoignage de l'amour de l'empereur pour sa femme. Sa propre tombe, sur la rive opposée du fleuve, ne fut jamais achevée. Aussi fut-il enterré auprès de son épouse.

EN BERNE

La coutume consistant à faire flotter le drapeau à mi-mât en signe de deuil prit corps en Angleterre, au cours du XVIIe siècle. Le haut du mât restait libre pour le drapeau invisible de la mort. En France, un drapeau en berne n'est pas déployé mais roulé le long du mât.

Drapeau britannique en berne

LIS BLANC

LE LIS

En Occident, le lis blanc, fleur de la Vierge, est traditionnellement associé à la pureté, ce qui explique peut-être la coutume de déposer ces fleurs sur les tombes. La mort est considérée comme le retour à un état de pureté originelle – le blanc du lis s'opposant au noir de la mort proprement dite.

COURONNE DE COQUELICOTS

COURONNE ROUGE

Les coquelicots sont devenus le symbole des morts des deux guerres mondiales. Ce lien vient d'un poème du Canadien John McCrae : « Dans les champs de Flandre où pousse le coquelicot/ Entre les croix, rang sur rang… » Par sa proximité avec le pavot, le coquelicot est également le symbole du sommeil et des rêves.

RUBAN DE LUTTE CONTRE LE SIDA

RUBAN

Le ruban rouge, conçu en 1991 par AIDS, association de lutte contre le sida, est devenu le symbole de cette lutte dans le monde. Le port de ce ruban témoigne d'un soutien à la lutte contre la maladie et en appelle à l'exigence d'une recherche poussée pour sa guérison.

VOIR AUSSI

COURONNE ROUGE ☞
LE COQUELICOT *50*

LE DEUIL ☞
LES BIJOUX DE DEUIL *87* ;
LE BLANC, LE NOIR *106*

LA MORT ☞
CYPRÈS *45* ;
LE CORBEAU *64* ;
LE SQUELETTE *74* ; LA FAUX *90* ;
LE LANGAGE DU TAROT *111*

L'ARCHITECTURE

La signification symbolique d'un bâtiment et de ses composants peut être extrêmement complexe. Une terrasse à degrés peut représenter les différents niveaux (ou sphères) célestes, une flèche l'aspiration vers le spirituel, et un dôme la voûte céleste proprement dite. Un gratte-ciel représentera le monde moderne à l'assaut des nuées, et un bâtiment utilisant des matériaux naturels symbolisera l'union avec la nature. Les éléments composant un bâtiment peuvent, eux aussi, renfermer leur propre symbolisme : par exemple, les portes et les fenêtres, qui sont des frontières entre deux mondes.

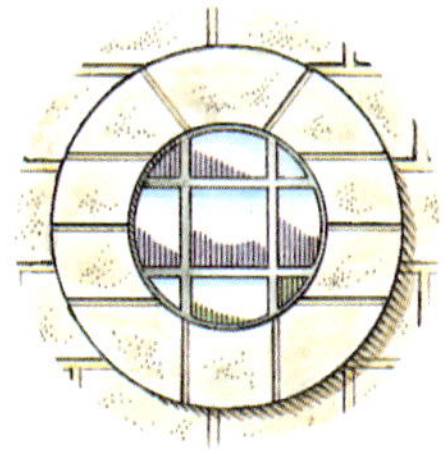

ŒIL-DE-BŒUF

LA FENÊTRE

À l'instar de l'œil, surnommé la « fenêtre de l'âme », la fenêtre est l'« œil de l'âme », tous deux symboles de la conscience et de la perception individuelle du monde. Une fenêtre ronde est appelée à juste titre *oculus* (œil, en latin) ou œil-de-bœuf. La fenêtre symbolise aussi la lumière de la vérité pénétrant l'âme.

BALCON INDIEN

LE BALCON

De par sa nature ambiguë, mi-cachée, mi-ouverte, mi-intérieure, mi-extérieure, le balcon représente le mystère et l'ambivalence. Les balcons clos sont encore plus mystérieux. Dans les pays plus froids, les baies vitrées et les bow-windows jouent le rôle de balcons clos.

PORCHE D'ÉGLISE, XIIe S.

LE PORCHE

Le porche marque le passage du monde profane au monde sacré, du danger à la sécurité. Il symbolise également la transition entre une étape de la vie et la suivante ou encore le passage de la vie à la mort. Les porches d'édifices religieux sont souvent richement décorés d'effigies d'anges gardiens et de bêtes fabuleuses qui détournent le mal et offrent protection.

LE MARTEAU DE PORTE

Les marteaux de porte de forme animale protègent la maison contre le mauvais œil. Le coup frappé à la porte – un symbole souvent repris en littérature – marque la survenue du destin et, peut-être, de la mort.

MUR DE BERLIN

LE MUR

Le mur clôt et protège un jardin ou une maison contre les agressions extérieures. Il suggère force, vie privée et enfermement. Le mur de Berlin, ci-dessus, était le symbole de la guerre froide qui opposait l'Est et l'Ouest.

JUSQU'AU CIEL

L'humanité a toujours été fascinée par les bâtiments élevés qui s'élancent à la conquête du ciel, symboles d'un pouvoir religieux ou profane. Antiques pyramides ou modernes gratte-ciel, de tels édifices matérialisent le besoin de l'homme de s'élever spirituellement mais aussi la volonté de marquer sa domination sur les êtres et les choses.

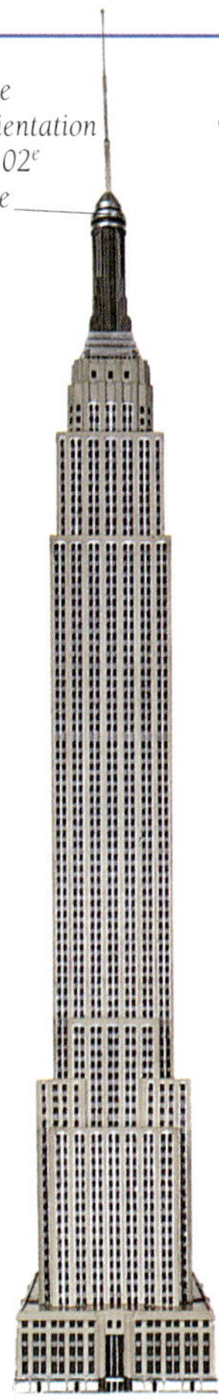

LES GRATTE-CIEL

L'Empire State Building, à New York, fut durant des décennies l'édifice le plus haut du monde. Bâtiment connu dans le monde entier, c'est un magistral symbole de puissance.

LES PYRAMIDES

Pour les anciens Égyptiens, la pyramide était l'axe symbolique du monde, centre de l'Univers. Sa pointe représente le plus haut degré d'accomplissement spirituel. Une pyramide à degrés, ou ziggourat, représente les étapes successives de la conscience par lesquelles l'âme devra passer dans son ascension.

LA TOUR DE BABEL, PIETER BRUEGEL L'ANCIEN, 1560

LA TOUR DE BABEL

La légendaire tour de Babel était une ziggourat, ou pyramide à degrés, qui est devenue un symbole de l'arrogance de l'humanité. Dans la Bible, les Babyloniens avaient décidé d'édifier cette tour pour atteindre le ciel. Pour les punir de leur audace, Dieu divisa les constructeurs en leur donnant des langues différentes de sorte qu'ils ne puissent plus se comprendre entre eux. La construction de la tour s'interrompit aussitôt et ne fut jamais reprise.

PONT DES SOUPIRS, OXFORD

LE PONT

Le pont est le symbole du lien entre le ciel et la terre, entre la vie et la mort et entre la mort et l'immortalité. Le pont des Soupirs de Venise conduisait du tribunal à la prison.

L'ESCALIER

Un escalier représente l'ascension spirituelle. Son symbolisme est lié à celui de l'échelle et de la pyramide à degrés. Avec lui, on peut soit monter vers la lumière de la vérité, soit descendre vers les ténèbres de l'ignorance. Un escalier à vis, dont on ne peut voir les extrémités haute et basse, symbolise le mystère de la vie.

LE PHARE

Un phare fournit un point lumineux aux navigateurs et les guide vers la sécurité. Symbole des enseignements du Christ, il dirige les âmes vers la foi et la connaissance.

LE PARTHÉNON, ATHÈNES

LE TEMPLE CLASSIQUE

Grecs et Romains érigeaient des temples pour célébrer les cultes en l'honneur de leurs dieux. La forme ronde était souvent choisie pour restituer l'image de la perfection divine. Les temples classiques, comme le Parthénon, sur l'Acropole d'Athènes, étaient construits sur des sites élevés dans l'espoir que les prières des hommes soient entendues des dieux du ciel.

L'ARC

L'arc symbolise le passage d'un état à l'autre. Les armées romaines victorieuses défilaient sous les arcs de triomphe. Dans certains rites d'initiation, le passage sous un arc symbolise une nouvelle naissance.

ARC DE CONSTANTIN, ROME

LA MAISON-SANCTUAIRE DE LA NATURE, FINDHORN, ÉCOSSE

L'ABRI DE TERRE

Dans de nombreux pays, les gens bâtissent des maisons avec les matériaux qui les entourent, depuis les huttes de boue d'Afrique jusqu'aux igloos de l'Arctique. Ces constructions reflètent une union étroite de l'homme avec son environnement. Des maisons modernes, comme cette maison au toit planté d'herbes, témoignent d'un désir de retour à cette union avec la nature.

MAISON DE VERRE, SUÈDE

LA MAISON DE VERRE

Construite essentiellement en verre, cette maison offre une totale transparence. C'est littéralement une fenêtre sur le monde. Le verre laisse pénétrer le maximum de lumière et emmagasine la chaleur du soleil. Le jardin est visible en permanence et l'air plein de senteurs végétales.

DÔME, CATHÉDRALE DE FLORENCE

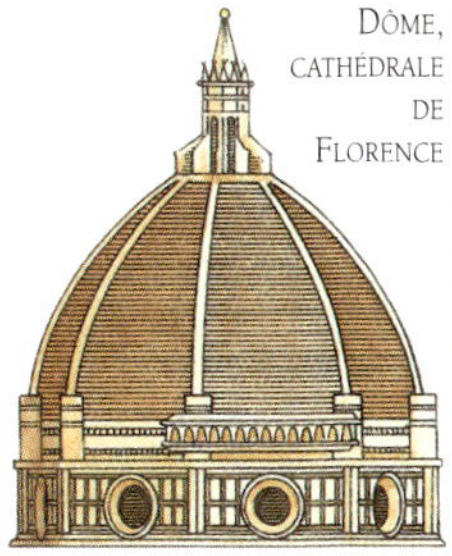

LE DÔME

Le dôme est le symbole de la voûte céleste. Les édifices religieux comprennent souvent un dôme dont l'intérieur est fréquemment décoré de planètes, d'étoiles et d'anges.

CHARLES D'ORLEANS DANS LA TOUR DE LONDRES, ART FLAMAND, V. 1650

LA TOUR ET LE CHÂTEAU

La tour est le symbole de l'inaccessibilité et donc de la protection. Avec ses tours crénelées, ses douves et son pont-levis, le château est le symbole du pouvoir séculier. Dans les contes de fées, les châteaux sont des lieux magiques qui abritent démons et géants. Pour libérer la princesse captive dans le donjon ou s'emparer du trésor (tous deux symboles de la connaissance spirituelle), il faut tuer le géant (représentation de l'ignorance pesante).

MAISON D'UN NOBLE, INDONÉSIE

LE TOIT

Le toit, comme la maison en général, est un symbole féminin évoquant la protection et le refuge. Certaines sociétés pendent leurs trésors et leurs trophées de chasse au plafond pour en augmenter les pouvoirs protecteurs.

VOIR AUSSI

L'ARC ☞ LE CARRÉ *104*

L'ESCALIER ☞ L'ÉCHELLE *90*

LE TEMPLE CLASSIQUE ☞ LE TEMPLE *21* ; LE LANGAGE DES SYMBOLES *109*

LA TOUR ET LE CHÂTEAU ☞ LE PRINCE ET LA PRINCESSE *89*

LES OBJETS USUELS

De nombreux objets familiers sont investis de significations symboliques. Il s'agit, par exemple, de récipients divers liés à l'univers féminin, au secret, à la protection. De nombreux objets servent à évoquer la fragilité de la nature humaine et la fuite du temps. Ceux liés au feu ou à la lumière sont également riches en significations symboliques. Quant aux clés, on les associe au dévoilement du secret et à la révélation de la sagesse.

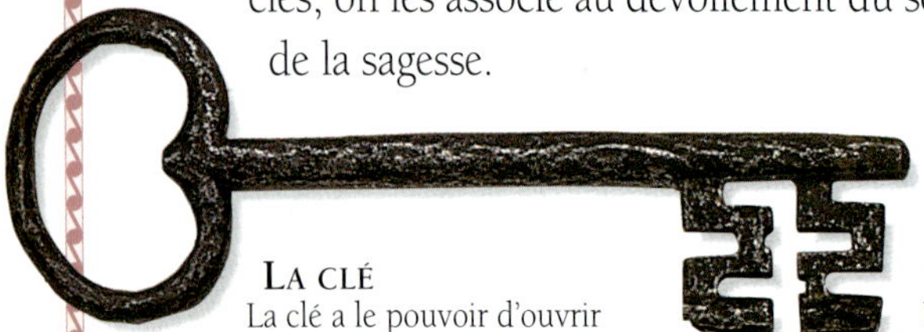

LA CLÉ

La clé a le pouvoir d'ouvrir et de fermer. Elle donne accès à ce qui est au-delà et symbolise donc la sagesse, la maturité ou le succès. Un trousseau de clés est la marque d'un statut social car il indique la propriété et la richesse. Les clés sont l'attribut mystique de saint Pierre, gardien des portes du paradis.

LE PANIER

Évoquant l'image de la récolte, le panier, lorsqu'il est plein, symbolise l'abondance, la fécondité et, donc, la vie. En Orient, les « trois paniers » sont les écritures du canon bouddhiste.

L'ÉVENTAIL

L'éventail dénote la distinction et l'aristocratie. Il est également chargé d'éloigner les esprits malins. Pour les taoïstes, il représente le vol de l'oiseau et la libération des immortels hors du monde profane. En outre, l'éventail a longtemps été le signe de la féminité et de la séduction.

PANDORE OUVRE LA REDOUTABLE BOÎTE

COUPE ÉGYPTIENNE

LA COUPE

La coupe, en tant que récipient, est le symbole de l'univers féminin. Dans cet exemple égyptien, le motif à lotus souligne le rapport de cette fleur avec l'eau. Le lien avec la féminité s'en trouve renforcé.

LA BOÎTE

C'est un symbole féminin. Fermée, elle symbolise l'inconscient. Ouverte, elle libère sur le monde les forces de la dévastation, de la maladie et de la mort, comme dans le cas de la boîte de Pandore.

LA BALANÇOIRE, J.H. FRAGONARD, 1767

LA BALANÇOIRE

La balançoire est liée à la fertilité car ses mouvements de va-et-vient représentent le rythme des saisons, le parcours du soleil ou de la lune, mais également le mouvement des ébats amoureux. Dans cette délicate peinture du XVIIIe siècle, la balançoire est le symbole de la séduction. Un Cupidon de pierre garde ce jardin reculé à la végétation luxuriante, propice aux jeux amoureux.

Pièces d'or et d'argent, symboles de richesse et d'avarice

LA BOURSE

Elle représente la vanité des biens terrestres. Dans l'art chrétien, une bourse est l'attribut de Judas Iscariote et de saint Matthieu, le percepteur. Des pièces s'échappant d'une bourse sont un symbole d'attachement aux biens matériels et d'avarice.

LA LAMPE
La flamme de la lampe à huile représente la vie et la lumière spirituelle, la sagesse et l'immortalité. Dans *les Mille et Une Nuits*, la lampe d'Aladin renferme un génie qui exaucera les souhaits de quiconque le libérera. Elle est donc le symbole de la magie et de la bonne fortune.

L'AMPOULE
L'ampoule électrique est devenue le symbole de la lumière de la connaissance. Ainsi, les personnages de bandes dessinées sont surmontés d'une ampoule allumée dès qu'ils ont une idée de génie.

LA MESURE DU TEMPS
L'homme a toujours été fasciné par l'idée du temps. Il a toujours lié la mort aux outils servant à mesurer le temps. Ainsi le vieillissement est-il considéré comme la représentation du « temps en marche » et le cœur comme une horloge vivante.

SABLIER

LE SABLIER
Cet instrument de mesure du temps, très simple, utilise les propriétés du sable, qui se comporte comme un fluide. L'image de la vie s'écoulant comme le sable dans le sablier est courante.

LA MONTRE
Comme l'horloge, la montre est le symbole du temps qui passe et un rappel de la brièveté de la vie. « Personne n'échappe à la fuite du temps. »

LE CADRAN SOLAIRE
Il indique l'heure en utilisant l'ombre portée du soleil. Dans les temps anciens, on pensait qu'il s'agissait de l'ombre d'un dieu solaire qui courait dans le ciel.

CADRAN SOLAIRE, XVIIIe S.

L'ANCRE
Elle est le symbole de la sécurité, de la stabilité et de l'espoir. Les chrétiens utilisaient autrefois le symbolisme de l'ancre parce qu'il convenait d'ancrer son âme dans le Christ afin d'éviter le naufrage spirituel.

LE MIROIR
La pensée est réflexion. Aussi le miroir est-il le symbole de la vérité, de la clarté et de la connaissance de soi – de la vanité également. Briser un miroir porte malheur car c'est en quelque sorte se faire du mal à soi-même. Pour les taoïstes, un miroir contient l'image de l'Univers.

LA BOUGIE
Une bougie est le symbole de l'âme ; elle éclaire dans les ténèbres de l'ignorance. Elle est le soleil et l'illumination spirituelle. Une bougie éteinte peut annoncer un décès. Les bougies jouent un grand rôle dans la plupart des rites religieux. Dans le christianisme, la bougie allumée représente le Christ, lumière retrouvée de l'Univers.

LE LIVRE OUVERT
Le livre est le symbole de la connaissance et de la sagesse universelles. Le cœur humain est souvent comparé à un livre : ouvert, il ne dissimule rien de ses sentiments ; fermé, il les cache.

LE FIL
Le fil est le symbole de la vie et de la destinée humaine. Dans la mythologie grecque, Ariane donne à Thésée une pelote de fil grâce auquel il pourra retrouver son chemin dans le Labyrinthe. Pour l'hindouisme, un fil nous relie à l'autre monde, et les membres des hautes castes portent un fil sacré.

LE ROUGE À LÈVRES
Sans doute parce que dans la nature le rouge est un signal d'excitation sexuelle, le rouge à lèvres vif accentue l'attrait pour la zone érogène des lèvres. Le mécanisme du bâton coulissant lui confère un érotisme combinant les deux sexes, mâle et femelle.

Fleur de lis

LA BOUSSOLE
La boussole désigne les quatre points cardinaux (nord, sud, est, ouest) et les quatre directions secondaires, représentant symboliquement les axes du cosmos. Les pyramides égyptiennes sont construites selon un axe est-ouest, leur entrée faisant face à l'étoile Polaire.

LA PLUME ET L'ENCRE
Comme le pinceau utilisé en calligraphie chinoise, la plume est le symbole de l'érudition. Elle dessine la marque du destin sur la page blanche de la vie. C'est également un symbole masculin : on trempe sa plume dans l'encrier pour assouvir sa puissance.

LA CUILLÈRE EN ARGENT
En Europe, on offre souvent une cuillère en argent au nouveau-né, le jour de son baptême ; elle symbolise la vie et la nourriture. On dit des personnes issues d'un milieu privilégié qu'elles sont « nées avec une cuillère en argent dans la bouche ».

VOIR AUSSI

LA BOURSE ☞ PIÈCES ÉGYPTIENNES 86

LA BOUSSOLE ☞ BOUSSOLE 25 ; BOUSSOLE *FENG SHUI* 78

LA LAMPE ☞ LAMPE DE MOSQUÉE 25

LE MIROIR ☞ LE MIROIR 78

LE ROUGE À LÈVRES ☞ LES LÈVRES 82

AQVARIVS
Circul,
Aquila
Equuleus
Vrna
Delphinus
Sagitta
Tigris flu.
Euphrates flu.
Cygnus
Pisces
Alsemcha
Pegasus
Andromeda
Cepheus
PISCES
Linum Austr.
Linum Sept.
Piscis sequens
Mirach
Cassiopeia
Cetus Balena
Nodus
ARIES
Triangulum
Alamac
Apes
Caput Medusae
Tropicus
Perseus

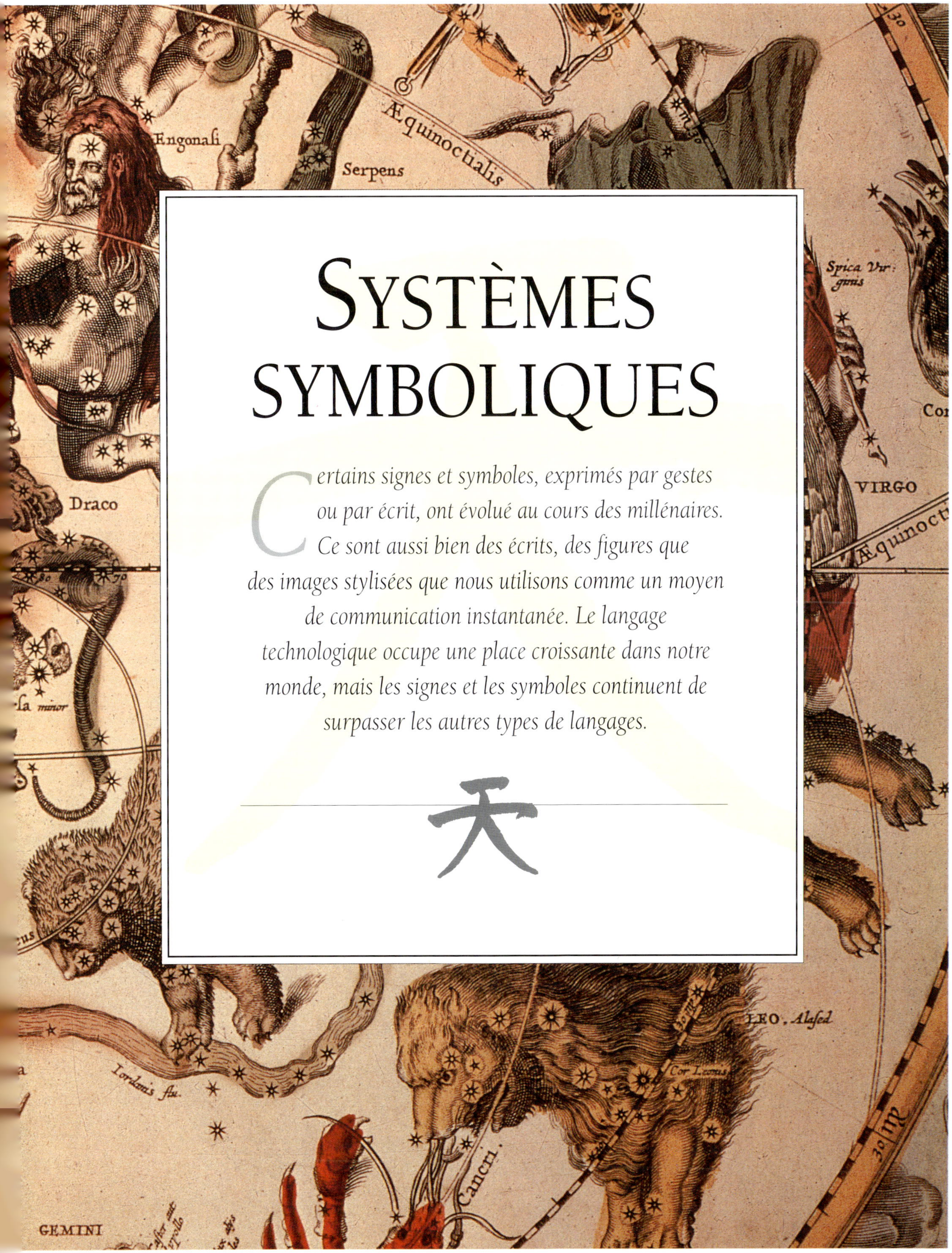

SYSTÈMES SYMBOLIQUES

Certains signes et symboles, exprimés par gestes ou par écrit, ont évolué au cours des millénaires. Ce sont aussi bien des écrits, des figures que des images stylisées que nous utilisons comme un moyen de communication instantanée. Le langage technologique occupe une place croissante dans notre monde, mais les signes et les symboles continuent de surpasser les autres types de langages.

天

LES ÉCRITURES PICTOGRAPHIQUES

Dans toutes les civilisations, les écritures pictographiques représentent les premières tentatives d'une forme de communication autre que verbale ou gestuelle. Elles diffèrent de simples dessins en ce sens qu'elles utilisent des séries de signes parfaitement définis : les pictogrammes. Ces signes représentaient des êtres ou des objets spécifiques et véhiculaient des sens codifiés. Avec le développement de formes de plus en plus complexes apparurent des signes transcrivant des sons ou des syllabes, les phonogrammes. Progressivement, ces signes simples furent combinés pour élaborer une forme d'écriture primitive mais déjà fort complexe.

LES IDÉOGRAMMES

Ces idéogrammes hittites constituent une série de pictogrammes plus abstraits. L'image d'un pied, pourrait signifier « marcher ».

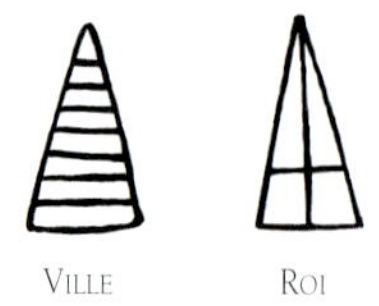

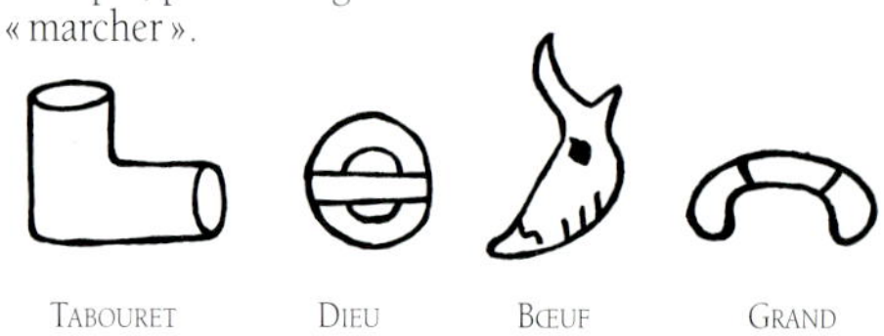

LES JETONS D'ARGILE

Ces jetons sumériens remontent aux environs de 3000 avant J.-C. Des quantités énormes de petites tablettes d'argile de ce type furent exhumées en Iraq et en Iran par les archéologues. À ce jour, 1 500 symboles différents ont déjà été décodés, la plupart étant liés à l'agriculture et au commerce.

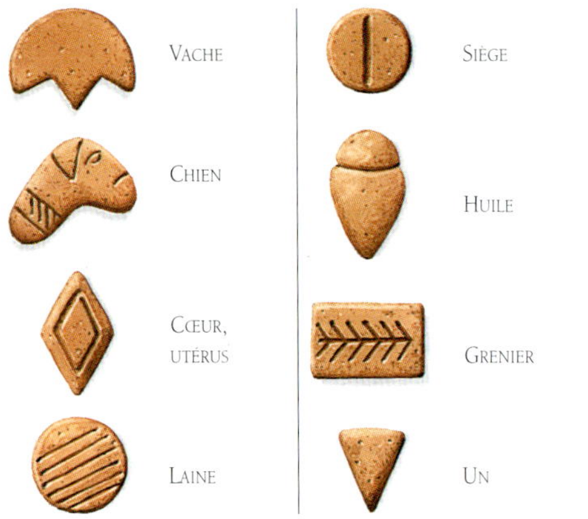

LES PICTOGRAMMES

Ces pictogrammes sont relativement modernes puisqu'ils remontent au début du XXe siècle. Le roi Njoya du Cameroun entreprit d'élaborer un langage écrit à l'usage de ses sujets. Sa langue, le bamum, ne comporte que des mots monosyllabiques et, ainsi, chaque signe ne représente qu'une seule syllabe. Ces pictogrammes sont assez faciles à déchiffrer.

LES HIÉROGLYPHES ÉGYPTIENS

Les hiéroglyphes (littéralement, « écriture sacrée ») sont bien antérieurs à 3000 avant J.-C. mais ne furent décryptés qu'au cours du XIXe siècle, lorsque la pierre de Rosette fut découverte en Égypte. Celle-ci présentait un même texte écrit en trois langues différentes, dont le grec, qui pouvait facilement être traduit puis comparé au texte hiéroglyphique. Les hiéroglyphes sont une combinaison de pictogrammes (principalement animaux, plantes et fleurs stylisés) et de phonogrammes, ou signes représentant des sons. Il s'agit donc d'une authentique écriture, au sens moderne de ce terme.

L'ŒIL DE LA CHANCE

Cet « œil d'Horus » possédait des pouvoirs magiques. Pour conjurer le sort, les scribes incluaient souvent ce symbole dans leurs écrits.

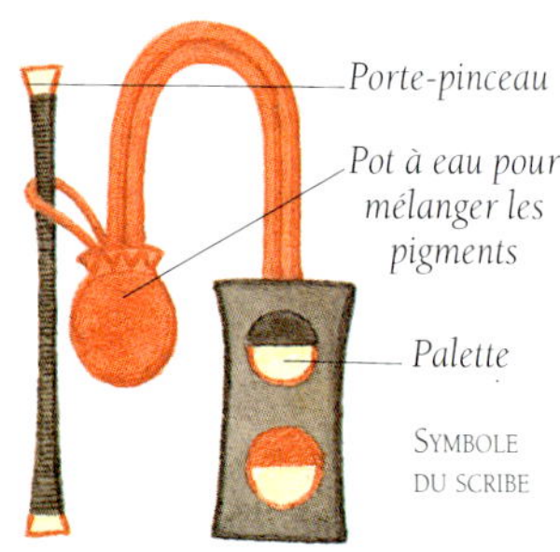

SYMBOLE DU SCRIBE

LE CARTOUCHE

Les noms des reines et rois égyptiens étaient toujours inscrits dans un ovale, ou cartouche. Le cartouche était un symbole de la puissance du souverain, signifiant qu'il régnait sur « tout ce que le soleil englobe ». C'est un Français, Jean-François Champollion, qui, en 1822, décrypta le code de ces hiéroglyphes royaux.

STÈLE FUNÉRAIRE, V. 2250 AV. J.-C.

Cette stèle présente des symboles qui donnent des clés de lecture

La chouette indique le sens de lecture du texte

Quatre lignes d'inscriptions détaillant les offrandes funéraires du roi au prêtre Merra

LIRE UNE STÈLE

Un texte hiéroglyphique peut être lu de gauche à droite, de droite à gauche, ou de haut en bas. Des symboles animaux ou humains indiquent le sens de la lecture. Ici, les têtes sont tournées vers la droite. Aussi doit-on lire de droite à gauche.

L'ÉCRITURE CHINOISE

L'écriture chinoise – la plus ancienne écriture encore en usage aujourd'hui – a plus de 4 000 ans. Les premiers écrits ont été gravés sur des carapaces de tortue ou sur des os de bovin. Certains éléments pictographiques subsistent mais les caractères chinois renferment également des éléments phonétiques en plus de la racine caractéristique du mot.

日 + 月 = 明

SOLEIL + LUNE = BRILLANT

Certains mots chinois sont composés de deux autres mots.

一	上
UN	MONTER
小	天
PETIT	CIEL
日	月
SOLEIL	LUNE

心	去
CŒUR	PARTIR
汁	冰
JUS	GLACE
魚	信
POISSON	LETTRE
屋	金
MAISON	OR
收	來
RECEVOIR	VIENS
細	親
MINUSCULE	CHER
罵	龍
MÉGÈRE	DRAGON

L'ÉCRITURE CHEROKEE

L'écriture cherokee fut inventée en 1821 et manifeste l'influence de l'alphabet latin. C'est un système phonologique : le lien entre le symbole écrit et le son est très étroit.

Ᏸ	Ꭶ
ye	ga

Ꮹ	Ᏼ
wa	yʌ
Ꮞ	Ꮿ
se	ya
Ꮜ	Ꮖ
sa	gwa
Ꮃ	Ꮐ
la	nah

L'ÉCRITURE MAYA

L'écriture maya est faite de signes composés et d'un mélange de pictogrammes et d'éléments phonétiques. Elle s'écrit en doubles colonnes, de gauche à droite et de haut en bas. Les hiéroglyphes ci-dessous sont phonéto-syllabiques – chacun d'eux contient plusieurs éléments et sons mais ils sont encore très proches de la représentation directe.

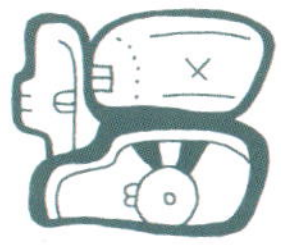
FARDEAU

OUVERT

SUD

OUEST

DINDON

VAUTOUR

LINTEAU, PIERRE CALCAIRE, TEMPLE MEXICAIN, V. 725 DE NOTRE ÈRE

L'inscription renferme les noms et les règnes des souverains mayas

RÉCIT MAYA

Ce panneau vient du temple de Yaxchilan, à la frontière actuelle entre le Mexique et le Guatemala. Il décrit l'offrande du sang sacrificiel pour s'attirer les bonnes grâces des esprits des ancêtres. Dame Xoc, épouse du sire Jaguar, observe Yat-Balam, un esprit issu des mâchoires d'un énorme serpent à deux têtes.

L'ÉCRITURE CUNÉIFORME

Cette forme d'écriture fut employée durant plus de 3 000 ans dans tout le Moyen-Orient, par les Sumériens, les Assyriens, les Babyloniens et les Hittites. Elle était issue d'un système pictographique qui évolua progressivement vers une forme phonologique beaucoup plus élaborée. L'écriture est constituée de « coins » imprimés à l'aide d'un stylet. Progressivement, de nombreux symboles prirent un sens plus abstrait.

SENS	3000 AV. J.-C.	2400 AV. J.-C.	650 AV. J.-C.
OISEAU	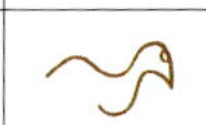		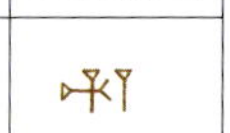
MAIN			
TÊTE	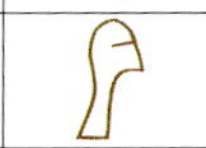		
ROSEAU	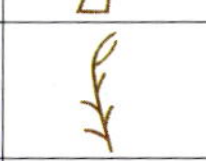	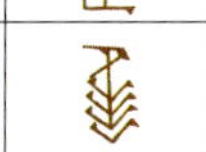	
MARCHE OU STATION DEBOUT	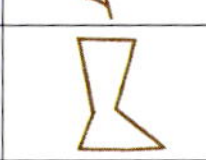	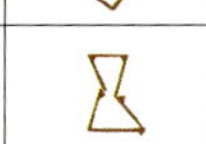	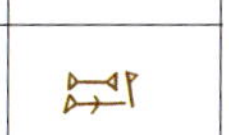
EAU	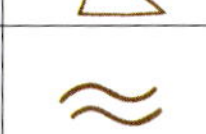		

VOIR AUSSI

LE CARTOUCHE ☞
LE ROI-SOLEIL 39 ;
LA SOUVERAINETÉ 88

LES HIÉROGLYPHES ÉGYPTIENS
☞ LES DIEUX ÉGYPTIENS 14 ;
LE PHARAON 88 ;
LES PYRAMIDES 94

L'ŒIL DE LA CHANCE ☞
ISIS ET HORUS 14 ;
L'ŒIL LUNAIRE 72

LES PICTOGRAMMES ☞
LES CAURIS 55

RÉCIT MAYA ☞
LE SERPENT À DEUX TÊTES 28

LES NOMBRES

Les nombres ont longtemps été considérés comme l'expression de l'ordre cosmique et proviennent sans doute des innombrables observations faites par les anciens Babyloniens sur le cours des corps célestes, les phases de la lune et les cycles annuels. Dans la plupart des cultures, les nombres sont chargés de signification symbolique. Les nombres sont plus que des mesures de quantités, ils ont également une valeur qualitative. Pour le mathématicien grec Pythagore, les chiffres pairs étaient féminins et passifs ; les chiffres impairs, masculins et actifs.

0 Le zéro fut inventé dans l'Inde ancienne. Représenté par un cercle, il signifie le non-être et l'éternité. Pour Pythagore, c'était une forme parfaite contenant la totalité et à partir de laquelle tout était créé. Dans l'islam, c'est la lumière sans bornes et l'essence divine.

1 En langage populaire, être numéro un signifie être le meilleur. Spirituellement, le 1 précède la création des myriades de formes de vie. Il symbolise l'unité à laquelle toute chose vivante devra retourner. Le 1 est Dieu mais aussi l'individu.

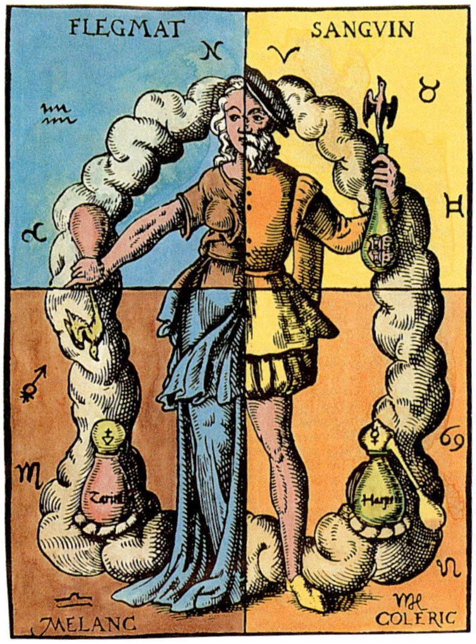

2 De nombreuses cultures voient le monde sous un aspect dualiste où s'opposent deux forces antagonistes – vie et mort, lumière et ténèbres, mâle et femelle, enfer et paradis. D'autres voient ces dualités comme complémentaires et indissociables (yin et yang chinois, ci-contre, par exemple).

4 Le chiffre 4 représente le carré, les quatre éléments – eau, terre, air, feu –, les points cardinaux, etc. On l'associe à la Terre et à la complétude. Dans l'Europe médiévale, en médecine, l'être humain relevait de l'une ou l'autre des quatre « humeurs » : flegmatique, sanguine, colérique et mélancolique.

LES SYSTÈMES NUMÉRIQUES

DEVANAGARI

La plupart des langues occidentales emploient les chiffres arabes. Ceux-ci viennent du sanskrit, écrit dans l'alphabet devanagari, qui est encore utilisé dans de nombreuses langues du nord de l'Inde.

१	२	३	४	५
UN	DEUX	TROIS	QUATRE	CINQ
६	७	८	९	०
SIX	SEPT	HUIT	NEUF	ZÉRO

CHIFFRES ROMAINS

Le système numérique romain utilise sept signes alphabétiques : I, V, X, L, C, D et M. Les nombres sont formés par addition (6 = V + I = VI) ou par soustraction (4 = I ôté de V = IV). Certains sont l'initiale du nom latin : C = centum = 100 ; M = mille = 1 000.

I	II	III	IV	V
UN	DEUX	TROIS	QUATRE	CINQ
VI	VII	VIII	IX	X
SIX	SEPT	HUIT	NEUF	DIX
L	C	D	M	
CINQUANTE	CENT	CINQ CENTS	MILLE	

CHIFFRES HÉBRAÏQUES

Les chiffres correspondent à l'alphabet hébraïque (lecture de droite à gauche) : 1 est la première lettre, 2 est la deuxième, etc. Après la dixième lettre, les valeurs grimpent de dix en dix.

ה	ד	ג	ב	א
CINQ (HÉ)	QUATRE (DALETH)	TROIS (GIMEL)	DEUX (VETH)	UN (ALEPH)
י	ט	ח	ז	ו
DIX (YOD)	NEUF (TETH)	HUIT (HETH)	SEPT (ZAYIN)	SIX (VAV)

TROIS

3 Sacré dans presque toutes les religions, le chiffre 3 combine le 1 et le 2. Il est donc à la fois naissance, vie et mort ; esprit, corps et âme ; passé, présent et avenir ; homme, femme et enfant.

LA TRINITÉ HINDOUE

En Inde, Brahma, Vishnu et Shiva forment une puissante trinité divine. Ensemble, ils créent, entretiennent et détruisent la vie dans un cycle perpétuel de mort et de renaissance.

LE TRÈFLE

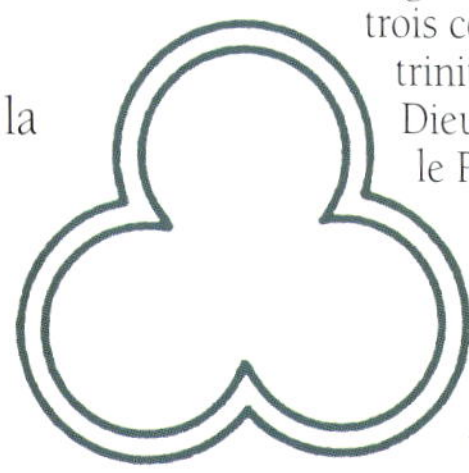

Cette forme géométrique combinant trois cercles représente la trinité chrétienne, soit un Dieu en trois personnes : le Père, le Fils et le Saint-Esprit. Cette figure a souvent été utilisée comme motif architectural dans les églises.

LE TRIDENT

Le trident est l'attribut de Neptune, dieu romain de la Mer. Il pourrait représenter le passé, le présent et l'avenir. Le trident du dieu hindou Shiva représente ses fonctions de créateur, de nourrisseur et de destructeur. Satan aussi est censé porter un trident.

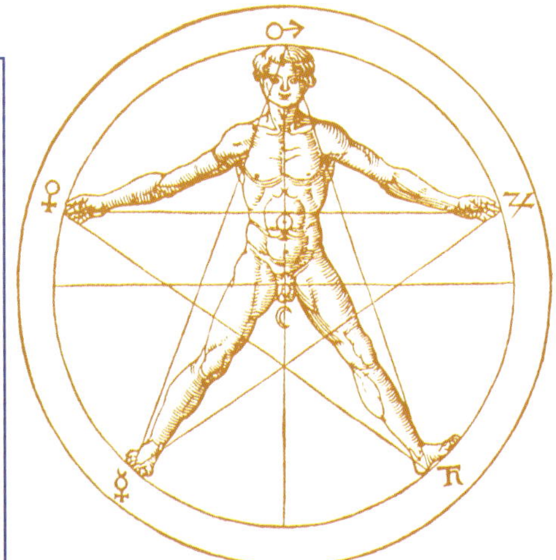

5 Somme d'un chiffre féminin, le 2, et d'un chiffre masculin, le 3, le chiffre 5 est important dans de nombreuses cultures. Il est le symbole de l'être humain. Sur ce dessin, la ligne reliant la tête aux extrémités des bras et des jambes étendus forme un pentagramme. Les musulmans prient cinq fois par jour et l'islam s'appuie sur les cinq piliers de la sagesse.

La Création, Bible française, xive s.

6 Selon la Bible, Dieu créa le monde en six jours et se reposa le septième. 6 est le chiffre de l'équilibre, de l'amour, de la santé et aussi de la chance car c'est le plus élevé aux dés.

Roue de la Vie, art bouddhique

8 Premier nombre cubique (2 x 2 x 2), le 8 est considéré comme un nombre parfait. La vie d'un Chinois est placée sous le signe du 8 : à huit mois, il a ses dents de lait ; à huit ans, il les perd ; à seize ans (2 x 8), il parvient à la maturité ; à soixante-quatre ans (8 x 8), il perd son pouvoir de procréation. La roue de la Vie bouddhiste a huit rayons représentant les huit chemins de l'illumination.

Symbole du chiffre 9

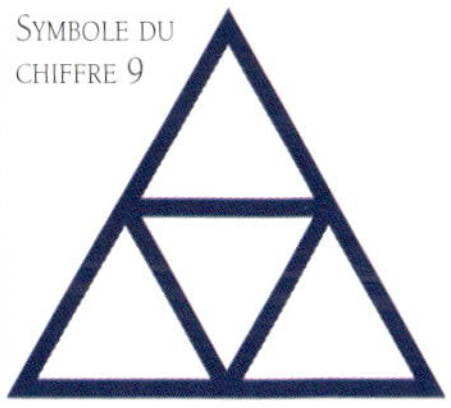

9 Le 9 (3 multiplié par lui-même) est le chiffre sacré par excellence. Il représente l'éternité et la plénitude. Le dieu nordique Odin se pendit neuf jours et neuf nuits à l'arbre Yggdrasil pour découvrir le secret de la sagesse. En Chine, c'est le chiffre de la puissance céleste ; la pagode à neuf degrés est le symbole du ciel.

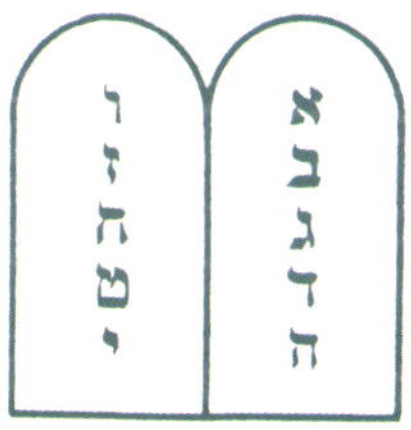

Tables de la Loi

10 Comme le nombre des doigts, 10 est la base de la plupart des systèmes numériques. Dans la Bible, il y a les dix commandements et les dix plaies d'Égypte. Selon certaines théories, le 10 est, dans le système décimal, le symbole du retour à l'unité.

La Cène, Léonard de Vinci, 1498

13 Dans les pays chrétiens, le chiffre 13 porte malheur car, lors de la Cène, il y avait treize convives. Dans cette fresque de Léonard de Vinci, Jésus annonce que l'un des disciples le trahira. En Amérique du Sud, les Mayas avaient treize cieux et le calendrier aztèque était divisé en périodes de treize jours.

21 Autrefois, cet âge marquait l'avènement de la majorité civile (ce qui n'est plus le cas dans de nombreux pays). Dans certains pays, on ne peut pas acheter ni consommer d'alcool avant l'âge de vingt et un ans.

40 Représentant la plénitude, le nombre 40 est très important dans la Bible. Moïse séjourne quarante jours sur le Sinaï et Noé navigue durant quarante jours et quarante nuits. Les Hébreux errèrent pendant quarante ans dans le désert. Les règnes de David et de Salomon durèrent tous deux quarante ans.

50 C'est le nombre de la joie et des fêtes. Il marque l'accomplissement de sept cycles de sept années et signifie alors un nouveau commencement.

60 C'est le nombre des minutes dans une heure et des secondes dans une minute. En Égypte, il symbolisait la longévité.

Sept

7 Sept est un chiffre sacré représentant l'union de la divinité (3) et de la terre (4). Chacune des quatre phases de la lune dure sept jours et il y a sept jours dans la semaine.

Les chakras
Selon la philosophie hindoue, le corps renferme sept roues, ou chakras, qui sont des centres d'énergie et représentent les différents niveaux de conscience, depuis la survie corporelle jusqu'à l'illumination spirituelle.

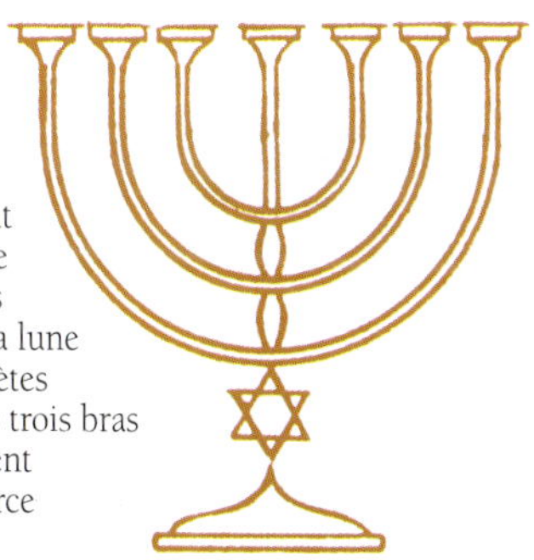

La menora
Les branches du chandelier juif représentent les sept jours de la semaine mais aussi le soleil, la lune et les cinq planètes principales. Les trois bras en U représentent la sagesse, la force et la beauté.

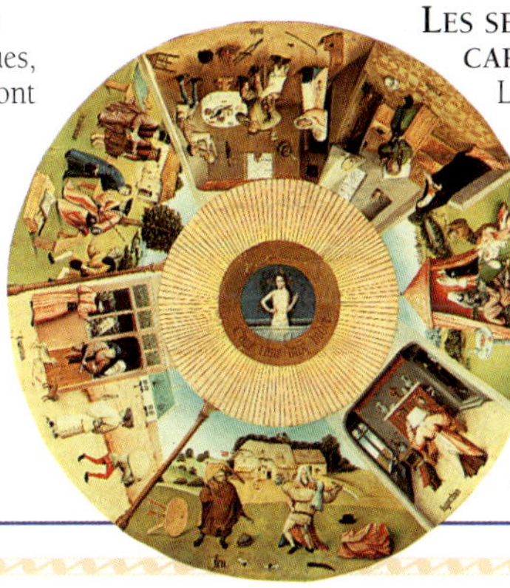

Les sept péchés capitaux
Les sept péchés capitaux – gloutonnerie, paresse, luxure, vanité, colère, envie, avarice – sont la contrepartie des trois vertus théologales et des quatre vertus cardinales.

12 Multiple d'un chiffre masculin, le 3, et d'un chiffre féminin, le 4, le 12 représente la réunion des ordres spirituel et matériel. Le zodiaque comprend douze signes, il y a douze mois dans l'année, douze heures de jour et douze heures de nuit. La Table ronde réunissait douze chevaliers ; il y a douze disciples du Christ et douze tribus d'Israël.

Voir aussi

Deux (yin et yang) ☞ Le Yi-king *111* ; Corée du Sud 115

Dix ☞ La naissance de la loi juive 17

Sept ☞ La lyre d'Orphée *81*

Trois ☞ Le tableau de loge *109*

LES FORMES GÉOMÉTRIQUES

De nombreux motifs et formes sont universels, et les mêmes motifs décorent parfois des objets séparés par des milliers de kilomètres et des milliers d'années. Les formes symétriques flattent le sens de l'équilibre tandis que les formes complexes caressent celui du mystère. Les labyrinthes, par exemple, nous incitent à nous surpasser pour vaincre l'adversité. Les formes peuvent être des symboles mystiques. Elles peuvent aussi être employées de manière symbolique en architecture – temple carré surmonté d'un dôme circulaire, par exemple, le carré représentant la terre, et le dôme le ciel.

LE YANTRA ET LE MANDALA

Diagramme sacré des hindouistes, le yantra est employé pour faciliter la méditation. Les formes géométriques concentrent l'attention de l'esprit et permettent d'accéder à la perception d'une réalité ultime. Les plans des temples hindouistes sont souvent conçus comme des yantras. Le mandala est un yantra circulaire, généralement inscrit dans un carré.

LES PORTES DE LA PERCEPTION

Au milieu de chacun des côtés sont dessinées les portes du yantra. C'est par là que l'esprit peut pénétrer ou quitter le centre durant la séance de contemplation.

SHRI YANTRA, NÉPAL, V. 1700

LE CERCLE

Les cercles extérieurs servent à unifier les triangles antagonistes. Ils sont constitués de pétales de lotus, symboles de la fleur qui s'ouvre, et donc de la réalité qui se dévoile à celui qui médite à l'aide de ce yantra.

LE TRIANGLE

Le triangle pointé vers le haut représente le principe mâle, celui pointé vers le bas le principe femelle. Leur combinaison symbolise l'activité créatrice du cosmos.

LE CARRÉ

Le carré représente la terre, la solidité, l'ordre et la sécurité. Il représente aussi les quatre directions de la boussole et l'équilibre des contraires. La Grande Arche de la Défense, dominant Paris, a manifestement puisé dans cette inspiration symbolique. Tandis que le carré extérieur symbolise le monde physique, le carré intérieur symbolise l'inconscient.

LE CERCLE DE PIERRES

Certains peuples de l'âge de pierre ont laissé d'étranges monuments. Ainsi, à Stonehenge, en Angleterre, un temple mégalithique (5000-3000 av. J.-C.) a sans doute servi à un culte solaire ; chaque année au solstice d'été, le soleil surgit dans l'axe exact de l'entrée du temple.

L'ÉTOILE

L'étoile symbolise la lumière dans les ténèbres et la sagesse filtrant à travers l'ignorance. Pour certaines personnes, les étoiles sont les âmes des défunts, installées dans le ciel. Aux États-Unis, l'étoile est un symbole d'autorité et de valeur morale.

LA ROUE

Cette roue, l'une des vingt-quatre ornant la base du temple du Soleil à Konarak, en Inde, signifiait que le temple était le char du soleil, entraîné par les vingt-quatre heures du jour. Le cycle du temps est représenté par la roue, symbole du samsara, le cycle éternel des renaissances.

FIGURE DE LONGÉVITÉ

Ce motif symbolique, shou, est l'une des trois façons de représenter l'immortalité en Chine. Il figure souvent en compagnie d'autres symboles de longévité, tels le pin ou la tortue. Associé à la pêche (le fruit), il constitue un souhait d'heureux et long mariage.

LE SVASTIKA
Le svastika est un signe bénéfique très ancien qu'on rencontre principalement en Inde, où il avait un symbolisme solaire. En Occident, il est devenu un symbole du mal depuis que le régime nazi, en Allemagne, l'a adopté comme emblème.

LA FLEUR DE LIS
Emblème de la royauté française, la fleur de lis est probablement un iris stylisé. Selon une légende, un ange aurait tendu un lis à Clovis, roi des Francs, le jour où il embrassa la foi chrétienne.

L'AMANDE
Connue également sous le nom de mandorle, cette gloire en forme d'amande signifie que la scène représentée est placée sous la protection de Dieu.

L'ÉCHEVEAU
Cette gravure de Léonard de Vinci incite, tout comme le yantra, à la contemplation. Il s'agit en réalité d'un écheveau fait d'un seul fil qui, si on le suit, conduira le pèlerin en son for intérieur. Le thème de l'écheveau évoque quelque chose d'embrouillé, mais qui peut être démêlé.

PIERRE DE SEUIL, NEWGRANGE, IRLANDE, IVe-IIIe MILLÉNAIRE AV. J.-C.

LA SPIRALE
On pensait, jadis, que l'énergie se propageait en spirales. La spirale symbolise l'énergie à la fois masculine et féminine. Elle est la grande forme tourbillonnante des tempêtes et le mouvement perpétuel des cieux. Représentation de l'énergie naturelle, elle est liée à l'iconographie du serpent. La spirale symbolise les errances de l'âme qui s'efforce de retrouver le centre, c'est-à-dire la vérité.

LE LABYRINTHE
Le thème du labyrinthe est présent dans l'art des peuples égyptiens, indiens, celtes et méditerranéens. Certains labyrinthes sont composés d'un chemin clair menant vers un centre où réside la vérité ; d'autres sont des puzzles dont le chemin se divise en permanence. Les labyrinthes peuplent souvent les rêves ; ils sont symboles d'indécision. Il est aussi difficile d'entrer dans un labyrinthe que d'en sortir ; seuls les sages trouveront le chemin.

L'ANKH
L'ankh est un symbole égyptien très ancien. Combinant la croix en forme de *tau* et l'ovale, il signifie la vie. Par la suite, il fut adopté par les chrétiens coptes d'Égypte.

LE TRISCÈLE
Ce tambourin chinois est décoré d'un triscèle, qui, comme le svastika, était, à l'origine, un porte-bonheur. Il pourrait représenter la marche du soleil dans l'espace.

VOIR AUSSI

L'ÉTOILE ☞
L'ÉTOILE DE DAVID *16* ;
LE SCEAU DE SALOMON *108*
LE LABYRINTHE ☞
LE MINOTAURE *28* ;
LE LABYRINTHE *43*
LE SVASTIKA ☞
LE SVASTIKA *21* ;
L'EMPREINTE DE PIED *22*
LE YANTRA ET LE MANDALA
☞ LA ROSACE *51* ;
ŒIL DE SAGESSE *72*

LA COULEUR

Les couleurs nous entourent et ont, sur nos sens, des effets puissamment émotionnels et symboliques. Le rouge, par exemple, rappelle le sang ou le feu, et, par conséquent, évoque la violence ou la passion. Les deux couleurs traditionnellement associées à la mort sont le noir et le blanc. Bien qu'il varie d'une culture à l'autre, et même d'un individu à l'autre, le symbolisme des couleurs est partout utilisé. Certaines couleurs, comme le rouge, sont considérées comme stimulantes tandis que d'autres, tel le bleu, seraient plutôt apaisantes. Les arcs-en-ciel, qui renferment tout le spectre lumineux, sont des porte-bonheur.

LE BLANC

Le blanc symbolise la pureté, la perfection et donc l'absolu. C'est la couleur le plus couramment associée au sacré : les animaux de sacrifice sont souvent blancs. En Occident, les jeunes mariées portent du blanc ; en Asie, le blanc est la couleur du deuil. On dit que les fantômes sont habillés de blanc car c'est une couleur qui ne dissimule rien. Un drapeau blanc signifie la trêve et l'espoir de la paix.

ECCE ANCILLA DOMINI (L'ANNONCIATION), ROSSETTI, 1850

LE LIS BLANC

Le lis blanc, symbole de pureté, est associé à la Vierge Marie. L'ange Gabriel est souvent décrit tenant un lis blanc, au moment de l'Annonciation. Dans le monde chrétien, le blanc est associé à la prêtrise et à certains sacrements.

LE NOIR

En Occident, le noir est la couleur de la mort, du deuil et de l'au-delà. Il est également lié à la magie, noire précisément. Dans l'hindouisme, Kali, la terrible déesse de la destruction, est toute noire. En Extrême-Orient, le noir représente le nord et l'hiver.

BOUCLES D'OREILLE EN JAIS

LE JAIS

Le jais, pierre noire semi-précieuse, était couramment employé en bijouterie de deuil, à l'époque victorienne en Angleterre. La reine Victoria instaura cette tradition : en deuil perpétuel après la mort de son mari, elle pensait que l'étalage de bijoux éclatants était une marque d'irrespect pour le défunt.

LE ROUGE

Le rouge est la couleur de la vie, du sang, du feu, de la passion et de la guerre. En Inde et en Chine, les jeunes mariés portaient du rouge en présage de bonne fortune et de fécondité. Mais le rouge est utilisé couramment pour avertir d'un danger ou signifier une interdiction.

LE DRAPEAU ROUGE

Symbole de la révolution et du parti communiste, le drapeau rouge fut brandi pour la première fois durant la Révolution française. Il fut ensuite adopté par la Commune de Paris, en 1871, puis par les communistes russes.

ROUGE DIABOLIQUE

Depuis le Moyen Âge, Satan, ou le diable, a été représenté vêtu de rouge. Le rouge est la couleur du feu des enfers, de la damnation et aussi des passions débridées.

ROUGE SAINT

Pour célébrer une messe des martyrs, un prêtre catholique revêt une chasuble rouge, couleur symbolisant le sang répandu. Le rouge est aussi la couleur de la passion du Christ.

LA VOITURE ROUGE

L'association de la couleur rouge avec la virilité, le danger et l'excitation sexuelle en fait l'une des couleurs les plus recherchées pour les voitures de sport – symbole de virilité par excellence, dans les pays riches en tout cas.

L'ORANGE

Comme le rouge, l'orange symbolise les flammes mais aussi la luxure et la splendeur. En Chine et au Japon, il est symbole d'amour et de bonheur.

ROBE SAFRAN

Ces jeunes moines portent la robe couleur safran des moines bouddhistes pour indiquer qu'ils ont prononcé leurs vœux d'humilité et de renonciation.

LE BRUN

Le brun évoque la terre et l'automne. C'est la couleur de l'humilité et de la putréfaction.

MOINE EN ROBE DE BURE

ROBE DE BURE

Au Moyen Âge, le brun était la couleur du deuil. Plusieurs ordres chrétiens adoptèrent cette couleur pour indiquer leur retrait du monde profane.

LE JAUNE

Le jaune, c'est l'or, la lumière et le soleil. Dans l'islam, le jaune d'or représente la sagesse tandis que le jaune pâle n'est que tromperie et trahison. En Égypte, le jaune est la couleur de l'envie et de la disgrâce. En Europe, il est associé à la trahison. En Chine, le jaune était la couleur de la souveraineté parce que l'empereur était au centre de l'Univers comme le soleil au centre du ciel.

JAUNE TRAÎTRE

Depuis le Moyen Âge, le jaune signifie la trahison. Selon cette tradition tardive, Judas enveloppe ici Jésus dans son manteau jaune pour mieux le désigner à la vindicte du clergé juif.

LE CHRIST TRAHI,
GIOTTO, 1306

JAUNE IMPÉRIAL

En Chine, le jaune symbolise le principe masculin yang et la puissance du soleil. Pendant la dynastie Qing (1644-1911), seul l'empereur pouvait porter du jaune. Ce coussin impérial du XVIIIe siècle est décoré de dragons, emblèmes de l'empereur.

JAUNE FÊTE

Durant la fête du Somavati Amavasya, en Inde, les pèlerins dispersent d'énormes quantités de poudre jaune safran sur le dieu Khandoba. Le safran représente la puissance solaire. La fête marque la conjonction du soleil et de la nouvelle lune.

LE VERT

Le vert est la couleur de la vie, du printemps et des commencements. Elle représente la joie et l'espoir. C'est la couleur emblématique de l'islam. Dans le rituel catholique romain, c'est la couleur des vêtements liturgiques du temps ordinaire. Aujourd'hui, le vert symbolise la lutte écologique.

DRAPEAU DU PAKISTAN

VERT ISLAM

Le drapeau du Pakistan témoigne de l'appartenance du pays à l'islam. Le vert est associé au blanc, couleur de la pureté. Le croissant devint un symbole de l'islam au XIVe siècle et l'étoile fut ajoutée plus tard comme symbole de souveraineté.

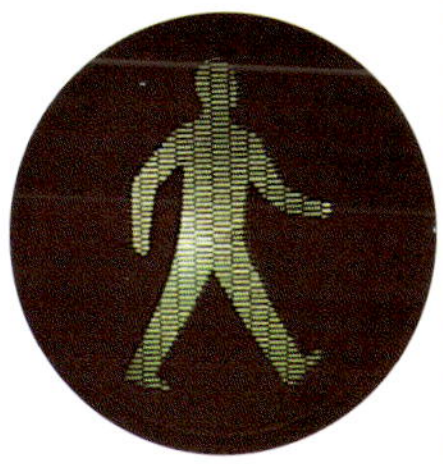

FEU VERT

En matière de sécurité routière, le vert est universellement adopté pour indiquer l'autorisation d'avancer. Les feux de circulation (avec le rouge et l'orange) furent d'abord utilisés dans les chemins de fer.

SIGLE DE L'ASSOCIATION VÉGÉTARIENNE

VERT NATURE

C'est la chlorophylle qui donne aux plantes leur belle couleur verte. Le sigle de l'Association des végétariens représente une pousse stylisée en forme de V. En Occident, ce sigle signale aux consommateurs la qualité d'origine des produits ainsi estampillés.

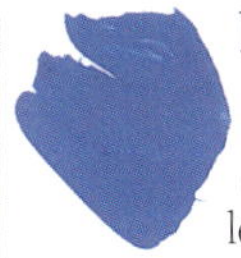

LE BLEU

Couleur du ciel et de l'eau, le bleu symbolise le calme, la réflexion et l'intellect. Il est le symbole de l'infini, d'où est issue toute vie.

PIERRE BLEUE

Le lapis-lazuli broyé produit un pigment bleu de grande qualité dont on se servait pour peindre les voûtes des temples mésopotamiens. Cette couleur attire les faveurs divines.

DIEU À PEAU BLEUE

Rama, incarnation du dieu Vishnu, est généralement représenté avec une peau bleue, tout comme Krishna, autre incarnation divine célèbre. Le bleu est la couleur de Vishnu puisqu'elle représente l'immensité des cieux.

DÔME BLEU

Le dôme bleu décoré d'étoiles d'or de cette église orthodoxe russe représente les cieux. La croix, au-dessus, indique la domination du Christ sur toute vie terrestre.

Étoiles d'or dans le ciel bleu

LE POURPRE

En Occident, le pourpre est la couleur du pouvoir royal et impérial, comme dans l'Amérique précolombienne. Il représente la fierté, la grandeur et la justice.

ÉTOFFE POURPRE

Dans la Grèce antique, la teinture pourpre, extraite d'un gastéropode, était un luxe que seuls les riches pouvaient s'offrir. Cette couleur symbolisait donc l'aisance matérielle.

« PURPLE HEART »

En 1782, George Washington fonda la première décoration militaire américaine : un cœur de tissu violet. Cette médaille, tombée en désuétude, fut réactualisée en 1932 sous le titre de Purple Heart (cœur violet) et attribuée aux blessés et aux morts sur le champ de bataille.

LE ROSE

Nuance atténuée de la couleur rouge, le rose évoque la sensualité. C'est d'abord une couleur féminine.

ROSE LAYETTE

Moins agressif que le rouge, le rose suggère une tendre sensualité. Traditionnellement, le rose est la couleur des petites filles ; les petits garçons, eux, sont vêtus de bleu pâle.

LE GRIS

Le gris est associé à la tristesse et à la dépression. Pourtant, couleur intermédiaire entre le blanc et le noir, le gris est la couleur de la médiation. C'est aussi la couleur de l'indéterminé – « la nuit, tous les chats sont gris ». Dans le monde chrétien, cette couleur représente l'immortalité de l'âme.

VOIR AUSSI

LE BLEU ☞ LE LAPIS-LAZULI *40*
LE LIS BLANC ☞
LE LIS ET LA CHRÉTIENTÉ *53* ;
LE LIS *53-93* ;
LE NOIR ☞ LE JAIS *38* ;
LES BIJOUX DE DEUIL *87* ;
LE CORBEAU, LE CORBILLARD *92*
ROBE SAFRAN ☞
MOINES BOUDDHISTES *23*
LE ROUGE ☞
LE ROUGE-GORGE *67* ;
LE MARIAGE EN INDE *83*

L'ALCHIMIE

Au Moyen Âge en Europe, l'alchimie associait pratique scientifique et conception mystique de l'Univers. Le but des alchimistes était de découvrir la pierre philosophale ou l'élixir de vie, et de transformer les matériaux impurs ou les métaux en or. C'est ce que l'on appelait la transmutation, qui pouvait être considérée comme la quête de la perfection spirituelle ou de l'immortalité. Un des moyens d'y parvenir était de travailler les quatre éléments pour unir les contraires tels que l'eau et le feu ou la terre et l'air.

OUROBOROS

LA QUEUE DU DRAGON

En alchimie, le dragon qui se mord la queue porte le nom d'ouroboros. Dans l'alchimie chinoise, le dragon est le symbole du mercure, « l'argent liquide », et le cercle un puissant symbole du cycle de la vie. L'ouroboros, en se nourrissant de son propre corps, se recrée lui-même. Il est le symbole de la transformation de la matière et donc de l'alchimie.

LE CADUCÉE

Selon la tradition alchimique, Mercure, messager des dieux, jeta son sceptre magique pour séparer deux serpents en lutte. Ils s'enroulèrent autour du bâton, formant ce que l'on appelle un caducée, symbole des forces antagonistes maintenues en équilibre.

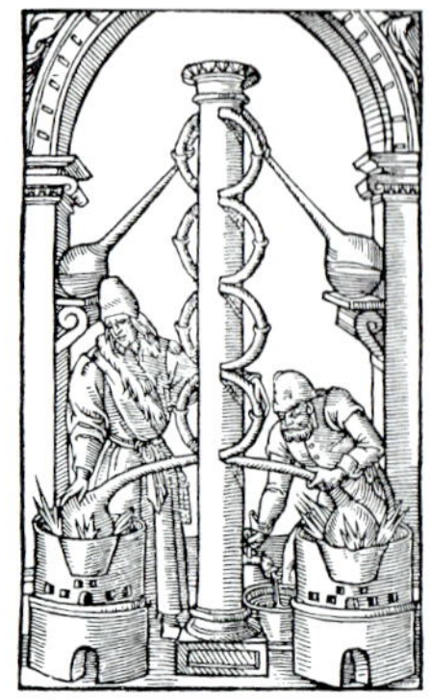

ALCHIMISTES AU LABORATOIRE

LES PREMIERS ALCHIMISTES

Si l'on en croit un écrit du IVe siècle après J.-C. de Zosime de Panapolis, célèbre alchimiste alexandrin, Chémès est le fondateur de l'alchimie. Cette fondation est souvent jugée comme allégorique car *Chémès* en hébreu veut dire soleil.

LES SYMBOLES ALCHIMIQUES

Les alchimistes croyaient que toute matière était constituée de terre, d'air, d'eau et de feu. Le symbole de l'eau est dirigé vers le bas, parce que l'eau descend, celui du feu vers le haut, parce que les flammes montent. Soufre et mercure sont souvent associés, étant respectivement principes masculin et féminin. Le soleil était le symbole de l'or, et la lune celui de l'argent.

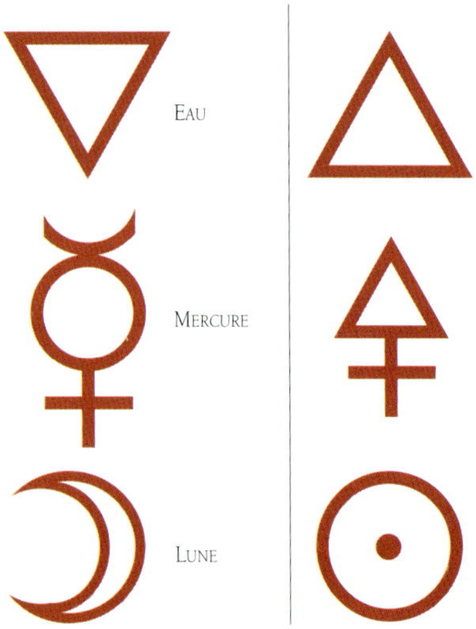

OPUS MEDICO-CHYMICUM, D'APRÈS J. D. MYLIUS, 1618

LE SCEAU DE SALOMON

L'étoile à six branches, l'un des plus puissants symboles mystiques de tous les temps, combine les signes alchimiques du feu et de l'eau. L'eau qui descend et le feu qui monte créent ensemble l'air et la terre. Le sceau représente l'union des quatre éléments, à la recherche de la pierre philosophale.

SCEAU DE SALOMON

L'IMMORTALITÉ

Par crainte de la persécution, les alchimistes mirent au point un vocabulaire symbolique complexe leur permettant de consigner et de transmettre leurs découvertes. Ce tableau indique comment parvenir à la pierre philosophale, clé de l'immortalité. L'alchimiste est entouré des quatre éléments vitaux : l'eau, le feu, la terre et l'air.

LE PHÉNIX

Cet oiseau mythique est le symbole alchimique de la résurrection par le feu. Selon la légende, le phénix vit en Arabie mais s'envole vers l'Égypte, patrie de l'alchimie, pour subir sa mort et sa résurrection rituelles. Ci-dessus, il abrite sous ses ailes les tout-puissants éléments de l'eau et du feu.

VOIR AUSSI

LE CADUCÉE ☞ LE DIAMANT *40* ; LE CADUCÉE *59*
LE PHÉNIX ☞ LE PHÉNIX *31*
LES PREMIERS ALCHIMISTES ☞ L'OR, LE PLOMB *39*
LE SCEAU DE SALOMON ☞ L'ÉTOILE DE DAVID *16* ; ISRAËL *115*

La franc-maçonnerie

La franc-maçonnerie est la plus ancienne forme d'association du monde. Ses membres, les francs-maçons, appartiennent à une loge présidée par un Maître, appelé Vénérable, assisté de Surveillants. L'art royal, tel que le nomme la franc-maçonnerie, consiste à « bâtir » des hommes intègres. Les rites d'initiation utilisent les outils des tailleurs de pierre comme des symboles du nécessaire et patient travail sur soi-même.

L'emblème
L'équerre et le compas sont les symboles principaux de la franc-maçonnerie. Leur maniement représente les moyens d'amélioration individuelle des membres de l'association fraternelle.

Le niveau
Le niveau est utilisé pour appareiller horizontalement les pierres. C'est le symbole du Premier Surveillant de la loge.

L'équerre
C'est l'emblème du Maître de loge ou Vénérable. Symboliquement, cet instrument rassemble ce qui est épars et remet tout en ordre. Il représente donc le code moral de l'individu.

Le fil à plomb
Les bâtisseurs l'utilisent pour dresser des verticales. Pour les francs-maçons, il s'agit d'un symbole de rectitude, illustrant leur conduite irréprochable. C'est l'emblème du Second Surveillant de la loge.

Le tableau de loge
Les principes de l'association fraternelle sont dévoilés aux apprentis grâce à ces tableaux chargés de symboles. Celui-ci, avec ses trois piliers intitulés Sagesse, Force et Beauté, représente le premier degré de l'initiation.

Le soleil, symbole du jour

L'œil omniscient, entouré des rayons du soleil, très ancien symbole divin

La lune et les étoiles, symboles de la nuit

Échelle de Jacob
Elle relie le ciel et la terre, et ses trois principaux échelons sont la Foi, l'Espoir et la Charité

Points cardinaux
Les points cardinaux sont figurés sur le bord du tableau

Colonne
Les trois piliers forment la « règle symbolique de trois » (Sagesse, Force, Beauté) illustrée dans le temple de Salomon

Pierre brute
La pierre brute représente l'homme dans son état non dégrossi ; la pierre taillée (en face) symbolise l'homme parfait

Pavé mosaïque
Les carrés blancs et noirs symbolisent le combat permanent entre le bien et le mal

Tableau de loge, premier degré

Tablier de Grand Maître

Le tablier
La tradition du tablier maçonnique remonte aux tabliers de peau portés par les tailleurs de pierre. Les tabliers maçonniques sont souvent richement décorés, selon le degré atteint par le franc-maçon. Celui-ci réunit un grand nombre de symboles, dont le soleil levant, à l'image du Maître de loge, qui permet à ses frères de s'ouvrir à la lumière et de s'épanouir.

Le langage des symboles
Le temple de Salomon est chargé de symboles. Ainsi, l'escalier représente le voyage intérieur que chacun doit accomplir. De chaque côté se trouvent les clés de l'âme humaine – entre autres, l'épi de blé pour l'abondance et la truelle pour la fraternité.

Truelle

Pyramide et œil omniscient

Aigle américain

Dollar américain

Le dollar américain
Le premier président américain, George Washington, était franc-maçon. Il fit inscrire des symboles comme la pyramide de la sagesse et l'œil omniscient de Dieu sur le billet de banque de la nouvelle nation.

Voir aussi

Le dollar ☞ Les pyramides *94*

Le langage des symboles ☞ La Coupole du Rocher *25*

Le tableau de loge ☞ Personnification de la lune et du soleil *34* ; Le Roi-Soleil *39* ; L'échelle *90* ; L'escalier *95*

LA DIVINATION

La prédiction de l'avenir a préoccupé l'humanité depuis la nuit des temps. Dans certains pays, on examine encore les entrailles ou les omoplates d'animaux sacrifiés pour deviner l'avenir. En Occident, le tarot, système divinatoire hautement symbolique, est composé de cartes dont les figures sont extrêmement célèbres. L'art très ancien de la chiromancie, qui consiste à lire les lignes de la main, est largement pratiqué dans de nombreuses cultures.

BOULE DE CRISTAL

LA BOULE DE CRISTAL

Les sphères de cristal peuvent concentrer les rayons du soleil et ainsi représenter la lumière divine ou les puissances célestes. En Europe, la boule de cristal, souvent employée dans l'art divinatoire, est devenue son emblème. Le médium contemple la boule et voit les événements censés se produire dans l'avenir.

LE GUÉRIDON

Le guéridon passe pour être un moyen d'entrer en contact avec l'au-delà. Bien que la plupart des gens considèrent cette pratique comme un aimable passe-temps, certains l'emploient très sérieusement pour prendre contact avec ceux qui ont disparu et interroger l'avenir. Plusieurs personnes se réunissent autour de la table et, par leur concentration commune, invoquent l'esprit et lui posent leurs questions.

SÉANCE DE SPIRITISME AUTOUR D'UNE TABLE

PENDULE

Le pendule est parfois employé par les sourciers pour découvrir les cours d'eau souterrains. Manié par des mains expertes au-dessus d'une carte, un pendule peut permettre de découvrir des objets perdus.

COUPE ET BÂTON DE DIVINATION, AFRIQUE

LA COUPE DE DIVINATION

Chez les Yorubas du Nigeria, on emplit une coupe de sable et on la tapote à l'aide d'un bâton. Le dessin qui se forme sur le sable est alors interprété par le devin, qui répond aux questions qu'on lui a posées.

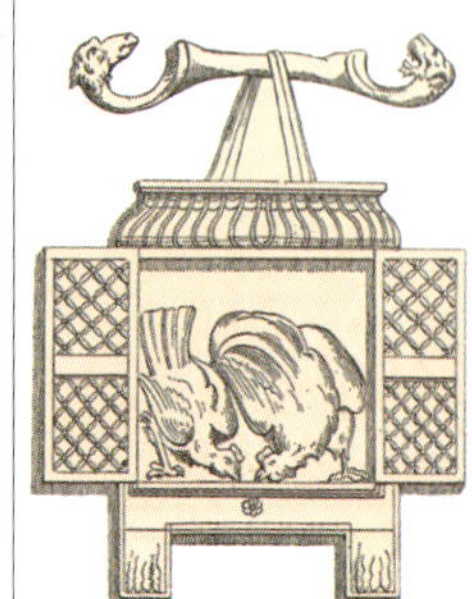

POULETS SACRÉS, ROME

LA DIVINATION ROMAINE

À l'époque romaine, des poulets sacrés étaient utilisés comme messagers des dieux. Placés dans des poulaillers spéciaux, ils étaient attentivement observés. Leur façon de gratter la terre et de picorer était censée signifier l'accord ou le désaccord des dieux sur telle ou telle question. Ce type de divination est encore pratiqué dans certains pays.

LA CHIROMANCIE

L'idée selon laquelle les lignes de la main révèlent la personnalité de l'individu est très ancienne. Dans les anciens textes hébraïques et chinois, différents types de chiromancie ont été décrits. Outre les lignes, la forme des doigts et des rotondités de la main joue un rôle dans l'examen.

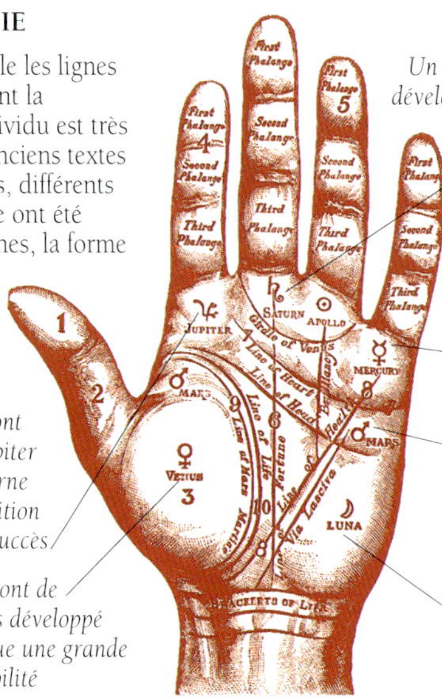

TACHE

Dans les pays arabes, la chiromancie traditionnelle consiste à lire l'avenir dans une tache d'huile ou d'encre noire contenue dans le creux de la main.

LIGNES

Pour certains, la personnalité et l'avenir d'un individu sont écrits dans les lignes de sa main. La paume présente un grand nombre de lignes dont trois d'entre elles (les lignes de tête, de cœur et de vie) sont particulièrement importantes. L'intensité et la longueur de ces trois grandes lignes indiquent l'état de santé, la personnalité et la destinée de la personne.

LECTURE DANS LE MARC DE CAFÉ

LE MARC DE CAFÉ

À une certaine époque, il était courant de lire l'avenir dans le marc de café. Le lecteur buvait, laissait quelques gouttes de café et les faisait tourner trois fois dans le fond de la tasse. Les motifs créés par le marc étaient alors interprétés par le devin.

LES BAGUETTES CHINOISES

Dans les temples chinois, il est courant de rencontrer des hommes et des femmes en train de secouer des baguettes dans un pot jusqu'à ce que l'une d'entre elles tombe sur le sol. Des messages sont écrits sur chaque baguette et la première à tomber est très importante. Un livre permet de consulter les différentes interprétations proposées.

BAGUETTES DE DIVINATION ET LIVRE D'INTERPRÉTATION

LES RUNES

La divination par les runes était pratiquée en Islande, au Moyen Âge. Il y a vingt-quatre runes, chacune possédant une signification symbolique, plus une rune muette symbolisant l'inconnu. L'ordre dans lequel les runes tombent sur le sol guide l'interprétation.

FORCE

SÉPARATION

ASSOCIATION

SOI

PROTECTION

DÉFENSE

FERTILITÉ

CROISSANCE

MOISSON

JOIE

VOYAGE

CHANGEMENT

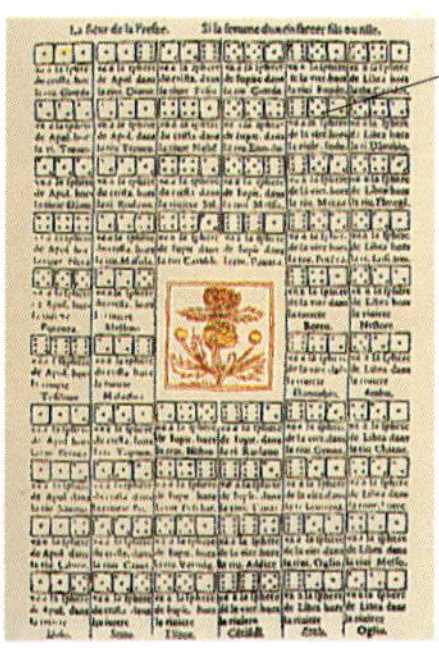
Combinaison de dés révélant le sexe d'un enfant à naître

TABLE D'INTERPRÉTATION, FRANCE, XVIe S.

LES DÉS

Depuis des temps immémoriaux, on utilise les dés pour deviner l'avenir. Ils sont, par excellence, le symbole du hasard ou de la chance. En Europe, les jeux de dés en comportent généralement trois. Les chiffres révélés et l'ordre dans lequel ils tombent sont comparés à un livre d'interprétation qui fournit des réponses aux questions posées.

LE LANGAGE DU TAROT

Le jeu de tarot est probablement originaire d'Orient. Il conquit l'Europe il y a plus de cinq siècles. Le plus courant, le tarot de Marseille, ici représenté, se compose de vingt-deux arcanes majeurs et de cinquante-six arcanes mineurs, venant les uns et les autres de jeux originairement séparés. Chaque arcane majeur présente une facette de notre personnalité et symbolise le voyage initiatique de l'âme sur le chemin de la sagesse.

LE FOU SYMBOLISE SOIT LA SAGESSE NAÏVE, SOIT UN INCIDENT FORTUIT, OU BIEN ENCORE UN EFFORT PARTICULIER

DENIERS

ÉPÉES

COUPES

BÂTONS

LE *YI-KING*

Le *Yi-king* est un très ancien texte divinatoire dans lequel des réponses énigmatiques sont données grâce à un système de combinaisons, ou trigrammes. Chaque trigramme est composé de barres pleines (mâles) ou brisées (femelles). Il existe huit combinaisons de base qui, agencées entre elles, fournissent soixante-quatre hexagrammes de six lignes, chacun proposant une interprétation spécifique.

FEU, ÉCLAIR OU SOLEIL

PARADIS, CIEL

EAU, NUAGES OU COURS D'EAU

TONNERRE

COLLINES OU MONTAGNES

EAU D'UN LAC OU MARAIS

VENT, BOIS

TERRE

VERSO D'UNE CARTE DE *YI-KING*

Les forces complémentaires du yin et du yang sont la base du Yi-king

RECTO D'UNE CARTE DE *YI-KING*

Ces deux hexagrammes de la Terre, empilés, symbolisent la fertilité

VOIR AUSSI

LA BOULE DE CRISTAL ☞ LE CRISTAL 39

LA CHIROMANCIE ☞ MAIN DU FUTUR 75

LES DÉS ☞ LES DÉS 79

LA DIVINATION ROMAINE ☞ LES COQS ET LES POULES 64

LE LANGAGE DU TAROT ☞ LA MORT 92

L'ASTROLOGIE

L'idée selon laquelle le mouvement céleste du soleil, de la lune et des planètes influence nos existences remonte à des millénaires. Dès 3000 av. J.-C., les civilisations mésopotamiennes notèrent les déplacements des astres et investirent leurs divinités des pouvoirs et des caractéristiques de ces corps célestes. Les Grecs les considéraient comme des représentations de leurs propres divinités et les Romains baptisèrent les cinq grandes planètes : Mercure, Vénus, Mars, Jupiter et Saturne.

ZODIAQUE

LE ZODIAQUE Cette roue met en relation les douze signes du zodiaque avec chacun des éléments : le feu, l'eau, l'air et la terre. Les signes de feu sont énergiques et volontaires ; les signes d'eau, émotifs et intuitifs ; les signes d'air, objectifs et logiques ; les signes de terre, pratiques et dignes de confiance. Ces signes sont dotés d'un caractère soit féminin (en bleu, au centre de la roue), soit masculin (en orange).

SOUS LE RÈGNE DU SOLEIL

LE SOLEIL PASSE UN MOIS DANS CHAQUE SIGNE ZODIACAL

La position du soleil dans le zodiaque au moment de la naissance d'une personne donne son signe zodiacal. À travers ce signe, il est possible de lire l'influence du soleil, notamment sur la façon dont chacun exprime sa personnalité. La lune, qui est la contrepartie féminine du soleil, influence, elle, les mouvements du cœur. Les signes astrologiques changent le 22 de chaque mois.

CHAQUE MOIS, TOUS LES SIGNES SONT TRAVERSÉS PAR LA LUNE

BÉLIER 22 MARS-21 AVRIL

BÉLIER Courageux, enthousiaste et sûr de lui, le Bélier a tendance à se lancer tête la première. Ce signe de feu est lié au printemps, période de croissance et d'énergie nouvelles.

TAUREAU 22 AVRIL-21 MAI

TAUREAU Le natif de ce signe de terre est pratique, digne de confiance, et manifeste une certaine obstination. Le Taureau, sensuel, aime la beauté et la sécurité matérielle. Il est stable en amour.

GÉMEAUX 22 MAI-21 JUIN

GÉMEAUX Changeant et d'esprit vif, le Gémeaux est parfois instable. Il est communicatif et curieux de ce qui se passe dans son entourage. Il sait faire preuve d'une grande adaptabilité.

CANCER 22 JUIN-21 JUILLET

CANCER Le Cancer est sensible et casanier. Il rentre dans sa coquille dès qu'il est contrarié. Ce signe d'eau donne des individus très « famille ». Le Cancer est intuitif et imaginatif.

LION 22 JUILLET-21 AOÛT

LION Le Lion aime être le centre de l'attention et peut avoir une personnalité puissante, et parfois grandiloquente. Chaleureux et loyal, il est d'une nature généreuse et amicale.

VIERGE 22 AOÛT-21 SEPTEMBRE

VIERGE Prudent et plutôt introverti, le natif de la Vierge se préoccupe des détails et n'aime pas être pris au dépourvu. Les Vierge se soucient volontiers de leur santé.

BALANCE 22 SEPT.-21 OCT.

BALANCE Le symbole de la balance indique un penchant important pour la justice et la loyauté. Courtois et diplomate, le Balance recherche l'harmonie ; la discorde l'agace.

SCORPION 22 OCT.-21 NOV.

SCORPION Intense et passionné, aimant le mystère et les secrets, le Scorpion est loyal et discret. Peu enclin à la modération, il réagit avec vivacité, surtout en état de légitime défense.

SAGITTAIRE 22 NOV.–21 DÉC.

SAGITTAIRE Enthousiaste, direct et aventureux, le Sagittaire aime étudier. La routine rend inquiet cet amoureux de la liberté. Il aime les voyages. C'est un optimiste parfois insouciant.

CAPRICORNE 22 DÉC.-21 JANVIER

CAPRICORNE Prudent et discipliné, le Capricorne est un travailleur acharné et plutôt ambitieux. Il préfère la sécurité à l'aventure et résiste obstinément à la nouveauté.

VERSEAU 22 JANVIER-21 FÉVRIER

VERSEAU Indépendant et réformiste, le Verseau est un individualiste qui n'aime pas qu'on envahisse son intimité. Champion des grandes causes, il a un désir inné de venir en aide à autrui.

POISSONS 22 FÉVRIER-21 MARS

POISSONS Le Poissons est imaginatif, intuitif et doué d'un extrême sensibilité. Il possède une nature changeante et variable. Il est spontanément bon et altruiste.

L'INFLUENCE DES PLANÈTES

En astrologie, les dix planètes (soleil et lune sont considérés comme des planètes, bien qu'en réalité il s'agisse d'une étoile et d'un satellite) représentent les principaux traits de caractères chez les humains. Le signe occupé par la planète lors de la naissance, ainsi que sa position, a une influence sur la personnalité. Voici les symboles des planètes et leurs principales caractéristiques.

☉ **SOLEIL** Force créatrice centrale du zodiaque, le soleil est masculin. Il est lié au chef et au père. Organe : cœur. Métal : or. Le soleil gouverne le signe du Lion.

♃ **JUPITER** La plus grande planète connue, Jupiter, représente l'expansion, l'exploration et la recherche de la connaissance. Organe : foie. Elle gouverne les signes du Sagittaire et des Poissons.

☽ **LUNE** Liée à la mère, au corps et à l'enfance, la Lune est l'alter ego féminin du Soleil. Organes : utérus, estomac. Métal : argent. Elle gouverne le Cancer.

♄ **SATURNE** Jadis la plus lointaine, la planète Saturne représente l'ordre, les limites et la responsabilité. Organes : squelette et peau. Elle gouverne le Capricorne et le Verseau.

☿ **MERCURE** Le rapide Mercure représente l'esprit, la discussion et les relations humaines. Organes : épaules, bras et système nerveux. Il gouverne la Vierge et les Gémeaux.

♅ **URANUS** Découverte à la fin du XVIIIe siècle, dans une période de révolution et d'instabilité sociale, cette planète représente la liberté individuelle, les idées nouvelles et les changements profonds. Elle gouverne le Verseau.

♀ **VÉNUS** Planète de l'amour, de l'attraction, de la beauté et de la coopération, Vénus représente ce que nous chérissons le plus dans la vie. Organe : reins. Elle gouverne le Taureau et la Balance.

♆ **NEPTUNE** Neptune, découverte au milieu du XIXe siècle, prédispose à l'intangible et au fantastique. Cette planète préside à la fantasmagorie et aux rêves. Elle gouverne les Poissons.

♂ **MARS** Du nom du dieu romain de la Guerre, Mars symbolise l'énergie directe et l'appropriation immédiate. Organe : tête. Métal : fer, acier. Mars gouverne le Bélier et le Scorpion.

♇ **PLUTON** Du nom du dieu romain de l'Au-delà, Pluton représente les forces que nous ne maîtrisons pas. Cette planète est liée à la vie, à la mort et au renouveau. Elle gouverne le Scorpion.

L'ASTROLOGIE CHINOISE

LES NATIFS DU BŒUF SONT FORTS ET TÊTUS

Le système astrologique chinois est fondé sur l'année de naissance. Chacun des douze signes revient tous les douze ans selon un calendrier lunaire qui débute en janvier ou février selon les années. Les signes sont définis par des éléments : bois, feu, air, métal et eau.

LE COQ EST DISCIPLINÉ MAIS DRÔLE

RAT (exemple : 1948) Le rat est ambitieux, industrieux et économe. Il peut être réservé et timide.

BŒUF (exemple : 1973) Intelligent et travailleur, le bœuf peut être têtu. Une fois en colère, il peut être rancunier.

TIGRE (exemple : 1962) Il est téméraire mais généralement chanceux. Sa nature sensuelle est souvent impulsive.

LAPIN (exemple : 1987) Artiste, attentionné, intelligent et chanceux, il aime le confort.

ZODIAQUE NÉPALAIS, DÉBUT DU XXe S.

LA ROUE DU TEMPS Les douze signes astrologiques chinois sont représentés sur la couronne extérieure de ce zodiaque népalais, et les huit symboles sacrés du bouddhisme, sur sa couronne intérieure.

COCHON (exemple : 1959) Sociable, loyal et digne de confiance, il est d'une nature passionnée.

CHIEN (exemple : 1934) Intelligent, affectionné, honnête et loyal, il est objectif mais peut s'avérer inflexible.

COQ (exemple : 1957) Discipliné et organisateur, le coq peut être excentrique avec un fort sens de l'humour.

SINGE (exemple : 1992) Séducteur et vaniteux. Envahissant lorsqu'il est jeune, il se calme avec l'âge.

DRAGON (exemple : 1940) Très volontaire et ombrageux. Généralement chanceux. Il se marie jeune ou reste célibataire.

SERPENT (exemple : 1953) Hédoniste avec une tendance au secret, il est aussi énergique et autonome que le dragon.

CHEVAL (exemple : 1990) Épris de liberté, aimable et généreux, il est aimé de son entourage. À noter : son caractère plutôt original.

MOUTON (exemple : 1943) Très sensible et de nature compatissante, il sait se faire aimer de son entourage

SIGNES DU ZODIAQUE, *HARMONIA MACRO COSMICA*, 1708

LA CARTE DU CIEL L'observation quotidienne du ciel étoilé a conduit à des analogies familières : l'homme a nommé les constellations selon leur ressemblance approximative avec des hommes, des objets, des animaux ou des créatures monstrueuses. Il les a inscrites très tôt sur ses cartes du ciel.

VOIR AUSSI

L'ASTROLOGIE CHINOISE ☞ DRAGON CHINOIS *30*

L'INFLUENCE DES PLANÈTES ☞ LE SOLEIL ET LA LUNE *34-35*

LA ROUE ☞ LA ROUE DE LA LOI *22* ; LES CHAKRAS *103* ; LA ROUE *104*

L'HÉRALDIQUE

L'un des territoires symboliques les plus vivants et les plus riches est l'art héraldique. Dans ce domaine, il n'existe aucune limite à l'imagination. Plantes, animaux, humains, êtres mythologiques, formes géométriques, couleurs, inscriptions : tout est bon pour composer des armoiries, un drapeau, un emblème familial, national ou commercial. L'héraldique est née au XIIe siècle : les armoiries permettaient alors d'identifier les chevaliers sur un champ de bataille ou en tournoi. Cet art devint rapidement d'une complication extrême qui nécessita une réglementation stricte. Messagers du roi, les hérauts – d'où vient le nom de la discipline – furent chargés de codifier rigoureusement cette forme d'expression symbolique.

UN LANGAGE VIVANT

La langue du blason décrit de façon précise les éléments héraldiques, qu'il s'agisse de formes ou de couleurs : ainsi on dira *sinople* pour le vert et *gueules* pour le rouge.

LES CAPARAÇONS
Les chevaliers et leurs chevaux étaient somptueusement parés pour la bataille ou le tournoi. Leurs symboles héraldiques apparaissaient sur leur bouclier, leur armure et sur le vêtement qu'ils portaient par-dessus.

LE LION
Le roi des animaux est un symbole naturel de la royauté.

L'AIGLE
L'aigle à deux têtes est d'origine byzantine.

L'OURS
L'ours, symbole de puissance, apparaît souvent dans l'héraldique d'Europe centrale, en lieu et place du lion.

LE CHIEN
Symbole de loyauté et de fidélité, le chien désigne souvent un croisé.

PLAT ESPAGNOL, XVe S.

LES SIGNES MIXTES
Les meubles de ce blason espagnol sont un château pour une ville de la Castille et un lion pour une ville du Léon. La décoration périphérique, d'origine islamique, reflète l'héritage mauresque de la noblesse espagnole.

LA CRÊTE À L'AIGLE
Les crêtes étaient, à l'origine, des symboles héraldiques montés sur des heaumes. L'aigle, symbole de la puissance germanique, surmonte ce casque d'officier prussien du début du XXe siècle.

PRÉSÉANCE
Sur les armoiries anglaises, ces symboles indiquent le rang de chaque fils dans la lignée familiale.

STATUT NOBILIAIRE

Dès lors que les armoiries sont accordées par la Couronne, « source de tout honneur », elles représentent la puissance et l'autorité, qu'elles soient royales, familiales ou civiles.

ARMOIRIES D'HENRI VIII D'ANGLETERRE
Au temps d'Henri VIII, les armoiries royales britanniques portaient le lion anglais et le dragon gallois. La licorne écossaise n'était pas représentée, car l'Écosse était un royaume indépendant.

ARMOIRIES DE LA FAMILLE SWINTON
Remontant au XIIe siècle, les armoiries de la famille Swinton, qui représentaient un sanglier solitaire, comptent désormais une horde de 6 sangliers, s'adjoignant en cours de route les devises « J'espère » et « Je pense ».

ARMOIRIES DE LA VILLE DE LIVERPOOL
Neptune et un Triton rappellent la longue histoire maritime de Liverpool. Les oiseaux, sans doute des cormorans (*liver* en anglais), constituent un calembour intraduisible, procédé fréquent en héraldique.

LES DÉCORATIONS EN EXTRÊME-ORIENT

Le Japon est la seule nation à pratiquer un système héraldique semblable à celui de l'Europe, et qui se développa également vers le XIIe siècle. Les symboles héraldiques japonais, appelés *mon* sont généralement circulaires. Le soleil rouge du drapeau japonais est le *mon* de l'empire du Soleil-Levant. Les motifs symboliques furent aussi utilisés en Chine sur les vêtements de cour pour identifier les degrés nobiliaires.

CHRYSANTHÈME À SEIZE PÉTALES

PAULOWNIA, ARBRE INDIGÈNE, MON PRIVÉ DE LA FAMILLE IMPÉRIALE JAPONAISE

LA FLEUR IMPÉRIALE
Le chrysanthème, la fleur nationale du Japon, est symbole de longévité et de prospérité. Le *mon* de fleur à seize pétales était arboré par l'empereur, les autres hommes de la famille arborant des *mon* à quatorze pétales.

LA ROBE DE DIGNITAIRE
Les motifs circulaires de cette robe de cour chinoise évoquent le bonheur. La grue de Mandchourie, symbole de longévité, était censée transporter les immortels à travers les cieux. Les grues blanches étaient brodées sur les robes des hauts dignitaires du quatrième degré. Ici, elles sont entourées de nuages et de minuscules chauves-souris, symboles de bonheur.

ROBE DE COUR CHINOISE, XIXe S.

MON À HUIT FLÈCHES

ROUE À CINQ FAUX

MILLE-PATTES ENLACÉS

LES DRAPEAUX

Il existe un nombre infini de drapeaux combinant couleurs, formes, emblèmes et motifs. Mais les plus importants sur le plan symbolique sont ceux qui représentent les États.

UN PAVILLON PIRATE
Le drapeau rouge signifiait « pas de quartier ». Les autres symboles pirates (sablier, bras armé, crâne et tibias) étaient tout aussi menaçants.

SRI LANKA
Une place exceptionnelle est donnée ici à ce lion qui symbolise Kandy le cœur du bouddhisme insulaire.

CANADA
Un symbole végétal est ici mis en avant avec la feuille d'érable, emblème du Canada.

MALAWI
Le soleil apparaît sur de nombreux drapeaux, notamment pour symboliser la monarchie. Le soleil levant rougeoyant a été emprunté aux armoiries de l'ancienne colonie britannique du Nyassaland.

ZAÏRE
La main portant la torche est l'emblème du MPR, le Mouvement pour la révolution. Intégré au drapeau national, cet emblème symbolise la lutte pour l'indépendance.

CORÉE DU SUD
Le motif yin-yang, au centre du drapeau, représente les deux forces complémentaires universelles du taoïsme. Les quatre trigrammes du *Yi-king* représentent le soleil, la lune, la terre et le ciel.

ISRAËL
L'étoile de David est un symbole religieux. Les six branches représentent les six jours de la Création, et le centre le sabbat. La couleur bleue symbolise le ciel, et le blanc la pureté.

BHOUTAN
Identique aux dragons représentés sur les différents drapeaux chinois, le dragon rappelle que ce royaume himalayen est désigné par l'expression Druk Yul, ou « pays du dragon Tonnerre ».

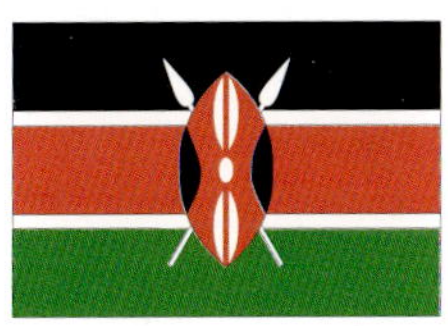

KENYA
Les lances entrecroisées symbolisent les Massaïs, population de pasteurs nomades et guerriers. Les couleurs sont celles du principal parti politique au moment de l'indépendance.

ÉTATS-UNIS D'AMÉRIQUE
Les treize bandes représentent les treize États originels de l'Union, mais le nombre des étoiles n'a cessé de croître avec l'arrivée de nouveaux États. La cinquantième étoile fut ajoutée en 1960 pour Hawaii.

VOIR AUSSI

L'AIGLE ☞ *LES AIGLES 66*
LA CRÊTE À L'AIGLE ☞ *LES AIGLES 66*
LES DRAPEAUX ☞ *LE DRAPEAU ROUGE 106 ; VERT ISLAM 107 ; LES ORGANISATIONS 116*
LA FLEUR IMPÉRIALE ☞ *LE CHRYSANTHÈME 52 ; L'EMPEREUR 89 ; JAUNE IMPÉRIAL 107*
LE LION ☞ *HÉRALDIQUE 62*
L'OURS ☞ *L'OURS 63*

LES CODES INTERNATIONAUX

SYMBOLE DE LA PAIX

« Un croquis vaut mieux qu'un long discours. » Rien de plus vrai, si l'on considère la quantité de signes conventionnels qui, de par le monde, jouent le rôle de mots et même de phrases. Ainsi, le cercle rouge barré sur une cigarette en train de se consumer, qui signifie « interdiction de fumer », donne une consigne immédiatement lisible, que ce soit à Paris ou à Pékin. Ce signe et bien d'autres ont été conçus pour délivrer le plus rapidement et le plus précisément possible un message. D'autres signes, disons plutôt des codes, permettent une notation pratique – mathématique ou musicale, par exemple.

LES ORGANISATIONS

LA CROIX-ROUGE

La Croix-Rouge internationale fut fondée à Genève en 1863 pour fournir un soutien médical à toutes les parties combattantes lors des conflits. Son sigle est simplement le drapeau suisse inversé.

LE DRAPEAU OLYMPIQUE

L'emblème olympique (cinq cercles entrelacés) représente les cinq continents : Europe, Asie, Afrique, Océanie et Amérique.

LES NATIONS UNIES

L'Organisation des Nations unies, fondée en 1945, adopta comme emblème la Terre vue du pôle Nord, entourée de deux rameaux d'olivier, symboles de paix.

LE DRAPEAU EUROPÉEN

Le drapeau de l'Union européenne (UE) fut adopté officiellement en 1986. Les douze étoiles à cinq branches représentent la perfection selon le code héraldique.

LES SYMBOLES MATHÉMATIQUES

+ ADDITION

Le signe « plus » apparut en Allemagne en 1489 dans l'*Arithmétique mercantile* de J. Widmann.

− SOUSTRACTION

Le symbole « moins » apparut comme le signe de l'addition, dans l'ouvrage de J. Widmann.

÷ DIVISION

Le signe de la division fut introduit en Angleterre par J. H. Rahn en 1659.

× MULTIPLICATION

Le symbole de cette opération apparut en 1631 dans *Clavis mathematica*, de William Oughtred.

= ÉGALITÉ

Le signe « égal » fut inventé par Robert Recorde, qui l'utilisa dans un document algébrique publié en 1557.

% POURCENTAGE

Le signe vient de la formule *x*/100. Le terme lui-même vient du latin *per centum*.

∞ INFINI

La première utilisation connue de ce signe remonte à 1665 dans le *De sectionibus conicis* de John Wallis.

√ RACINE CARRÉE

Le signe proviendrait de la déformation du *r* du mot latin *radix*, racine.

LA NOTATION MUSICALE

Notre système de représentation des notes de musique a évolué depuis quelques siècles. À la fin de l'Empire romain, un système utilisait les lettres A à G pour représenter notre gamme à sept notes. La normalisation de la portée de cinq lignes date du XVIIe siècle.

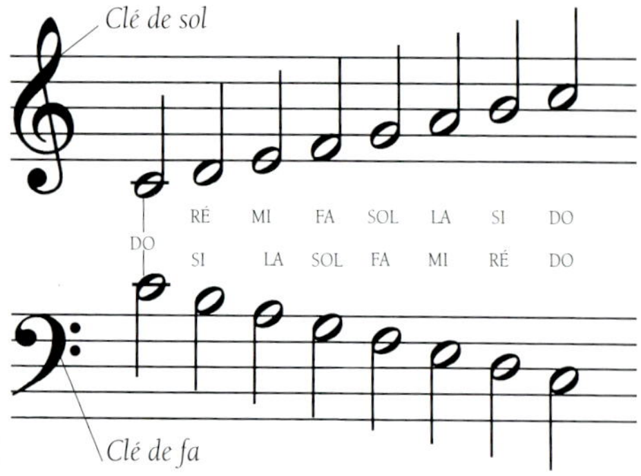

LA VALEUR DES NOTES

La valeur des notes et des silences est indiquée par des symboles de formes variées. L'unité est la ronde, le silence correspondant la pause. Blanche et demi-pause valent un demi ; noire et soupir un quart ; croche et demi-soupir un huitième, etc. La hauteur des notes est déterminée par la clé figurant à l'extrémité de la portée.

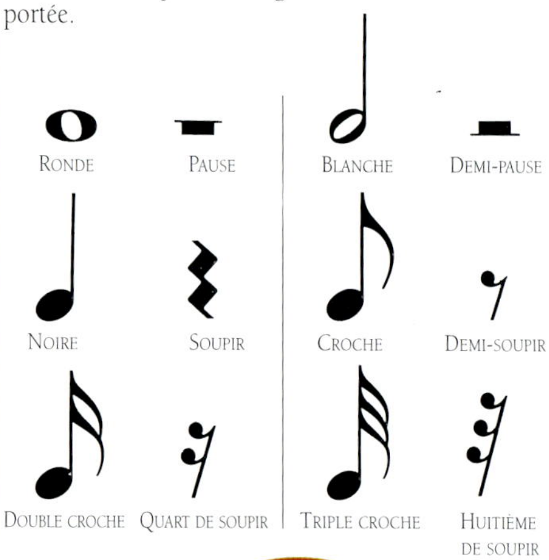

LES LABELS DE QUALITÉ

Afin de garantir la pureté des métaux précieux, une estampille a été créée au XIIIe siècle. L'argent devait présenter au moins 92,5 % d'argent pur pour être qualifié de pur. Chaque pays, et même chaque grande ville, avait ses propres poinçons, de sorte qu'il était facile d'identifier l'origine des métaux précieux.

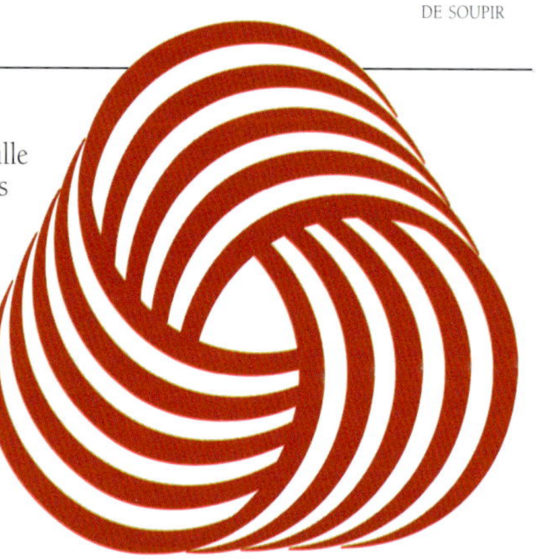
MARQUE DÉPOSÉE INDIQUANT LA PURETÉ DE LA LAINE VIERGE ET GARANTISSANT SA QUALITÉ

LES POINÇONS D'ARGENT

POINÇON D'ARGENT PUR À 925/1 000

POINÇON D'ÉTAT, SUÈDE, 1752

POINÇON ITALIEN, PURETÉ 900/1 000

FRANCE, 1798-1809, PURETÉ 950/1 000

TÊTE DE LÉOPARD, LONDRES, DEPUIS 1327

POINÇON DE LA VILLE DE MUNICH, V. 1700

LABEL PUR COTON

LABEL CUIR VÉRITABLE

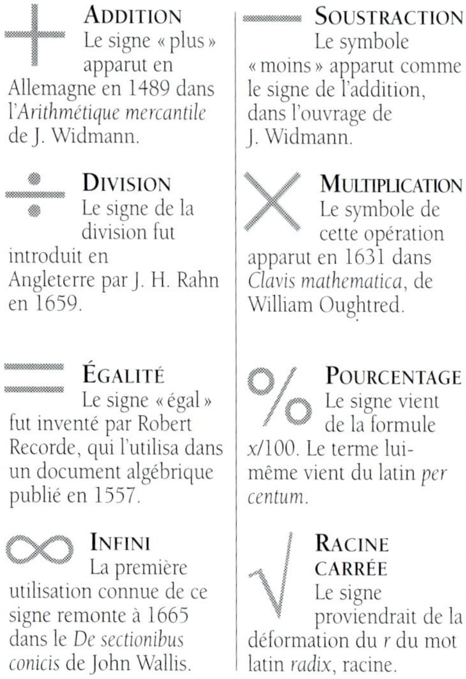

LES PANNEAUX INDICATEURS

Le Code de la route a été conçu pour être compris vite et bien. Il est constitué d'un système clair de couleurs et de formes. Le rouge, par exemple, désigne l'interdiction ; le jaune annonce le danger ; le vert indique la sécurité. De même, un triangle est une information et un cercle rouge, barré ou non, une interdiction.

TRIANGLE D'AVERTISSEMENT
Un triangle jaune cerné de noir veut dire : attention !

ATTENTION : DROMADAIRES !

INTERDICTION
Un cercle rouge, barré ou non, veut dire : interdit !

PRUDENCE

POISON

SENS INTERDIT

EAU NON POTABLE

RADIOACTIVITÉ

MATIÈRE INFLAMMABLE

CHAUSSÉE GLISSANTE

INTERDICTION DE FUMER

VOIE NON CYCLABLE

EXCRÉMENTS INTERDITS

L'INFORMATION DU PUBLIC

La normalisation des symboles informatifs a débuté dès les premières années du XXe siècle, illustrant la croissance des échanges internationaux. La plupart des signes se comprennent d'eux-mêmes.

TOILETTES POUR DAMES

TOILETTES POUR MESSIEURS

ACCÈS HANDICAPÉS

TÉLÉPHONE

INFORMATION TOURISME

POSTE

L'ÉTIQUETAGE

Un ensemble d'étiquettes normalisées a permis d'uniformiser les avertissements au consommateur. Les mots sont quasiment absents de ces codes informatifs. Un élément barré signifie toujours une interdiction.

TEMPÉRATURE MAXIMALE DE LAVAGE

NE PAS LAVER

LAVER À LA MAIN SEULEMENT

TEMPÉRATURE DU FER

NE PAS REPASSER

SÈCHE-LINGE INTERDIT

JAVEL INTERDITE

NETTOYAGE À SEC

LE RECYCLAGE

Nous prenons de plus en plus conscience de la nécessité de protéger notre environnement contre les effets nocifs des déchets industriels de tout ordre. Les trois flèches du recyclage apparaissant sur les produits biodégradables sont à présent familières aux consommateurs.

DIRECTION

Le signe indiquant la direction a varié suivant les époques, depuis la main au doigt tendu du début du siècle jusqu'aux flèches stylisées d'aujourd'hui.

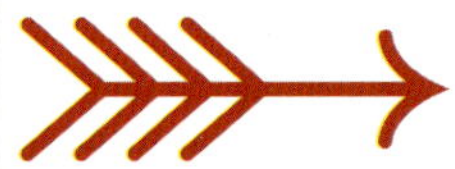

VOIR AUSSI

DIRECTION ☞ LES MAINS 75
LES LABELS DE QUALITÉ ☞ L'ARGENT 39
LES ORGANISATIONS ☞ LES DRAPEAUX 115
LES PANNEAUX INDICATEURS ☞ UN PAVILLON PIRATE 115
LES SYMBOLES MATHÉMATIQUES ☞ LES SYSTÈMES NUMÉRIQUES 102

LE LANGAGE DES GESTES

« La parole est d'argent, le silence est d'or », dit-on. C'est particulièrement vrai si l'on considère les gestes quotidiens, qui en disent long sans que l'on ait besoin de faire de grandes phrases. Les gestes, conscients ou inconscients, sont hautement révélateurs de notre personnalité et de nos intentions. Certains gestes sont des archétypes du comportement humain, quelle que soit la culture.

LA RÉFLEXION
Cette position est généralement adoptée inconsciemment. C'est une forme de prière, le toucher léger des lèvres servant à rassurer celui qui réfléchit.

ONGLE CONTRE DENT
L'ongle du pouce fait vibrer l'incisive. En France, ce geste signifie « rien ». Sur le pourtour méditerranéen, il indique la colère.

LES MAINS

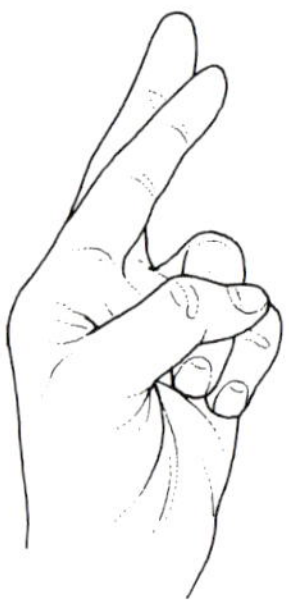

LES DOIGTS CROISÉS
Symbole courant de chance et de protection, il représente une forme stylisée de la croix.

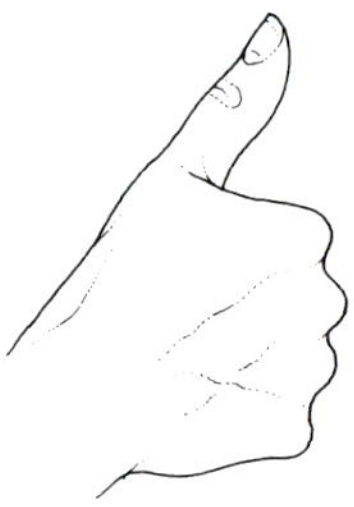

LE POUCE
Signifie « Tout va bien » car, par ce geste, les empereurs romains accordaient la grâce aux gladiateurs.

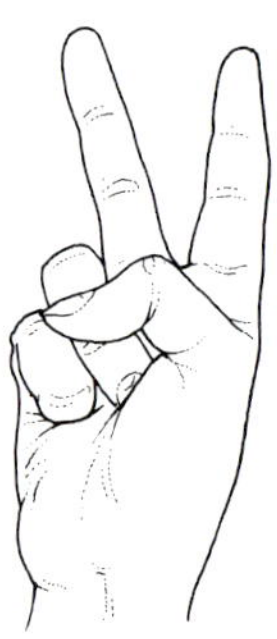

LA VICTOIRE
Signe fétiche utilisé par Winston Churchill dans son combat contre les nazis, il est universellement employé comme signe de victoire dans toutes les luttes, politiques ou sportives.

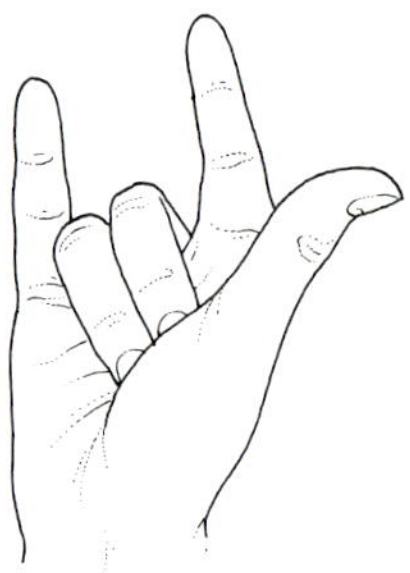

LA CHANCE
Signe de protection contre le mauvais œil. On l'emploie généralement en imprimant à la main un mouvement d'avant en arrière.

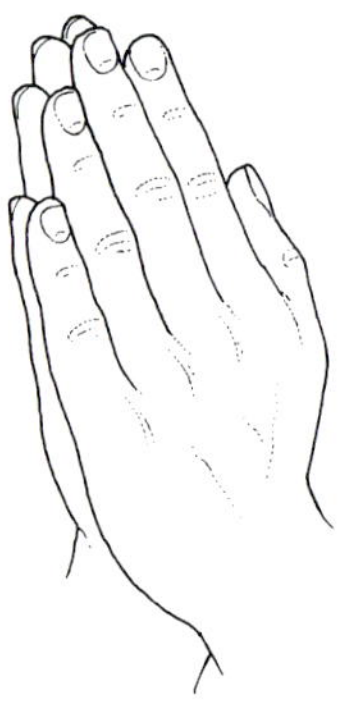

LA PRIÈRE
Ce geste familier est également celui du respect et de la bienvenue en Inde et en Asie du Sud-Ouest. À l'origine, le geste représentait l'offrande de soi à la divinité.

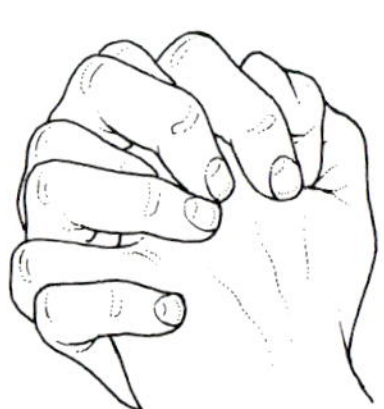

LA SUPPLICATION
C'est une prière adressée non à Dieu mais à une personne, pour obtenir une aide immédiate.

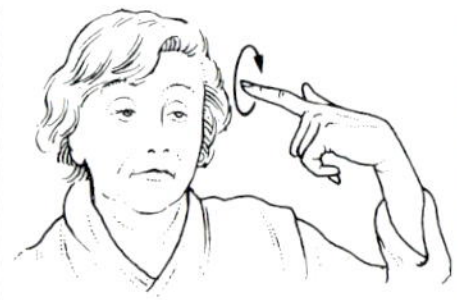

LA FOLIE
Ce geste indique que l'interlocuteur devrait, pour parler sans dire de sottises, revisser le mécanisme défectueux qui se trouve dans sa tête…

L'INCRÉDULITÉ
Ce geste est chez nous un signe d'incrédulité.

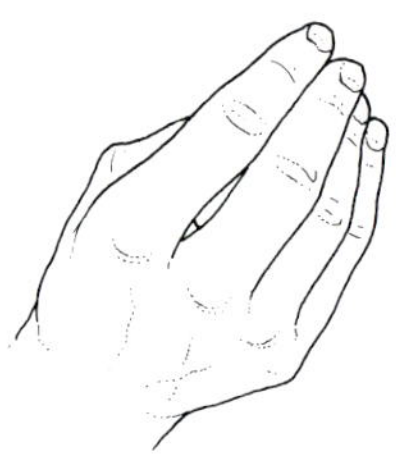

LA QUESTION
En Italie, ce geste de la main (cinq doigts resserrés et main oscillant de bas en haut) signifie « Que veux-tu ? » ou « Que veux-tu dire ? »

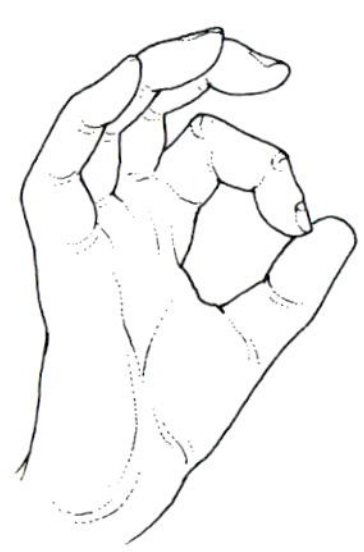

LA PERFECTION
Ici, le pouce et l'index forment un cercle. C'est le signe de la perfection, souvent animé d'un mouvement d'avant en arrière.

LA MOQUERIE
Pouce contre le nez, autres doigts s'agitant comme une crête de coq, le pied de nez est le geste presque universel de la moquerie.

LES CORNES
Ce geste a diverses interprétations mais constitue, généralement, un affront. Dans les pays méditerranéens, il personnifie le cocu. Au Japon, il désigne une femme jalouse ou en colère.

LES SALUTATIONS

LA MAIN LEVÉE
Ce geste peut signifier « bonjour » ou « au revoir ». La main dressée, paume en avant, sert généralement à attirer l'attention.

LES NEZ FROTTÉS
Rare en Occident, cette façon de se saluer en se frottant le nez est pratiquée dans un certain nombre de cultures, en Polynésie, par exemple.

LA POIGNÉE DE MAIN
La poignée de main est un geste très courant de bienvenue ou de séparation. Contrairement à la révérence, elle est un signe d'égalité entre les parties.

SALUT RITUEL AU JUDO

LA COURBETTE
Cette forme de salut est pratiquée en Asie et constitue un signe habituel de respect. À la fin de la pièce, les comédiens s'inclinent pour remercier des applaudissements. En Occident, on se courbe parfois au moment de la poignée de mains, pour marquer l'humilité, la personne qui se courbe étant symboliquement inférieure à son interlocuteur.

LES BRAS

LE TRIOMPHE
Les bras dressés vers le ciel sont signe de succès ; la personne se grandit artificiellement.

L'IMPLORATION
Paumes et tête sont tournées vers le ciel, où se trouve la divinité.

LE SALUT
Selon la raideur du bras, ce peut être un salut fraternel ou un salut fasciste. D'origine romaine, ce salut fut repris par les hitlériens dans les années 1930.

LA REDDITION
Signe de soumission, ce geste indique au vainqueur que le prisonnier n'a pas d'arme.

JOUEURS DE FOOTBALL FÊTANT UN BUT

LA LIESSE
Ce geste, qui combine un saut et une frappe simultanée des mains droites, est une manifestation spontanée de joie, généralement pratiquée sur les terrains de sport.

LA TÊTE

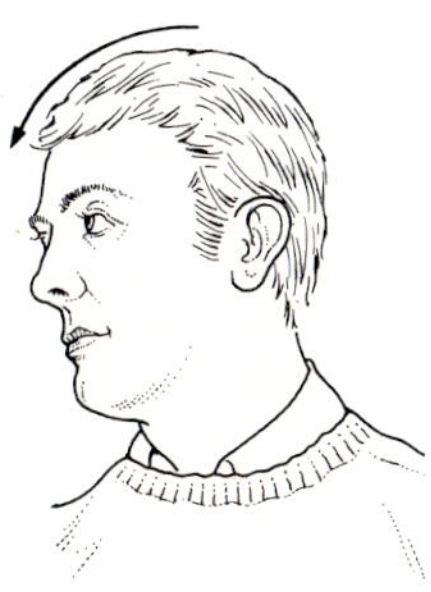

NON
« Non » peut s'exprimer par un va-et-vient latéral de la tête ou, comme en Afrique du Nord, par un retrait vif de la tête, d'un seul côté.

OUI
C'est généralement un mouvement vertical de la tête, mais, en Inde et au Pakistan, c'est un mouvement latéral qui signifie « oui ».

LA BOUCHE

L'INSULTE ENFANTINE
Dans le monde entier, les enfants se tirent mutuellement la langue pour s'insulter.

LE SILENCE
Les lèvres sont verrouillées par l'index faisant office de cadenas.

L'IGNORANCE
Cette moue, qui veut dire « Je ne sais pas », consiste à faire la lippe vers le bas. C'est l'équivalent facial du lent haussement d'épaules.

LA COLÈRE
Se mordre la lèvre inférieure tout en secouant sa tête de droite et de gauche illustre une désapprobation difficilement contenue.

LES YEUX

L'EXASPÉRATION
Signe familier de l'exaspération, les yeux se tournent vers le ciel comme pour invoquer une assistance divine.

LE CLIN D'ŒIL
Il possède différentes significations, depuis la collusion discrète entre deux personnes jusqu'à l'invite sexuelle.

LE SCEPTICISME
Lever un seul sourcil indique un sentiment d'incrédulité. Les deux moitiés du visage sont dissymétriques, incarnant une certaine confusion du sujet.

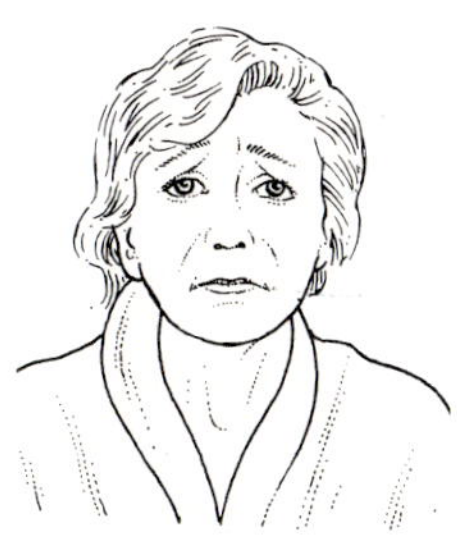

L'ANXIÉTÉ
Les sourcils contractés et le front ridé constituent une réaction instinctive à l'anxiété. Cette expression naturelle est commune à toutes les cultures.

LE BAISER

SUR LA JOUE
Geste affectueux pratiqué couramment en Occident pour se dire bonjour ou au revoir.

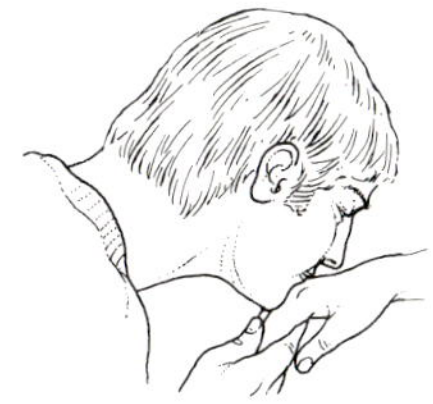

LE BAISE-MAIN
Autrefois couramment pratiqué, ce geste était, chez un homme de bonne éducation, la marque de son respect pour une femme.

LE BAISER, GUSTAV KLIMT, 1908

LE BAISER ENTRE AMOUREUX
Représentation suggestive d'un baiser dans lequel deux personnes se fondent dans une intimité complète.

LE BAISER SOUFFLÉ
Symbole de l'amour à distance, souvent pratiqué d'une mère à son enfant ou entre deux amis.

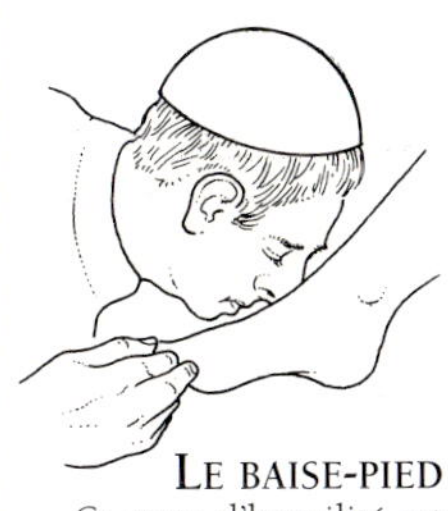

LE BAISE-PIED
Ce geste d'humilité est pratiqué par le pape durant la semaine sainte, en souvenir du geste du Christ envers ses apôtres.

VOIR AUSSI

LE BAISER ☞ LES LÈVRES *82*
LA BOUCHE ☞ LA LANGUE *72* ; LES DENTS *73*
LES BRAS ☞ DURGA, SHIVA *20* ; BODHISATTVA *23*
LES DOIGTS CROISÉS ☞ JÉSUS-CHRIST *18*
LES MAINS ☞ LA MAIN DE DIEU *24* ; LES MAINS *75* ; LES GESTES DE LA DANSE INDIENNE CLASSIQUE *77* ; LES MAINS AU HENNÉ *83*

GLOSSAIRE

Les dieux des mythologies grecque et romaine ont été classés sous leur nom romain. Le nom de leur équivalent grec est cité entre parenthèses.

Adonis Dans la mythologie grecque, jeune éphèbe aimé d'Aphrodite. Il fut tué lors d'une chasse au sanglier.

Agni Dieu hindou du feu.

Aïnous Aborigènes de l'île japonaise d'Hokkaido.

Aladin Personnage des *Mille et Une Nuits* qui devint riche grâce à une lampe merveilleuse.

alchimie Science ésotérique, surtout connue pour ses tentatives de métamorphoser la matière en or.

Allah Nom donné à Dieu par les musulmans.

allégorie Récit ou illustration utilisant des éléments concrets pour exprimer une idée générale ou abstraite.

amulette Petit objet que l'on porte sur soi dans l'idée qu'il détient un pouvoir magique de protection contre les maladies, les dangers ou le mauvais œil.

Annonciation Visite de l'ange Gabriel à la Vierge Marie pour lui annoncer la naissance de Jésus.

Apollon (Phœbus) Dieu du soleil dans les mythologies grecque et romaine ; il inspire les prophètes, les poètes et les artistes.

Ariane Fille de Minos, roi de Crète. Elle aida Thésée à sortir du labyrinthe.

Aristote Philosophe grec ; au sein d'une nature qui tend vers la perfection, l'homme est pour lui un être doué de raison.

ascétisme Doctrine prônant la lutte contre les exigences du corps comme moyen d'accès à une libération spirituelle.

Ashantis Ethnie du centre du Ghana.

Assyriens Peuple mésopotamien vivant autrefois sur le territoire actuel de l'Iraq.

Avatar Dans l'hindouisme, chacune des incarnations de Vishnu.

Aztèques Peuple précolombien vivant sur le territoire actuel du Mexique.

Babyloniens Habitants de Babylone, ancienne cité mésopotamienne située sur les bords de l'Euphrate.

Bacchus (Dionysos) Dieu de la fécondité et du vin.

Bodhisattva Bouddha en devenir ; celui qui renonce volontairement à entrer dans le nirvana afin de guider les autres hommes vers l'illumination.

Bouddha Fondateur du bouddhisme ; il enseigna que le chemin de l'illumination passe par la méditation et le détachement.

Brahma Dieu à quatre têtes qui créa l'Univers et qui forme, avec Vishnu et Shiva, la trinité hindoue.

Cernunnos Dieu celtique cornu, seigneur de la nature et de la fertilité.

Chaman Prêtre, sorcier et guérisseur de peuples d'Asie et d'Amérique du Nord vouant un culte à la nature et aux esprits.

Cherokees Ethnie amérindienne.

Comanches Ethnie amérindienne.

Coran Livre sacré des musulmans contenant les révélations d'Allah au prophète Mahomet.

cosmologie Étude de l'Univers en tant que tout ordonné.

cosmos Univers.

crucifixion Supplice de la croix, par lequel mourut le Christ.

Cupidon (Éros) Dieu romain de l'amour ; il est le fils de Vénus.

David Deuxième roi hébreu, père de Salomon.

déesse mère Personnification du principe féminin ; prend différentes formes, bénéfiques ou maléfiques, selon les cultures.

Déluge Selon de nombreuses religions, catastrophe très ancienne qui noya l'humanité, à l'exception de quelques heureux élus.

Diane (Artémis) Déesse de la chasse, protectrice des femmes.

Donar Dieu teuton du tonnerre.

Durga Dans l'hindouisme, forme terrifiante de la déesse mère.

éléments, les quatre La terre, l'air, le feu, l'eau ; au Moyen Âge, les alchimistes croyaient que la matière était constituée de ces quatre éléments.

élixir Breuvage donnant des pouvoirs surnaturels, par exemple l'immortalité.

Ève La première femme, selon la Bible ; avec Adam, elle vécut dans le jardin d'Éden jusqu'à leur bannissement.

Exode Fuite des Hébreux hors d'Égypte.

Freud, Sigmund (1856-1939) Médecin autrichien qui inventa la psychanalyse.

Freya Dans la mythologie nordique, elle est la femme d'Odin et la déesse de l'amour, du mariage et de la fertilité.

Gabriel Archange dans les religions chrétienne et musulmane ; messager de Dieu.

Gandhi, « Mahatma » (1869-1948) Chef nationaliste indien, célèbre pour sa lutte non violente contre l'occupant britannique.

Garuda Oiseau légendaire, monture de Vishnu.

griffon Animal mythologique possédant le corps d'un lion et la tête, les ailes et les serres d'un aigle.

Hanoukka Fête juive des Lumières.

Hathor Déesse égyptienne de l'amour et de la beauté.

héraut Annonciateur, messager.

Hercule (Héraclès) Héros mythologique, célèbre pour sa force exceptionnelle.

hérésie Croyance qui va à l'encontre d'un dogme religieux établi.

Hérode Hérode Antipas, gouverneur de la Judée au temps de Jésus.

Hittites Anciens habitants de l'Anatolie et la Syrie.

Homère Poète grec antique, auteur de l'*Iliade* et de *l'Odyssée*.

Horus Dieu solaire égyptien à tête de faucon, fils d'Isis et d'Osiris.

humeurs, les quatre Les quatre liquides organiques du corps humain – sang, flegme, bile et atrabile –, qui, selon la croyance médiévale, définissaient par leurs proportions respectives le caractère ou le tempérament d'un individu.

initiation Rite d'admission d'un individu au sein d'un groupe fermé.

Inuits, Esquimaux Habitants du Groenland et des régions arctiques d'Amérique du Nord.

Isis Déesse mère de l'ancienne Égypte, sœur et épouse d'Osiris.

israélites Descendants des patriarches du judaïsme ; juifs.

Jacob Un des patriarches du judaïsme dont les douze fils fondèrent les douze tribus d'Israël.

Jonas Personnage biblique qui fut avalé par un énorme poisson puis rejeté vivant trois jours plus tard.

Juda, tribu de Descendants de Juda, fils du patriarche Jacob.

Judas Iscariote Apôtre qui livra Jésus au gouverneur romain Ponce Pilate.

Judée Partie méridionale de l'ancienne Palestine.
Jung, Carl (1875-1961) Psychologue suisse et confrère de Freud.
Junon (Héra) Fille de Saturne, épouse de Jupiter ; protectrice des femmes.
Jupiter (Zeus) Maître du panthéon classique, époux de Junon ; dieu de la lumière, de la foudre et du tonnerre.
Krishna Incarnation du dieu hindou Vishnu.
Mahomet (v. 570-632) Prophète et fondateur de l'islam.
Mandala Représentation symbolique de l'Univers, support à la méditation bouddhiste.
Marie, la Vierge Marie La mère de Jésus-Christ.
Mars (Arès) Dieu de la guerre.
Martyre La mort et les souffrances endurées par quelqu'un pour sa religion, sa foi ou sa cause.
Máya Ancien peuple amérindien qui vivait en Amérique centrale et dans le sud du Mexique.
Mecque, La Lieu de naissance de Mahomet.
Méduse Monstre féminin dont les cheveux étaient des serpents et dont le regard pétrifiait les vivants.
Mercure (Hermès) Messager des dieux ; dieu du commerce et des voyageurs.
Mésopotamie Région de l'ancienne Asie située entre le Tigre et l'Euphrate, qui constitue aujourd'hui l'essentiel de l'Iraq.
microcosme Monde en réduction.
Minerve (Athéna) Déesse de la guerre et de la sagesse.
minoen Relatif à la période la plus ancienne de l'histoire crétoise.
Mithra Dieu perse dont le culte fut longtemps perpétué par les Grecs et les Romains ; dieu de la lumière.
Moghols, Grands Dynastie musulmane qui régna sur le nord de l'Inde de 1526 à 1858.
Moïse Prophète et législateur d'Israël ; il conduisit le peuple hébreu hors d'Égypte.
monothéisme Doctrine religieuse qui n'admet qu'un seul Dieu.
mysticisme Ensemble de croyances fondées sur la possibilité d'une communication intime de l'homme avec la divinité par la méditation, la contemplation ou l'extase.
Navajos Ethnie amérindienne.
Nefertoum Dieu égyptien à tête humaine.
Neptune (Poséidon) Dieu de la mer.
nirvana Dissolution de l'individualité et son absorption définitive dans le cosmos ; dans le bouddhisme, c'est la félicité à laquelle parvient celui qui s'est affranchi du cycle des renaissances.
Noé Patriarche biblique qui construisit l'arche pour, sur ordre de Dieu, sauver du Déluge sa famille ainsi que des couples de tous les animaux.
Odin Maître du panthéon nordique, dieu du ciel.
Orphée Poète et musicien de la mythologie grecque ; il avait le pouvoir de charmer toutes les créatures vivantes.
Osiris Dieu des morts dans l'ancienne Égypte.
ottoman Qui concerne l'Empire ottoman (actuelle Turquie), fondé par Osman en 1300.
Pan Dieu des bergers et des chasseurs dans la mythologie grecque ; il était doté de sabots et de cornes de bouc. Son apparition déclenchait une peur « panique ».
panthéon Ensemble des dieux d'une mythologie, d'une religion.
Parques, les Decima, Morta et Nona ; divinités qui présidaient à la destinée humaine dans la mythologie romaine.
patriarche Chef de famille décrit dans l'Ancien Testament comme doué d'une longévité et d'une fécondité extraordinaires.
Phaéton Fils d'Apollon ; il faillit incendier la terre en conduisant le char du soleil et fut tué par la foudre de Jupiter.
Phénix Oiseau fabuleux qui vivait cent ans, brûlait puis renaissait de ses propres cendres.
Pluton (Hadès) Dieu des enfers ; il régnait sur les morts.
Quetzalcóatl Divinité précolombienne du Mexique, maître de l'air et de la terre, dieu de la connaissance ; il est représenté sous les traits d'un serpent à plumes.
Rê Dieu du soleil chez les anciens Égyptiens, il est généralement représenté avec un corps d'homme et une tête de faucon que surmonte le disque solaire.
Rama Septième avatar de Vishnu ; héros mythique de la guerre entre l'Inde et le Lanka (Ceylan).
ramadan Neuvième mois du calendrier musulman, pendant lequel le jeûne est prescrit du lever au coucher du soleil.
Renaissance Période qui s'étend du XVe au début du XVIIe siècle, marquée par un renouveau des arts et de la littérature dans les pays d'Europe occidentale.
rêve Ordre matériel et spirituel de toute chose pour les aborigènes d'Australie.
Salomon Roi d'Israël, fils de David ; célèbre pour sa sagesse.
samouraï Guerrier au service d'un seigneur dans la société féodale japonaise.
sanskrit Ancienne langue de l'Inde, qui reste la langue classique de la civilisation brahmanique.
satyres Mi-boucs, mi-humains, ce sont des divinités mythologiques de la terre et des bois.
Selket Déesse de l'ancienne Égypte qui prenait la forme d'un scorpion.
Shiva Dieu de la destruction ; une des trois grandes divinités de l'hindouisme.
Sinaï, mont Montagne égyptienne où Moïse reçut les tables de la Loi.
Sioux Ethnie amérindienne.
taoïsme Religion chinoise apparue au VIe siècle avant J.-C. agrégeant la philosophie de Lao-Tseu et diverses croyances populaires.
Terre promise Pays de Canaan que, selon le récit biblique, Dieu avait promis aux Hébreux.
Thésée Héros grec qui tua le Minotaure.
Thor Dieu du tonnerre de la mythologie nordique.
Thot Dieu de la lune dans l'ancienne Égypte, il est le maître du temps ; inventeur de l'écriture, il est le dieu de la sagesse et de l'érudition ; il est représenté comme un homme à tête d'ibis ou de babouin.
totem Animal considéré comme l'ancêtre et donc le protecteur d'un clan.
transcendance État de dépassement de toutes les limites de la connaissance et de l'expérimentation humaines.
Troie, guerre de Siège légendaire de la ville de Troie par les Grecs, conté dans *l'Iliade* par Homère.
tsars Empereurs de Russie jusqu'en 1917.
Ulysse Héros grec de la guerre de Troie, célèbre pour sa ruse ; l'épopée de son retour à Ithaque est contée dans *l'Odyssée*, d'Homère.
Vénus (Aphrodite) Déesse de l'amour et de la beauté.
Vishnu Le conservateur de l'Univers ; l'une des principales divinités de l'hindouisme, il s'incarne sous différentes formes humaines ou animales, appelées avatars.
Yi-king Très ancien livre chinois de divination.
Yin et yang Ce sont les deux principes opposés et complémentaires qui coexistent en toute chose, selon la pensée chinoise : yin est négatif, féminin, sombre ; yang est positif, masculin, lumineux.
Yorubas Ethnie du sud-ouest du Nigeria.
zoroastrisme Religion persane pré-islamique fondée par Zarathoustra (ou Zoroastre).

INDEX

Les chiffres en **gras** *indiquent une entrée principale.*

O

P

Q

R

S

T

U

V

Y

Z

REMERCIEMENTS DE L'AUTEUR

Je souhaite remercier tous les amis et collègues qui ont répondu à mes interrogations concernant le texte, tout particulièrement Richard Blurton, Heather Elgood, Anat Feinberg, Edward Gibbs, Meher McArthur et John Okell. Merci à Alison Cole, conseillère dans le domaine de l'art occidental, pour ses nombreuses remarques avisées, et à Joanna Lane pour son remarquable travail d'indexation. Ma gratitude aux collaborateurs de Dorling Kindersley : Anna Kruger, Peter Bailey, l'équipe de Sarah Ponder, Emma Foa, Martin Wilson, Shirin Patel, Joanna Pocock et Ali Cobb, qui ont travaillé sans relâche à cet ouvrage. Mes remerciements à Sarah pour sa maîtrise du projet et pour son sourire, ainsi qu'à Emma, éditrice, pour sa compétence et sa bonne humeur. Merci encore à Harriet Griffey et à mes amis de chez Tolli pour leurs encouragements. Merci enfin à Robert, Jessica et Jonathan pour leur soutien indéfectible. À tous, je dédie ce livre.

CRÉDITS PHOTOGRAPHIQUES

g = gauche, d = droite, h = haut, b = bas, a = au-dessus, cb = centre bas, edc = extrême droite centre, egc = extrême gauche centre, cgb = centre gauche bas, cdb = centre droite bas, bcg = bas centre gauche, bcd = bas centre droite, beg = bas extrême gauche bed = bas extrême droite, heg = haut extrême gauche, hed = haut extrême droite.

AKG 17hg, 19hg, 34-35, 53cd, 81hd, 94bd ; /Erich Lessing 15cda, bg, 19cb, 38bg, bc, 89cd, 91cd ; Staatliche Antikensammlungen und Glyptothek 54hd ; The American Museum in Britain, Bath 70bg ; American Museum of Natural History 63cda, 77cda, cdb, 78bd, 86c ; Ancient Art & Architecture/ Ronald Sheridan, couverture, 16hg, 20cd, 96cda ; Heather Angel 21cgb ; The College of Arms 114hd ; Ashmolean Museum, Oxford 18hd, 20hd, 25hc, 29hg, 52cd, 103hcg, 105hc ; The Australian Museum/Nature Focus Library 26bed ; Bentley & Co. 86hg, bd, bcd, 87hg, cb, cd, edc, bga, bg, bd ; Bibliothèque nationale (01FR 143 fol 198v) 42hd ; Birmingham Museum 49bg ; BLC 116bed ; The Bridgeman Art Library 8bd, 26cd, 27hd, 34ca, 42bd ; / Musée archéologique, Naples 15cg ; Musée des Beaux-Arts, Le Havre 36b ; Bibliothèque nationale, Paris 8b, 16hd, 27bc ; The Bodleian Library, Oxford ; Ms. Ashmole1511, 68d, couverture cb ; Bonhams, Londres 2hd, 34b, 40cg ; Chapelle Brancacci, Santa Maria del Carmine, Florence 59bd ; © Brewster Arts Ltd, New York, Tuesday, Leonora Carrington 9cd ; British Library 24c, 34g, 46c, 75bg, 98-99, 113bd ; Schloss Charlottenburg, Berlin 89edc ; Christies, Londres 29bc ; Musée Cluny, Paris 3b, 28cg ; De Morgan Foundation, Londres 78c, bc ; © Fondation P. Delvaux-St Idesbald, Belgium/DACS 1996, *le Temple* 1949, Paul Delvaux 6-7 ; Ferens Art Gallery, Hull 29cd ; Giraudon 43hd/Musée des Beaux-Arts, Nantes 8t ; /Musée Condé, Chantilly 103hg ; /Musée Municipal, Laon, France 81hg ; Index/Museo Diocesano de Solsona, Lerida 44cg ; Musée du Kremlin, Moscou 89trb ; Museum of Mankind 26bc, 40bd ; National Gallery, Londres 73bg ; Oriental Museum, Université de Durham 58c ; Galerie Autrichienne, Vienne 119cd ; Prado, Madrid 10hg, 42bg, cg, Preweatt Neate Fine Art Auctioneers, Newbury 45cdb ; Cathédrale de Rheims 51c, St Peters, Leuven 49cd ; Santa Maria delle Grazie, Milan 103hd ; Chapelle Scrovegni (Arena), Padoue 107heg ; Tate Gallery 50bd, 106bg/©ADAGP, Paris and DACS, Londres 1996, *le Dormeur téméraire*, René Magritte 10b ; Galleria degli Uffizi, Florence 48bg ; Courtesy of the Board of Trustees of the V & A 29hd, 60bg, 71bc, 82bd (détail), 89hg ; Walker Art Gallery, Liverpool 53t ; Wallace Collection 96bg ; Abbaye de Westminster, Londres 88hd ; Abbaye de Woburn (détail) 88cg ; The British Library, Londres 19bd, 22c, 31hd, 60hg, 61hg, 62hc (Or Ms. 2748 f. 208b), 21bc (Or 11387 f.10b) ; The British Museum, Londres 9hg, 14hd, c, bc, cg, egc, edc, 15hc, hd, cd, bc, 25cg, 27hg, cg, 39egc, 41hd, 48hd, 52cgb, 54bd, 55bga, hc, 57bd (obj no. 1900.4-7.48), 59bga, 60hd, 61bg, hg, bd (obj no.1936.4-11.023), 62cg, hd (obj no. 19102-12-464), 63b, 64-65t, 65hd, 66cg, 70cg, 71bd, 78cda, cd, 79cg, 86bcg, 93hcg, 96cd, 105bc ; Duncan Brown 28c, 39cd, 75hcg, 93cb, 107bd ; J. Allan Cash 77c, 93cdb, 94hd, bg ; Lester Cheeseman 21bg, 72cg, 73bd ; Christie's Images 32-33, 47hd ; Cinema Bookshop, Londres 11bd ; Bruce Coleman Ltd/Christer Fredriksson 106hg ; Carol Hughes 37bc ; Luiz Claudio Marigo 36hd ; Hans Reinhard 26bd ; Cotton Technology International 116bd ; Musée national du Danemark, Copenhague 4cgb, 18bg, 30hd, 90cgb ; James Davis Photography 16bc ; C.M.Dixon 35hd, 74bg, 75hg ; Museum of English Rural Life, Université de Reading, Leeds 90edc ; ET Archive 1, 2cg, 20l, 22hd, 31hg, 62bg, 66hd, 71cda, 72bc, 74cg, 81hc, 89hc, 101hd, 103bg ; Mary Evans Picture Library 4b, 4cda, 9bg, 9hd, 28edc, 31bd, 37c, 45hd, 65bd, 72hd, 73hd, 74hg, 75bd, 79hd, 80hg, 81edc, 84bda, 89cg, 90cg, 90bg, 92c, 95hcg, 102bg, 110cdb, cgb ; Eye Ubiquitous 43c ; /David Cumming 21cd ; Frank Leather 27cd ; Exeter Museum 86cg ; Chris Fairclough Colour Library 18bd, 95bg ; Forest Light/Alan Watson 95cg ; Werner Forman Archive 23cgb/British Museum, Londres, 4cgb, 28hd, 4e de couverture bd ; Philip Goldman Collection 52bg, Musée National du Bardo, Tunis 63hg ; National Museum of Man, Ottawa, Ontario 63cgb ; Statens Historiska Museum, Stockholm 15bd ; Université de Philadelphie, États-Unis 39bd ; The Garden Picture Library 42cb, /John Bethell 73cd ; Bridgitte Thomas 43cgb ; Garrard, Londres 39cg ; Glasgow Museums 4cdb, 5cda, 16cgb, cb, bd, cgb, 20bd, 21cda, hed, hc, 22bc, 23hd, 25egc, cd, hg, 26hed, hd, hc, 59c, 64bga, 76-77c, 79hc, cdb, 81bda, 82hd, cd, 89cgb ; Golders Green United Synagogue 16cd ; Ronald Grant Archive 54bg ; Greenjackets Museum, Winchester 80egc ; Greenpeace/ Dorreboom 65cda ; Sonia Halliday and Laura Lushington Photographs 19bc 37cdb, 90bc, 106cdb/ Barry Searle 16cdb ; Robert Harding Picture Library, 4^e^ de couverture hd, 14bg, 39c, 73bda ; British Library 95cd ; Alain Evrard 83hg ; Paolo Koch 106ca ; Kodak Ltd. 83c ; T.J. Larse-Collingen 27bg ; Jenny Pate 25bg ; John Ross 88bg ; J.H.C.Wilson 20c, 104cdb ; Adam Woolfitt 6hd ; Hodder & Stoughton 89bc ; Michael Holford 10hd, 30cg, 72bd ; HMSO Crown Copyright 89bd ; Hulton Getty Picture Collection 77bd, 89cdb ; The Hutchison Library/Sarah Errington 93cg, Goy Coolea 21c ; Ikona/Galleria Borghese 15cgb ; The Image Bank/ Andrea Pistolesi 12-13 ; Guido Alberto Rossi 36c ; F. Reginato 34c ; Images Colour Library 77hc, 95c ; /The Dawes Collection 106cda ; /Charles Walker Collection, 4e de couverture hg, 4cgb, 5t, 6hg, 7b, 23hc, 28bg, 72cb, 74hd, 79bg, 92hd, 102c, 103cgb, bd, 107c, 108hg, c, b, 110c, 111cg, 113hd ; Impact Photos Christopher Bluntzer 25bd ; Colin Jones 21bd ; Rachel Morton 84cg ; Homer Sykes 83hd ; Rajesh Vora 107bg ; Musée impérial de la Guerre 114bc ; Archives du Japon 63hd ; Michael Jenner 18bc ; The Jewish Museum 16bg, 17hd, c ; JNTO 23cb ; Joods Historich Museum, Amsterdam 17bd ; Kobal Collection 11hd, 73hed ; Anna Kruger 18c ; Museum of London 91bd ; Manchester Museum, couverture, 4cg, 14egc, cd, bcd, 15cgb, 20hc, 28bd, 29bg, 31c, 55hd, 56cg, 61cg, 62cd, 75cd, 93cda, 100cg, bc ; Mansell Collection 47cg, 85bd ; Arxiu Mas 41bg ; Museum of Mankind 55bg, 66bg ; Miranda Bruce-Mitford 23cg, bc ; Museum of the Moving Image 76bg, NASA 11hg, 34cd, /JPL 36hg ; National Army Museum 66c ; The National Gallery, Londres 19hc, 30bd, bg, 57hg, cb ; National Maritime Museum, Londres 2cdb, 29bd, 59bc, 72bg, cd ; National Museum of Scotland 31hc, 93hd ; National Trust Photographic Library/Nick Meers 43hg ; National Trust for Scotland/Harvey Wood 48bd ; Natural History Museum, Londres 38bd, 39hg, hd, bg, 40hg, bcg, 40bcd, c, cd, 55cd, 56cd, 79cda ; Past Times, Witney, Oxfordshire 43cgb, 79cd ; Peter Newark's Western Americana 61hd, 76hd ; Photostage/Donald Cooper 77hg ; Pictor 76c ; Pitt Rivers Museum, couverture, 18cg, 41hcd, 47hcg, 54cd, 58hd, 62bd, cgb, cdb, 70hd, 75hd, 77cb, 78hd, 86hd, 86cd, cgb, 87cg, 91hg, hd ; Ponder 93 heg, bc ; Powell Cotton Museum 23c, bd, 70cda, 80cg ; Retna Pictures/A & M Records 11bg ;Rex Features Ltd 76bc, 80hd ; /Tim Rooke 85bg ; Simmons 106hd ; Royal Mail 65cg ; Peter Sanders 24bc ; Scala 19bg, 105bg ; Sir John Soane's Museum 46hd ; Sotheby's, Londres 21hcg, 22bd, 24hd, bg, 25hd, 37hg ; Spink & Son Ltd. 30c, 37cda, 107cgb, 115hc ; Frank Spooner Pictures/Jane Taylor 91c ; Sporting Pictures (U.K.) Ltd. 39hc, 119cg ; Statens Historiska Museum 28cd, 93hc ; Tony Stone/ Christopher Arnesen 68-69 ; Kevin Miller couverture ch, 26bd ; Tate Gallery 51bd ; Thames & Hudson Ltd/Jeff Teasdale (from Tantra by Philip Rawson) 74cd ; /John Webb 104cg, hg, bc, bg ; Trip/H. Rogers 20bc, 21cgb ; United Grand Lodge of England 35hg, 109hd, hc, cd, bg ; US Postal Service 70cdb, bca ; V & A Museum, Londres 56bd ; The Vegetarian Society 107bc ; The Wallace Collection, Londres 63c, 66hg, hc, 73hg, 114bg ; Rodney Wilson 35hc ; Cathédrale de Westminster 106cb ; Elizabeth Whiting Associates 95bcg ; Robin Wigington, Arbour Antiques 91heg, bc ; Wimbledon Buddhist Temple 23hg ; International Wool Secretariat 116bda ; Michel Zabé 66cb ; Zefa Pictures Ltd 95hd ; /Taner 24cd.

Achevé d'imprimer : mai 1998
dépôt légal en France : juin 1998
dépôt légal en Belgique : D-1997-0621-96

Colour reproduction by Colourscan, Singapore
Printed and bound in Spain by Artes Gráficas Toledo, S.A.
D.L. TO: 660 - 1998